三星堆考古九十年

三星堆早期考古发现资料的整理与研究

总主编 甘 霖 本卷主编 霍 巍

四川大学出版社

图书在版编目（CIP）数据

三星堆考古九十年．三星堆早期考古发现资料的整理
与研究 / 甘霖总主编；霍巍本卷主编． -- 成都：四川
大学出版社，2024. 11. -- ISBN 978-7-5690-7331-7

Ⅰ．K878.04

中国国家版本馆 CIP 数据核字第 2024BU5600 号

书　　名：三星堆考古九十年·三星堆早期考古发现资料的整理与研究
　　　　　Sanxingdui Kaogu Jiushi Nian·Sanxingdui Zaoqi Kaogu Faxian
　　　　　Ziliao de Zhengli yu Yanjiu
总 主 编：甘　霖
本卷主编：霍　巍

出 版 人：侯宏虹
总 策 划：张宏辉
选题策划：侯宏虹　张宏辉　李畅炜
责任编辑：李畅炜　曾小芳
责任校对：周　颖
装帧设计：叶　茂
责任印制：李金兰

出版发行：四川大学出版社有限责任公司
　　　　　地址：成都市一环路南一段 24 号（610065）
　　　　　电话：（028）85408311（发行部）、85400276（总编室）
　　　　　电子邮箱：scupress@vip.163.com
　　　　　网址：https://press.scu.edu.cn
印前制作：四川胜翔数码印务设计有限公司
印刷装订：四川盛图彩色印刷有限公司

成品尺寸：165mm×240mm
印　　张：28
字　　数：351 千字

版　　次：2024 年 11 月 第 1 版
印　　次：2024 年 11 月 第 1 次印刷
定　　价：188.00 元

本社图书如有印装质量问题，请联系发行部调换

扫码获取数字资源

四川大学出版社
微信公众号

总　序

甘　霖

　　20世纪初年，古老的中国进入了一个大变动大变革大变化的时代。先后发生的清末变法、辛亥鼎革开启现代革命大门，相继兴起的新文化运动、五四运动导入民主与科学，思想解放蔚为一时风潮。以"古史辨派"为代表的"新史学"乘势兴起，西方考古学亦顺势传入。1927年，长江上游四川盆地内的广汉月亮湾台地上居住的一燕姓农户（当地称其地为"燕家院子"），在疏浚自家水渠的过程中，无意发现了一坑玉石器。这个消息引起时任华西协合大学博物馆（今四川大学博物馆前身）馆长戴谦和（D.S.Dye）的注意，并偕同时在广汉传教的董宜笃（V.H.Donnithorne）前往实地调查。1934年，由广汉县政府和华西协合大学博物馆合作，在这个当时被称为"汉州遗址"，后来统称为"广汉三星堆遗址"的月亮湾遗址，进行了三星堆的首次考古发掘。这既是三星堆科学考古的起点，也是西方考古学传入中国之后在中国西南地区最早进行的科学实践。老学长郭沫若先生曾评价这次考古发掘的参与者是"华西考古学的先驱"。

今年适逢三星堆科学考古九十周年。九十年来，三星堆考古取得了一次又一次令世人瞩目的重大发现。我们抚往思今，为隆重纪念三星堆科学考古九十周年，编辑了这套《三星堆考古九十年》。套书分为两部：

其一为《三星堆早期考古发现资料的整理与研究》，对燕家人所发现器物及1934年三星堆考古所获取的科学考古资料进行全面整理，包括当年发掘出土的陶器、玉器、石器，以及相关档案文书、研究论文、照片等资料，其中有部分珍贵档案资料是首次集中向社会公开，以期为三星堆早期考古研究提供一份科学、翔实的史料。就此次发掘工作而言，由于西方考古学初传中国，加之当时发掘者所受的考古学训练有所不同，因而在具体的发掘技术、操作方法、记录体系等方面都还存在不足，但其重要的学术价值和意义却不可忽视。首先，这次发掘和中原北方地区的殷墟发掘南北呼应，成为中国文明起源探索、夏商周三代考古在中国西南地区科学实践的重要里程碑。其次，这次发掘第一次将古蜀文明探索和地下考古发掘结合在一起，开启了巴蜀古史研究的新征程，考古学与历史文献学如同鸟之两翼，车之两轮，同向同行。此外，这也是中国西南地区第一次涉外考古的科学尝试，通过此次公布的资料可以窥知，当年中外学者之间的合作是成功的，他们为后世留存的大量考古实物、相关文献档案和早期研究论著，也成为今天我们研究三星堆的一份厚重的历史文化遗产。

套书之二为《三星堆研究九十周年成果精粹》，是四川大学三星堆与古代文明研究所同仁对近百年来三星堆考古和巴蜀古史研究中的一些代表性重要论述的精心选编，某种程度上也是近百年来三星堆考古和巴蜀文化学术史的概括与总结，可以从一个侧面反映出三星堆科学研究的历程。尽管伴随时代的变化与发展，尤其是三星堆考古不断取得新的科学资料，这些论述当中的一些观点和资料的利用都不可避免地显现出时代的局限性，但从学术史的角度而言，这或许也正是学术思想、学术理念、学术方法的不断进步和发展的体现。这次选编，经征得原作者或其后人同意后，除注释统一调整为脚注格式外，原则上都按当初发表时的原文录用，以作为学界的回顾参考，保留探索者真实清晰的脚印。需要指出的是，自三星堆首次科学考古发掘以来，巴蜀古史文明研究一直未曾停歇，特别是近年来随着三星堆八个祭祀坑的先后发掘，大批重要珍贵文物一再惊天面世，研究更随考古进展持续升温，迄今为止，成果已甚为丰硕。这次选编，已然尽量萃取精华，但因篇幅所限，更限于我们的见识，难免挂一漏万，尚祈见谅。

巴山夜雨，青灯黄卷，历代考古学人"资腐帛于颠墙之下，求余光于灰尘之中"，在科学研究和探索的道路上不断砥砺前行，赓续历史文脉，谱写时代华章，在三星堆和古蜀文明研究这一领域取得了重要成就。在新的历史起点上，我们一定可以继往开来，为推动中华优秀传统文化创造性转化、创新性发展，为建设中华民族现代文明做出新贡献！

是为序。

目　录

下编 ｜ 资料编

附录

跋

上编

研究编

华西协合大学博物馆与三星堆早期发现

陈长虹

　　20世纪二三十年代的四川，山川险阻，道路隔绝，几乎所有入川的人群都选择从长江三峡逆流而上，耗时漫长。在当时国人的眼中，遥远的四川宛如异乡。[①]大大小小的军阀在这里划分防区，争抢地盘，操控社会，显现出与全国行政系统的疏离。然而，尽管以政府治理无方、军阀思想落后闻名，四川的社会混乱却并未重于其他省份，且在成都及周边某些地区，经济得到了一定发展，物质文化生活的现代化也取得了一定进展。[②]随着西方近代考古学的传入，当中原地区殷墟发掘如火如荼进行的同时，四川的古迹和地下遗物

---

① 王东杰曾就20世纪二三十年代四川在国人心目中的"异乡"印象进行讨论。参见王东杰：《国中的"异乡"：近代四川的文化、社会与地方认同》，北京师范大学出版社，2016年，第122—166页。
② 柯伯注意到，在这一时期国民政府出版的各种报告、年鉴、统计数据中，关于四川的信息总是多有缺失。Robert A.Kapp, *Szechwan and the Chinese Republic*：*Provincial Militarism and Central Power*，*1911-1938*，Yale University Press，1973，p.25，28，71。

也在漫游全川的各类人士的探查下走进了国人的视野。此时，位于成都的华西协合大学依托学校博物馆和华西边疆研究学会，聚拢了一批在西南广泛开展"博物学"调查的人，成为华西民族学、考古学、人类学、民俗学研究的一个科学中心。他们开启或参与的一系列考古调查、发掘活动，具体对象包括新石器时代遗存、广汉遗址、汉墓、唐宋民窑遗址等，成为四川地区考古持续至今的重要内容。

近年来，随着三星堆遗址考古发掘的深入开展，20世纪30年代由华西协合大学博物馆主导的广汉燕家院子的发掘被视为三星堆发现史上极为重要的一环。地域和学术传统的差异以及西方人士的参与等——这些因素在当时历史条件下使之备受限制——使得这次考古发掘成果长期以来被视为一次孤立的偶然事件，没有得到足够的重视。而资料的缺失、当事人记载的模糊也使既有的讨论往往难以深入。在三星堆首次科学考古发掘九十周年之际，我们充分利用四川大学博物馆所藏尚未正式披露的一批原始档案材料，重新梳理这段历史，从叙事学和微观史的视角，再一次审视九十年前三星堆与古蜀文明研究初始期这段极为珍贵的知识图景。

三星堆早期发现的过程和发现对象本身一样精彩、复杂，不仅故事走向充满波折，在特殊的时代语境下，更被演绎成不同的版本。它并非在大学校园内酝酿的单纯的学术活动，而是一场经由权力运作、各方角力的公共文化事件。为数甚多身份各异、初看并无关联的人裹挟其中，推动着事件的发展。我们冀望从社会史、心态史的角度，借由对事件始末的客观描述，探究或隐或显的社会互动网络与最终结果。通过一件件文物揭示事实本身，对于参与此次事件的人物个体层面的个性、意志、想象力、情感等精神领域，也试图窥探一二。换言之，我们试图将三星堆早期发现的过程放到一

个更广泛的文化、社会和政治背景下进行考察。借着阅读和
分析参与者所留下的规划草稿、书信、日记、会议记录、回
忆文字等档案文件，回归到事件过程中人物的主观论述，以
及他们在客观环境下做出的种种实际行为。通过对各个断裂
片段的情景主义分析，将不同主体的活动置于知识与文化遭
遇的情境中加以理解，从其当时的构想与后来的回忆，也就
是从"经验场域"和"期待愿景"所提供的信息中，尽可能
地还原他们的期待与经验交融的那个"历史当下"，进而展
现在那个激烈变动的社会历史时期，各方人士有意无意地通
过考古学形塑自身的一次尝试和实现。

一　华西协合大学及其博物馆的创立

讨论需要从华西协合大学的建立说起。"庚子国变"
之后的20世纪初叶，国内公立大学与"基督教大学"的时间
之窗几乎同时开启。四川尽管相对闭塞，然而一旦置身其
中，无人不叹其"资源丰富""人文多样"。在来华传教士
眼里，中国西南边陲的紫色盆地更是一片"全世界为之向往
的热土"①。在四川省会城市成都建立一所大学，成了陆续
到川传教的外籍人士的共同理想。1910年3月，由英、美、
加三国基督教会五个差会合办的华西协合大学正式开学。这
所落址成都南郊的大学可谓传教士们对欧美大学"横的移
植"，构思之初就务求"规模宏大，科学完备"。在该校
1918年完成的第一份章程上，最重要的两处基础设施就是图

---

① H.L.Richardson, Soil and Man in West China, in *Journal of West China Border Research Society*, Vol.12B（1940），p.102.

书馆和博物馆。[1]

　　查阅"华西协合大学博物院"藏品登记册，第一件文物
"华大校钟"的入藏时间是1914年[2]，这是华大博物馆的筹
建时间，也被今人普遍视作四川大学博物馆的起点。华大博
物馆的建立在西南地区博物馆的发展历史上，无疑具有开创
性的意义。来自美国丹尼森（Denison University）大学的科
学硕士戴谦和（D. S. Dye）作为华大最早的一批建设者，承
担了博物馆最初近二十年的组织和管理工作。

　　戴谦和，1884年生于美国俄亥俄州，1908年来华，1910
年参与创建华西协合大学，任教于理学院，承担地质、生
物、化学等课程，并负责博物馆建设。创建之初，博物馆是
生物系和西洋史系所设"人种学"课程的教学附属机构。[3]
戴谦和以地质学教授的身份负责博物馆的建设工作，和中
国早期考古学的发展轨迹颇为吻合。[4]作为博物馆的首任馆
长，戴谦和的地质学专业背景帮助他敏锐地捕捉到这片区域
地质变迁及古生物化石的独特性，预见此地最终会发现古人
类的活动遗迹。发表于1935年的《华西的博物馆》一文，将
这位具有理科背景的博物馆领导者的恢宏视野和非凡洞察力
展露无遗。[5]

　　1922年，华西边疆研究学会成立，办事机构设在华大
博物馆内。同年，创办大型学术期刊《华西边疆研究学会

---

[1] 张丽萍：《中西合冶：华西协合大学》，巴蜀书社，2013年，第46页。

[2] 关于博物馆建馆时间，陈德富曾函寄时在英国的华大博物馆第三任馆长郑
　　德坤先生（1941至1947年在任），郑先生回信确认为1914年。

[3] J.Beech, University Beginnings—A Study of the West China Union University, in
　　Journal of West China Border Research Society, Vol.6（1933–1934），p.92.

[4] 中国现代考古学最明显的学科源头就是地质学。地质学中考察人类遗存与
　　发掘古物的观念也是考古学的应有之义。

[5] D. S.Dye, The West Ching Museum, or West China Man and His Culture, in *Journal
　　of West China Border Research Society*, Vol.11（1939），p.85.

杂志》。此后，围绕着华西的各路学者、传教士以该杂志
为发表成果的阵地，以华大博物馆为收集物品存放的基地，
推动西南包括历史、人文、社会、动植物在内的各项研究。
华大博物馆以最初未曾料想的态势加速扩容，到20世纪30年
代初，已经累积了近6000件物品。广汉太平场玉石器的偶然
出土与华大博物馆产生关联，一方面和传教士本身的交友网
络有关，另一方面也和华大博物馆日益鹊起的声誉和影响力
有关。

　　作为一名理学教授，戴谦和除了承担教学课程，还热
衷于四处游走，调查各地的地理地质特征。在广汉的文物吸
引到这位"洋"馆长之前，他已经踏访过这个川北小城。他
特别注意到了中兴乡太平场那条自北向南、名叫倒流堰的堰
渠。"在明代，当地人就根据地势开凿了一条灌渠，从灌县
引水灌溉高处的农田。"[①]1927年，就是在这条灌渠渠底，
当地的农民有了意外的发现。

二　燕家院子的最初发现

　　广汉，在成都以北九十里，秦为蜀郡之地，汉代从蜀
郡中析置广汉郡，清代为汉州，1913年改为广汉县，县城在
鸭子河南岸。这里地势平坦，无高山险岭，水利便易，宜于
农耕。

　　民国初年，这个原本富饶的县城备受苛捐杂税和匪患
困扰，民生凋敝，直到1925年11月陆军第三十师第六十旅旅

---

① 戴谦和：《成都地区的灌溉工程》，《岭南科学杂志》1929年第8卷
〔D.S. Dye, Chengdu County Irrigation Project, in *Lingnan Science Journal*, vol.8
（1929）〕。

长陈离率军在此驻防后，情况才有所改观。陈离是四川安岳人，1912年转入四川陆军军官学堂学习，是川军的第二代将领。他思想先进，时人赞其"恂恂似儒生，现代书披阅颇多，思想见解，多独到处，与寻常军人迥然不侔"。他上任后即在广汉和新都两县肃清匪患，大搞"新政"。短短几年，到1934年陈友琴访问川北各县时，这位中央通讯社特派员发表了入蜀以后少有的赞美之辞："新都与广汉两县，在地理上、在政绩上，均足为川中优越之区，而广汉尤胜。……至于广汉政治，颇收军政合作之效，据该县第五次行政会议纪录所载，关于公安、财政、建设、实业、教育、自治、救济、司法、行政及团务方面之兴革甚多。"①三星堆的最早发现，就发生在这段相对宁静的时期。

太平场，是位于广汉县西北十八里的一处沿江小镇。离场镇两里多的地方有一座小庙叫真武宫，附近住着姓燕的一家。燕家左边近小山一侧是一个巨大的半圆形弯地，好似一轮明月，称为月亮湾。月亮湾往南有三个高出地面的土堆，在一马平川的平原上突兀而起，远看如同天上的三颗金星，清代嘉庆年间编修的《汉州志》等史籍记之为"三星伴月"或"三星伴月堆"，此地因而得名"三星堆"，并因独特而神奇的人文景观被保留下来。在三星堆与月亮湾之间不知何时有一棵孤树拔地而起，民国县志上记载它高达30米，是广汉境内最大的一株柏树。当地人认为这是一棵风水树，"三星伴月"也是他们心目中的"风水中心"。

燕家当时三代同堂，主人燕道诚，大儿子燕青保、二儿子燕仁安，已知有个孙子叫燕明良。燕道诚在清末曾为广汉县衙的司笔杆，当地人称之为燕师爷，算是乡村知识分子。

---

① 陈友琴：《川游漫记》，中国青年出版社，2012年，第92页。

从今四川大学博物馆留存的燕家全家福、燕氏父子合照中诸人长袍马褂的装束来看，燕家并非普通农户，而是薄有田产的乡绅。在戴谦和的眼中，燕道诚更是一个有头脑的人，是"一位颇富见识的老乡绅和传统学者"[①]。

燕家院子的器物的最早发现时间在过去的文章里有若干不同的说法。直到最近，霍巍和谌海霞专门撰文讨论这一重要时间节点，确切考证为1927年。[②]这年春天，"一位进步农民想要安装一架牛力水车，在明代灌渠底下挖到了古地貌的更深层，并发现数件砂岩质地的大石环或石璧，以及石质更坚硬的石凿、斧和矛。它们疏散各地"[③]。关于燕家发现的这批器物的最初状态有两种说法，分别来自后来主持三星堆考古发掘的葛维汉（D.C.Graham）和林名均。

在《汉州发掘日记》中，葛维汉引用广汉传教士董宜笃（V.H.Donnithorne）所转述燕青保的说法：

> 这些物件都是在一个长方形的坑洞中发现的，其两侧列有石璧，坑顶亦覆有石璧，石璧中间有圆孔……这些石璧按尺寸大小排列，最大的直径约为3英尺，总共约有20个。出土这些器物的坑洞在灌渠底部以下约3

---

① 戴谦和：《四川古代的圆形和方形土石遗存》，原文发表于《华西边疆研究学会杂志》第4卷（1931年）［D.S.Dye, Some Ancient Circles, Squares, Angles and Curves in Earth and in Stone in Szechwan, China, in *Journal of West China Border Research Society*, Vol.4（1930–1931）］中。本书收录此文并进行了重译（详见后文），所引即取自本次的重译成果。此后所引葛维汉《汉州发掘日记》和《汉州发掘简报》也是如此。特此说明，后不赘述。

② 霍巍、谌海霞：《三星堆遗址发现年代新考》，《四川大学学报》2023年第6期。

③ 戴谦和：《四川古代的圆形和方形土石遗存》（D.S.Dye, *Some Ancient Circles, Squares, Angles and Curves in Earth and in Stone in Szechwan, China*）。

英尺处。在这些石璧下发现了一批令人瞩目的玉刀和玉璧。燕先生说，大约发现了20把大的玉刀、众多的玉斧，以及包括手镯在内的一些玉环。此外，还发现了大量石珠。[1]

日记中附有董宜笃手绘的石璧排列方式图：中心是从大到小依序水平横置的5件石璧，其两侧列有竖立的石璧，一侧5件，另一侧10件（图一：1）。后来葛维汉在其正式发表的《汉州发掘简报》中将这幅图做了调整：中心石璧罗列得更为规整，两侧竖立者分别是5件和8件，总数变成了18件（图一：2）。葛氏所做的这些细节更动未知是基于何种考虑。

另一种说法来自林名均。他引用1931年和戴谦和一起考察的晋姓摄影师转述燕青保的描述："璧形石圈数十，小大

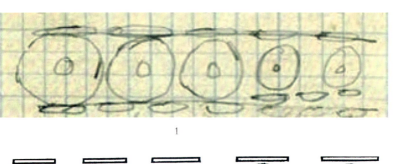

1

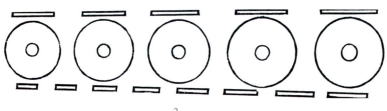

2

图一　燕家院子所发现石璧的绘图
1《汉州发掘日记》中的燕家院子所发现石璧的绘图
2《汉州发掘简报》中的燕家院子所发现石璧的绘图

---

① 葛维汉：《汉州发掘日记》手稿，四川大学博物馆藏档案，档案号P5551。

不等，叠置如笋，横卧泥中。"①虽然不是考古专业出身，林名均也意识到器物出土时的状况非常重要，他或许有些怀疑一个外国人对中文的理解，因此曾向中国人求证。

后来的研究者多因这两种看似不同的描述，而对燕家最初发现的坑中石璧的状态感觉难以下定论。然而仔细思考，所谓的"叠置如笋，横卧泥中"和"由大到小水平放置"，其实只是两种不同的表述风格，所指应该相同，即平置、从大到小有序排列。②这种按大小罗列的石璧后来在四川还有两处发现——燕家院子附近的仓包包遗址和盐亭县麻秧乡蒙子村。③

燕家发现宝物的消息见诸文字已是发现时的四年后。戴谦和说：

> 1931年，一位进步官员把若干石器带给广汉的董宜笃牧师，后者又把它们带给笔者。之后我们三人一起去寻访器物发现地点，并对所发现器物进行了拍照、研究和测量。该官员将这些器物赠送给华西协合大学博物

① 林名均：《广汉古代遗物之发现及其发掘》，原文发表于《说文月刊》1942年第3卷第7期中，本书收录此文，在原文基础上略有删改（详见后文）。本文所引来自此文者，皆基于此次整理成果。

② 敖天照、刘雨涛引用了燕明良的说法："当时最先发现的是石璧，大小二十多件，从大到小平铺在土坑上部。中部是大大小小的玉器、石器，土坑两侧还立放有石璧，出土的玉石器有：玉琮、玉璋、玉环、石凿、石斧、石璧等，还有不少绿松石珠等，多达三四百件。"参见敖天照、刘雨涛：《广汉三星堆遗址的发现和发掘》，政协广汉文史资料研究委员会编：《广汉文史资料选辑》第11辑，1989年，第103页。

③ 1987年，距离燕家院子三四百米的仓包包有一批器物出土，其中有类似燕家院子发现的按规则排列的石璧。此外，在盐亭县麻秧乡，也出土了类似的大小不同的一列石璧。参见四川省文物考古研究所三星堆工作站、广汉市文物管理所：《三星堆遗址真武仓包包祭祀坑调查简报》，四川省文物考古研究所编：《四川考古报告集》，文物出版社，1998年，第78页；赵紫科：《盐亭县出土古代石璧》，《四川文物》1991年第5期。

馆。图片页附有对这些器物的说明。①

奇怪的是，几乎所有学者都无视戴谦和的最早记录，而采信了葛维汉于1934年引用的董宜笃的说法：

我最初于1931年早春听闻附近挖出了石刀和石环。据说，一位农民在挖水坑时发现了很多这样的物品，还将其送给了一些妇女、苦力等各色人等。我深知不便由一个外国人出面来获取这些东西，须通过当地的中国官员办理，因此我和陶旅长（现为将军）谈了谈，敦促他调查并设法保存这些东西。陶旅长当时是本地的县长，他答应我去打听一下，并承诺尽可能带一些石器来给我看看。没过几天，他带来了现在放在博物馆里的五件石器。他说，这是在一位富绅的土地上发现的，但此人不愿放弃这些石器，也不愿将它们卖出。陶旅长虽然向他借到了这五件石器，但还是得还回去。我得到许可，可以保留一段时间。第二天我就乘车去了成都，把它们交给戴谦和（D.S.Dye）先生保管。几天后，我又见到了陶旅长，就请他尽力为博物馆争取到这些东西。没过多久，他就来了，并带来了燕先生——就是发现石器的那位老先生。后者显然充满疑虑，不知道我要这些石器做什么。陶旅长也对这次发现非常感兴趣，并希望将这些石器妥善存放在大学博物馆里。最终，燕先生同意把这五件石器给陶旅长，陶旅长又将其作为礼物留在了大学

---

① 戴谦和：《四川古代的圆形和方形土石遗存》（D.S.Dye, *Some Ancient Circles, Squares, Angles and Curves in Earth and in Stone in Szechwan, China*）。

博物馆。

根据葛维汉的描述，最早意识到这批器物具有科学价值，并且竭力推动其进入正规研究渠道的是传教士董宜笃；但是各方资料表明，戴谦和的记录可信度更高，实际推动事件发展的应该是当时广汉的军事长官兼县长陶宗伯。

陶宗伯

陶宗伯，本名陶凯，与陈离同乡，二人均曾在陆军军官学堂学习。1926年，陶宗伯追随陈离至广汉，任二团团长、清乡司令兼县知事（县长）。他是川军中的进步人士，曾在1928年由张秀熟、邓作楷介绍发展为中共党员。[①]他同时也是耶稣教徒，与来自英格兰、1929年到广汉圣公会任牧师的剑桥大学哲学博士董宜笃私交甚笃。[②]

燕家在经历了最初发现器物的狂喜，到疑惑，再到有所期望的心理变化后，可能开始将个别器物赠给亲友以换取人情，或尝试到古玩市场询价换钱。消息慢慢传开，在当地逐渐引起议论乃至骚动。从情理论，最先捕捉到民众异动的必

---

① 安岳县志编纂委员会编纂：《安岳县志》，四川人民出版社，1993年，第872页；中共广汉县委党史办公室：《广汉起义》，政协广汉县文史资料研究委员会编：《广汉文史资料选辑》第6辑，1985年，第4页。

② 陶宗伯1937年随陈离出川抗战，1938年因患肺病辞职。回到成都后，他和董宜笃仍然保持着良好的关系。《新新新闻》1938年11月10日刊载了广汉牧师董宜笃的寻物启事，联系人为当时居住成都冻青树街的陶宗伯。董宜笃在广汉的活动参见李平康：《中华基督教广汉圣会简况》，政协广汉县文史资料研究委员会编：《广汉文史资料选辑》第6辑，1985年，第6页。

然是当地维护治安的官员。陶宗伯身为清乡司令，很可能因为乡野暗潮，顺藤摸瓜追查到了燕家。燕道诚为了应付一县之长，不得已交出了五件器物。当然，也不排除他作为地方长官，收到了来自燕道诚的礼物。①乡土资料记载和当时报刊报道中的陶宗伯并非腐朽没落的军官形象，他倡导教育、鼓励兴建女子学堂、捐助医院、创办杂志、成立基督教促进会，冀望改良基督教。②他没有私藏这些器物或者将其转售获利，而是更希望了解自己辖区内忽然出现的这些地下宝物的价值，于是他去寻求"专业人士"的帮助，并找到了与自己私交甚好的董宜笃。

　　董宜笃在见到陶宗伯从燕氏那里得到的五件器物后，遂求教于华大博物馆馆长戴谦和。后者敏锐地察觉到这批器物的不同寻常，起意到当地探查。1931年6月，戴谦和约上华大一名姓晋的专职摄影师，会同董宜笃，在亲率六名士兵的陶宗伯的引领下，到燕家找到了燕道诚。他们向燕道诚了解了情况，并对发现古物的现场进行拍照、测量。

　　事后，戴谦和在自己的一篇文章《四川古代的圆形和方形土石遗存》中，对这次广汉之行做了介绍。从文中来看，他们此行并没有太多收获。③文章披露的照片仅仅包括从陶宗伯处得到的五件玉器及一件玉琮，以及放置在燕家院子门口地面的几件石璧。燕道诚显然隐瞒了坑中所得的大部分，所送

---

① 四川解放后，已60余岁的燕明良回忆："器物出土后，有的被古董商转卖，有的馈赠亲友，当时就曾赠给驻军团长陶凯五件。"参见敖天照、刘雨涛：《广汉三星堆遗址的发现和发掘》，政协广汉文史资料研究委员会编：《广汉文史资料选辑》第11辑，1989年，第103页。

② 安岳县志编纂委员会编纂：《安岳县志》，四川人民出版社，1993年，第872页。杨进：《广汉县医院的变迁（上）》，政协广汉文史资料研究委员会编：《广汉文史资料选辑》第9辑，1987年，第52页。

③ 戴谦和：《四川古代的圆形和方形土石遗存》（D.S.Dye, *Some Anicient Circles, Squares, Angles and Curves in Earth and in Stone in Szechwan, China*）。

几件器物虽有代表性，却都有不同程度的破损。最后他将一件玉斧赠送给华大博物馆，也只是中国人略表心意的做法。

戴谦和此文并非专门介绍广汉文物的，而是在通盘考虑他在四川各地游历所见的各种石制品，包括新旧石器、大石文化遗物的背景下，涉及广汉发现的这批器物。他不是考古学家，没有起意在当地进行发掘，但是仍然留意寻找类似的器物。考察结束后的一两年里，他又先后在广汉为华大博物馆购得四件后来证明确实出自燕家院子的石璧和玉器残件。

次年，四川省古物保存委员会会长、成都金石学名家龚熙台也注意到了燕家院子的发现。[①]

据龚氏讲述，1932年，一个叫曾伯良的古董商告诉他，广汉西北部发现了很多古玉，其中有像冕旒一样的玉珠，很有可能是蜀王墓的器物。曾氏还多次约他一同前去打探，但因事未能成行。9月，一个姓宴（燕）的人到他家出售古玉。"余细审之，制作浑朴，确系三代时物。"他"先后购得四种"，并写就《古玉考》一文，发表在成都东方美术专科学校校刊《太阳在东方》创刊号上。文中对器物进行了考证，但是没有披露图像。[②]

龚氏过世后，1940年春，他的亲戚将其所藏的四件广汉玉器重金出售给华大博物馆。1942年，考古学家蒋大沂到访华大时，校长方叔轩请蒋氏考察四件玉器的图片（时器物因日军空袭频发已转移至郫县等地），并嘱托其著文考订。蒋

---

① 龚熙台，井研人，是清末民初川内小有名气的历史学者和收藏家。1932年，内政部通令各市县根据《古物保存法》和《古物保存法施行细则》组建各地古物保存委员会，四川省古物保存委员会在此种情形下建立起来，由龚熙台任会长，张幼泉、罗一士、冯贯之等共同组建。关于古物保存委员会在四川开展文物保护工作的报道最早见于1934年。

② 龚熙台：《古玉考》，《太阳在东方》1932年创刊号。龚氏在文中略述购买器物始末，并对器物做简略考证，但未刊图像。

的论文很快发表，从他对器物的描述和文中披露的图像来看，华大当时所藏器物正是八年前龚氏所购之物。①这四件器物今天仍然收藏在四川大学博物馆，然而从材质和器形来看，都是赝品无疑。其中藏品号为（3.1）00456的玉璋（图二：1）和目前四川博物院的35号玉璋（图二：2）整体外观相似。另三件器物柄部大略相同，唯一件援部倾斜，另两件援部"造型诡异"（蒋氏语）。四川博物院的35号玉璋是1951年由广汉人向朝卿出售的。由此看来，燕家院子的发现确实掀动了广汉、成都的古董市场，甚至引起了文物贩子的仿制。由于这批器物，特别是其中的玉璋等物为此前文物市场所未见，造假者仿造时必然有所本，部分成品甚至骗过了当时成都古物行业的权威人士。"龚氏四器"并没有被载入华大博物馆1914—1949年度藏品登记册。林名均说："质料与吾人所见者略异，故有人疑其不真。"②——很可能葛维汉对它的真实性也表示怀疑。

四川省古物保存委员会会长收购的古玉既然是造假之物，那么在我们无法了解的层面，真假难辨的广汉玉器在1932年显然已经在广汉和成都市面上流

1

2

图二　四川大学博物馆与四川博物院所藏玉璋
1 四川大学博物馆藏龚熙台所购玉璋（3.1）00456
2 四川博物院藏35号玉璋

① 蒋大沂：《古玉兵杂考》，《中国文化研究汇刊》，1942年。
② 林名均：《广汉古代遗物之发现及其发掘》。

传。戴谦和在介绍董宜笃从燕家手中所购玉琮时就说："在成都街市上经常可以见到类似器物，据称是汉代的，但这件可能更早。"[①]也是在这一年秋季，华大博物馆迎来了新一任馆长葛维汉。

三　葛维汉的努力与发掘前的准备

葛维汉，美国人，1911年来华。到华大博物馆任馆长之前，葛维汉已经在叙府（今宜宾）陆陆续续工作了近二十年。他身材高大，待人客气，对汉语应付裕如，个性上表现为出色的韧性和意志力。赴华之前，他的兴趣是哲学和神学。他对中国西南地区的地理、族群和文化产生了浓厚的兴趣。他开始有目的地进行人类学、民族学方面的学习，并于1927年取得了芝加哥大学文化人类学博士学位，1931年，又被惠特曼学院授予荣誉科学博士学位。1931年至1932年，他先后在芝加哥大学和哈佛大学学习考古学课程。[②]作为华西边疆研究学会成员之一，他对四川苗族、羌族、彝族等族群聚居区的自主调查和研究，对横断山区动植物标本的长年采集，以及持续帮助华大博物馆收集藏品的工作，使他赢得了包括戴谦和在内的华大领导层的认可，以至于后来戴谦和愈发感觉分身乏术时，向为华大博物馆提供资金支持的哈佛燕

---

① 戴谦和：《四川古代的圆形和方形土石遗存》（D.S.Dye, *Some Ancient Circles, Squares, Angles and Curves in Earth and in Stone in Szechwan, China*）。

② 苏珊·R. 布朗著，饶锦译：《在中国的文化人类学家——大卫·克罗克特·葛维汉》，李绍明、周蜀蓉选编：《葛维汉民族学考古学论著》，巴蜀书社，2004年，第215页。

京学社推荐了他。①

　　1932年10月5日，葛维汉正式成为华大博物馆第二任馆长。到任不久，他就向学校提交了自己的工作计划和两个补充建议。②内容包括教学工作、博物馆建设、研究工作三个方面。这里简单介绍与本文相关的教学工作和博物馆建设部分。

　　教学上，他将考古学的学科建设摆在重要位置，计划在华大开设人类学、民族学、考古学课程。他认为四川地区考古发掘的重点包括汉代墓葬、川藏交界的黄土堆积层、四川城镇遗址、早期史前洞穴等，而培养考古学人才的最终目标在于激发更多的人探求中国西南地区的历史、文化和族群。作为博厄斯学派的忠实信徒，葛维汉重申"抢救性的田野工作"的重要性，认为考古发掘和人类学调查应尽可能仔细、全面。

　　在博物馆建设方面，他指出藏品编目、整理、科学保护的必要性。他认为除了显而易见的珍贵之物，博物馆还应收集包括地图、照片、拓片、手绘等在内的一切人类活动相关遗物。华大博物馆应该在收集、利用丰厚的藏品的过程中，成为培养新一代中国科学家的基地，吸引杰出的汉学家，为他们的研究提供充分的原始材料，帮助他们将东方文化介绍给世界。他强调博物馆的公共开放职能，务实地指出博物馆应该根据实际运行经费来安排日常工作。

　　这份报告已经显现出这位受到北美文化人类学专业训练的学者发展的眼光、缜密的头脑和实干家的精神。和上任馆长兼职华大多项事务不同，葛维汉致力于推动华大博物馆建

---

① 周蜀蓉：《发现边疆：华西边疆研究学会研究》，中华书局，2018年，第109页。
② 据四川大学博物馆藏档案，档案号P703。

设。他力图将博物馆的工作和大学的教学实践结合起来，而田野考古实践是他充实华大考古学课程、扩充华大博物馆藏品量的重要支点。

葛维汉酝酿开设考古学课程、计划在四川进行正式田野考古发掘之时正值国人对19世纪以来外国人基于各种目的调查、搜罗本国珍贵文物古迹的容忍行将殆尽，社会各界文物保护意识逐渐成熟，国家层面的考古发掘管理制度正式形成的时期。1930年6月，国民政府公布了《古物保存法》，并于1931年6月15日正式施行。1931年还公布了《古物保存法施行细则》（以下简称《施行细则》）。《古物保存法》第七条从法律上明确了文物的国有归属，规定古物发现者有向地方政府报告的义务。关于地下古物采掘，明确规定应由"中央或地方政府直辖之学术机关为之"，并须经过教育、内政两部会同核准后发给执照，采掘时由中央古物保管委员会派员监管。《施行细则》第十三条还规定："凡外国人民，无论用何种名义，不得在中国境内采掘古物。"[1]

1932年，内政部通令各市县根据《古物保存法》和《施行细则》组建各地古物保存委员会。"山高皇帝远"的四川，也依令在成都建立了四川省古物保存委员会，首任会长即龚熙台。事实上，这个机构在成立的最初几年影响非常有限。直到1934年5月，报刊上才首次出现该会在当地开展文物保护工作的报道。[2]葛维汉能够在广汉顺利推进与《古物保存法》相关法规不尽相容的三星堆早期发掘，不得不说与四川当时特殊的社会政治状况有关，同时更是一系列人事努

---

[1]　中国第二历史档案馆编：《中华民国史档案资料汇编》第5辑第1编《文化（二）》，江苏古籍出版社，1994年，第609—611页。

[2]　《华大所采古物省府敕令保存》，《新新新闻》1934年5月25日第9版。

力和行政运作的结果。

1933年秋季，基于馆藏广汉器物的不同寻常，葛维汉致信董宜笃，希望获得更多相关信息。通信过程中这位考古学家萌生了去当地进行现场发掘，"寻找更多器物以补原资料欠缺，鉴定这种文化的族属"的念头。

在此之前，葛维汉已经在四川进行了至少三次田野考古实践，包括对其在华大校园的居所、琉璃厂窑遗址和彭山江口崖墓的考古发掘。1932年12月6日，他在华大校园内自己居所附近进行考古试掘，此次试掘断断续续，一直到次年2月20日才结束，发现了一些明代的砖瓦、罐子、钱币，宋代的陶器。①次年春天，他开始在华大讲授考古学——这是民国时期四川地区大学第一次开设考古学课程——共有5名学生修习。3月13日至23日，葛维汉雇用9名工人到成都华阳琉璃厂窑遗址进行发掘，为华大博物馆收集到一批该窑的器物。发掘仅持续了十天，据葛维汉说，每天早上他都发现当地人在前一天晚上将他发掘出土的遗物盗走。②这两次发掘范围较小，没有引起社会的关注。然而到了4月底，他在彭山江口的发掘却引起了不小的风波。

当时，常年调查四川汉代崖墓的华西边疆研究学会成员陶然士（T.Torrance）即将离开中国，葛维汉和他结伴到江口探查一座崖墓。他们携带了陶氏从刘文辉处领到的一本通行证和为传播基督教而颁发的护照，但似乎刻意回避了崖墓发掘之事。他们雇用了民工，带着洋镐和铁铲作为发掘工具。发掘仅进行了一上午，就遭到彭山当局的阻挠，出土器物和工具也被没收。回到成都后，葛维汉给驻汉口的美国领事馆

---

① 葛维汉：《汉州发掘日记》手稿，四川大学博物馆藏档案，档案号P5551。
② 葛维汉：《汉州发掘日记》手稿，四川大学博物馆藏档案，档案号P5551。

写信说明自己的立场，重申自己在中国进行考古发掘是为中国人民服务。[①]事后，四川省教育厅厅长、彭山县县长等官员一同参观了华大博物馆，与葛氏"宾主融洽，交谈甚欢"，但是他们退还器物和工具的承诺最终没有兑现。这次事件影响较大，当时成都的报纸称："两名外国人在中国掘墓，盗取珍稀古董，打算将其运往国外。"江口事件使葛维汉更清晰地意识到在当时的中国，以其外国人的身份开展考古发掘必然会受到限制，仅仅依靠专业知识和一腔热望，事情绝无可能推进。本着实干家的务实精神，他开始积极寻求新的突破。

　　长期在中国居住、与各种人群的亲密接触、良好的学习能力以及对中国传统典籍持续多年的阅读，使彼时的葛维汉已成为某种意义上的"中国通"。在某些方面，他可能比不少中国人更加了解中国的传统文化。他深谙中国传统的待人之道，善于和各色人等周旋，通过积极主动的社交活动和社会各界人士建立良好的私人关系，顺势谋求事业的推动。1933年开始，他制作了两本登记册，分别是"华西协合大学博物院"参观登记簿（以下简称"参观簿"），和"葛府访客登记表"（以下简称"访客登记表"）。在前者的第一页，首先就有四川省政府主席刘湘的亲笔签名。

　　葛维汉任职馆长期间，华大博物馆重要来宾的参观通常由其亲自接待，他们中的大多数人都被他邀请到家中做客。葛氏的妻子慕义受过大学教育，善于西式烹调并且极有爱心。在两本登记册上，不仅可以看到若干民国时期名人的亲笔签名，常常还有"吃得太好""食物太丰盛""好玩"这样日常而有趣的留言。

---

① 葛维汉著，彭文斌译：《1933年葛维汉因"江口考古事件"写给汉口美国领事馆的两封信》，《民族学刊》2018年第2期。

　　争取获得国民政府的承认和中国学界的认可，被葛维汉定为他执掌华大博物馆的一个重要工作目标。1932年至1933年，他写信给傅斯年、翁文灏、秉志、步达生、胡先骕等相关机构负责人和当时的著名学者，寻求中国科学社和中央研究院等学术机构对华大博物馆这所外国人筹建的学术机构的承认和支持。①在进行书信联系的同时，他还邀请学者到馆参观。1933年中国科学社社员的来访，对华大博物馆和广汉发掘有着特别的意义。1933年8月，中国科学社第十八次年会在重庆举行，会后五十名社员到访成都。8月25日，他们访问了华大和华大博物馆，对华大博物馆给予了很高的评价。静生生物调查所所长胡先骕甚至预言，华大博物馆将成为中国最好的博物馆。他希望人人都能意识到这所博物馆不仅属于华西协合大学，属于四川，还属于整个中国。他预测，将来会有越来越多的学者到华大博物馆来做研究。胡氏还称，他已经和四川政府部门联系，告知他们华大博物馆所取得的成绩，并请求他们给予经济上的支持。②值得一提的是，8月27日，离开成都的中国科学社社员还访问了广汉，受到师长陈离和广汉县县长罗雨苍③的热情接待。④言谈之间，很难说他们没有向当时广汉军政界的重要人物提到华大博物馆的成就。

　　1934年2月，陈友琴也在葛维汉的陪同下参观了华大博

---

① "A Letter to Davidson Black，Nov.6，1933"四川大学博物馆藏档案，档案号P335；"A Letter to Dr.C.Ping，Nov.7，1933"，四川大学博物馆藏档案，档案号P245；"A Letter to Dr.Wang，President of Science Society of China，Nov.7，1933"，四川大学博物馆藏档案，档案号P255。

② 关于1933年中国科学社在成都期间的活动，参见：The Science Society of China, in *the West China Mission News*，no.10（1933），pp.23—26.

③ 罗雨苍，别号乃璠，民国报刊常写作罗洒璠、罗乃帆，在四川大学博物馆藏照片档案中，也被写作罗雨昌。

④ 《科学社员参观新汉建设》，《新新新闻》1933年9月3日第6版。

物馆。他认为华大博物馆是这所优秀的教会大学最杰出的机构。他在日记中写道："外人在我国内地办大学负如此之成绩。虽基督教文化侵略，别有用心，然我国当局，实有借为参考之必要也。"[1]陈友琴对华大和华大博物馆的看法，在当时中国知识阶层中颇具代表性。陈友琴随后也到了广汉，受到县长罗雨苍的款待。[2]一切向着有利于满足葛维汉心愿的方向发展。

江口事件期间，四川省教育厅厅长张铮曾与葛维汉共坐洽谈。张铮于1931年至1936年担任四川省教育厅厅长。然而从1933年开始，他就因生病长期在华西协合大学治疗。张铮生病期间，厅长由德阳人郭敬宇代理。

郭敬宇，东京帝国大学天文物理学学士，1931年任四川省政府教育厅第一科科长，后代理厅长。[3]1933年11月2日，郭敬宇到葛维汉府上做客，和他同行的还有四川第一区省督学黄元赞，国立四川大学校长王兆荣，四川省教育厅科长杨伯钦、秘书萧竹船等人（图三）。9天以后，为庆祝华西协合大学在国民政府立案，成都市近4000人参观了华大博物馆，来宾包含四川省各界人士和社会名流。

在11月与四川省政府尤其是教育厅的密集交往中，太平场考古发掘计划是葛维汉和政府官员交谈磋商的重要事项。从11月17日董宜笃给葛维汉的一封回信中，大致可推测出葛氏与四川省当局的沟通颇具成效。董宜笃说："很高兴听

---

① 陈友琴：《川游漫记》，中国青年出版社，2012年，第74页。
② 陈友琴：《川游漫记》，中国青年出版社，2012年，第92页。
③ 1932年，郭已为四川省教育厅代理厅长（参见德阳市地方志编纂委员会编纂：《德阳市志》，四川人民出版社，2003年，第1935页），1933年11月21日，侯鸿鉴到四川教育厅考察时，由第一科科长郭敬宇代主厅务（参见侯鸿鉴：《西南漫游记》，中国文史出版社，2021年，第117页）。

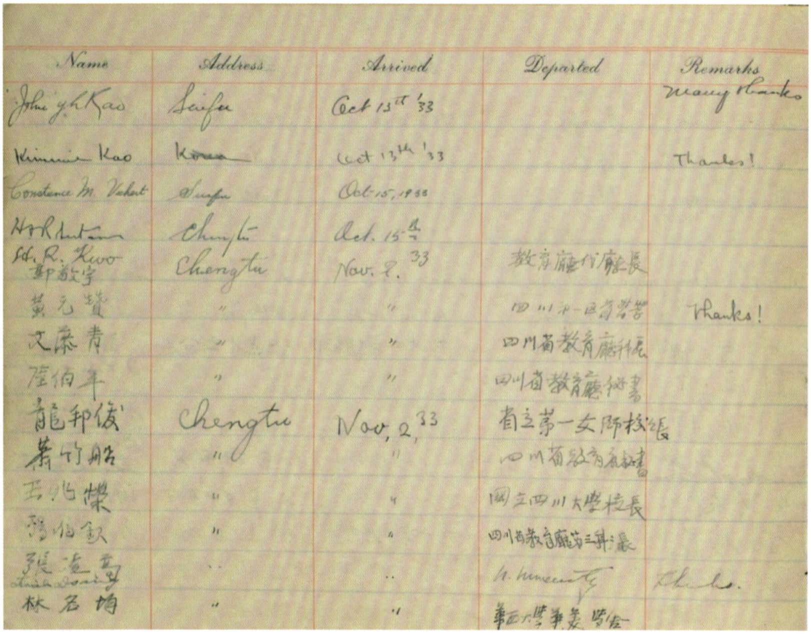

Name	Address	Arrived	Departed	Remarks
John Y.H. Kao	Seifu	Oct 13th '33		Many thanks
Kimmer Kao	Korea	Oct 13th '33		Thanks!
Constance M. Vedart	Seifu	Oct-15, 1933		
H.R.Antam	Chengtu	Oct. 15th		
M.R. Kwo 郭敬字	Chengtu	Nov. 8 '33	教育厅代厅长	
黄元贽	"	"	四川省督学署	Thanks!
文庶青	"	"	四川省教育厅代厅长	
屈伯年	"	"	四川省教育厅秘书	
龙郇俊	Chengtu	Nov, 2 '33	省立第一女师校长	
蒋竹卿	"	"	四川省教育厅科	
吾化模	"	"	国立四川大学校长	
邓伯钦	"	"	四川省教育厅第三科长	
张逢嵩	"	"	N.	Club
林名博	"	"	华西大学事务学会	

说你有了适合发掘的工具。我们当然应该去一趟玉器发现之地，若要去，今年冬天就应该成行。我认为中国新年时就很合适。"①

关于获得发掘许可一事，葛维汉在不同时期的表述略有差异。在较早写作的《汉州发掘日记》中，他说获得了"四川省政府的正式批准和四川省教育厅的首肯"；而在其后正式发表的《汉州发掘简报》一文中，他说获得了"四川省教育厅与四川省政府的批准和发掘执照"。虽然到目前为止，我们还没有在任何相关机构的档案里找到葛维汉所言的这份执照，但可以推定他在这个时期确实得到了四川省当局的支持，甚至获得了有相关人士签字的同意书。

董宜笃希望在1933年冬天开始发掘，然而在复杂的社会

图三 访客登记表（1933—1945）第9页

---

① 《1933年11月17日董宜笃写给葛维汉的信》，四川大学博物馆藏档案，档案号P3542。

局势下，葛维汉还需要取得广汉地方政府的许可。事情拖到
了1934年。

　　1934年1月9日，华大博物馆委员会会议通过叶长青、林
名均等成为华大博物馆的合作者①，标志着华大中文系学生
林名均正式成为博物馆的一员。②在1930—1931学年华大奖
励单上，林名均以91.23的高分在当年受奖励学生中位列第
二③，这很可能也是他毕业后得以留校并被选拔到博物馆任
职的原因。

　　林名均，四川资中人，是华大博物馆建设史上最容易被
忽略，却同样才华卓越的人物。据四川大学著名考古学家冯
汉骥先生之子冯士美回忆，冯汉骥1919年考入武昌文华大学
时，图书科同学中就有林名均。④他在博物馆最初的任务是
帮助葛维汉查阅中文古籍资料并翻译，后来逐渐进入研究领
域。1937年6月，林名均的名字出现在《中国科学社名录》
上，成为中国科学社社员。他是王建墓发掘的倡始者之一。
1951年，重庆筹备成立西南博物院时，冯汉骥点名支援的学
者中也有他的名字。他所发表的论文涉及考古学、民族学、
历史学、文献学等多个学科领域，可以看出其在学术取向上
深受葛维汉的影响。⑤林名均供职华大博物馆在华大博物馆

---

①　据四川大学博物馆藏档案，档案号P4197。
②　在1934年1月以前，林名均的名字已多次出现在访客登记表上，可见葛、林
　　二人此前已经有了一定的交往。
③　据四川大学博物馆藏档案，档案号P4256。在这份档案上，史学系蒙思明以
　　87.73分也在受奖之列。
④　冯士美：《回忆先父冯汉骥》，重庆中国三峡博物馆、重庆博物馆编：
　　《长江文明》第8辑，河南人民出版社，2011年，第35页。
⑤　林名均在20世纪40年代后期即调入图书馆工作，关于他的生平资料记载较
　　少，但是他写作的《川苗概况》《川南僰人考》《四川治水者与水神》
　　《成都刘氏所藏写本〈聊斋志异〉记》《四川张献忠碑记》等多篇论文，
　　多为后世学者讨论相关问题时所引用。

"国立化"的进程中具有特殊意义——使这座西人主事多年的博物馆终于有了中国"主人"。如果说只有一位"洋教授"作代表的华大博物馆在中国民众眼中多少显得有些刺目的话，那么林名均无疑可以成为他们眼前最好的"柔光"。

1月15日，华大博物馆迎来了来自广汉的客人——广汉县县长罗雨苍。罗雨苍籍贯四川彭县，和陶宗伯、陈离同样出身陆军军官学堂，毕业后长期任职军界，曾担任全川江防军总司令部参谋长，1932年6月继陶宗伯出任广汉县县长。资料显示，罗氏同样是一名现实感很强的俊杰，长期在国共两党之间周旋。1949年彭县起义，作为彭县参议会议长的罗雨苍与县长刘度领衔签名。[①]当天，随同罗雨苍参观华大博物馆的还有罗度能、罗开智，三人的登记地址均为成都北门正通顺街81号，可能是罗雨苍的家人。[②]四天以后，罗度能、罗开智二人的名字再次出现在当日葛府的访客登记表中，他们被葛维汉邀请到家中用西式晚餐。[③]罗雨苍到访华大博物馆的直接机缘虽然无从得知，但是关于他和葛维汉会面一事，有两点推论应离事实不远：其一，对于燕家院子出土器物及其引起的广汉民众异动，这位县长必定了然于心，且有意弄清在自己的辖区内出现的（奇怪）器物的来龙去脉，以对可能失控的当地人挖宝、古董商造假、流言漫天的乱象加以控制。其二，在这次华大之行中，葛维汉和广汉县政府就燕家院子

①　罗雨苍在第一次国共合作期间就曾受过共产党人杨闇公等的影响，1927年在重庆"三·三一"惨案中，营救过共产党员李筱亭、吴自伟，1949年作为彭县参议会长签名起义。参见彭州市地方志编纂委员会编：《彭州市志（1986—2005）》，方志出版社，2018年，第628—629页；正乘：《四十年前龙兴寺风云际会举义旗》，中国人民政治协商会议四川省彭县委员会文史资料委员会编：《彭县文史资料选辑》第5辑，1991年，第1—14页。

②　据参观簿第11页。

③　据访客登记表（1933—1945）第12页。

发掘之事进行了磋商，并在某些层面上达成了一致意见。

2月，葛维汉的夫人忽然重病手术[1]，发掘计划再次搁置。3月1日，当他到达广汉时，发现当地政府已经开始组织挖掘。经过葛维汉的劝说，罗雨苍下令停止挖掘，并承诺待葛维汉到来之后再行发掘。对于这出意外，林名均是这样写的："二十三年春，罗县长以好古心切，邀葛氏从速办理。葛以此项发掘，非以现代科学方法，不能辨明其层位而求得其时代之价值。然此事在蜀尚属创举，以西人主持其事，恐引起不必要之误会与纠纷。乃改用县政府名义，由罗氏出面主办。"[2]含糊其辞的背后，隐藏着罗县长对现实的担忧。事实上，就在董宜笃、戴谦和等开始关注"广汉玉器"时，"洋人"们三番五次光临太平场的举动已在社会上传开，传教士与军政要员就此事的直接对接容易让民众心生不满，加之戴谦和与葛维汉常年在边区进行文化考察和文物搜集活动，使他们此行的目的愈发引起人们的质疑。利益驱动和民族主义交织可能使民众盲目挖掘，原有的匪患也再生波澜。据当时报纸报道，1933年4月，广汉成立十区联团办事处，以共同防匪。5月，广汉三星场、金轮寺等场，尤其混乱。[3]民间乱象很可能使罗雨苍不得不在葛维汉到来前就自行开挖，同时也正是因为二人有约在先，在葛氏赶到后，罗雨苍很快就放弃了单独行动。

3月5日，在准备好一切发掘工具后，葛维汉再次抵达广

①　葛维汉著，卞思梅、彭文斌译：《葛维汉在华西》，天地出版社，2022年，第131页。
②　林名均：《广汉古代遗物之发现及其发掘》。
③　"县属各区乡镇附近，每有匪徒出没，时常发现拉肥掳掠情事。除民连队外，加派选练队，以防匪患。如三星场、金轮寺等场，尤为繁要。"参见《广汉十区联团民练停操严密警备》，《新新新闻》1933年4月21日；《广汉各要镇加派练队防匪》，《新新新闻》1933年5月15日。

汉，当晚宿于董宜笃家中。罗雨苍从县府通过电话与葛维汉讨论发掘的具体细节安排。次日，林名均抵达广汉与葛维汉会合，二人在董宜笃和两名广汉官员的陪同下，一起前往太平场。

发掘于次日正式开始。六名县府官员全程参与，具体负责人员组织、调配、武装护卫以及后勤服务等事项。他们的名字都曾出现在葛维汉的日记中，包括为首的邹臣辅，在县府从事司法工作且为民团队长的庄国祥、中心镇团总、五县（新都、新繁、广汉、什邡、彭县）边区联防委员会广汉方面负责人黎敬之①，以及萧仲元、杨昌亨、罗鸿恩六人。此外，八十名士兵荷枪实弹守护在周围，"使任何人不得靠近现场"。葛维汉全权负责发掘计划的制订、发掘地点及发掘方法的选择，以确保发掘的科学性。具体进行发掘的是在当地雇用的农民。

发掘的经费分成两个部分：一是葛、林二人的来去路费、路上餐饮、行李搬运，包括林名均在太平场购买的几件器物，由华大也即哈佛燕京学社承担；②二是当地农民的雇用，葛、林二人及官员、士兵发掘期间的饮食、住宿等事宜由广汉县政府安排，所产生的费用也由广汉方面承担。广汉县政府特别是县长罗雨苍为发掘提供了诸多支持与帮助，保障了发掘顺利进行。葛维汉后来在编写《华西协合大学博物馆藏品图录》广汉出土部分时，首页安排的正是罗雨苍的照片（图四），并特别指出："罗雨苍县长，在他的统一调配下发掘得以实现。他提供了几乎所有的帮助，分担了费用，

---

① 关于黎敬之生平，可参见四川省广汉市《广汉县志》编纂委员会编：《广汉县志》，四川人民出版社，1992年，第628页。

② 这些项目见于林名均手写的广汉报销单，上有华西边疆研究学会财务总管曾思孔的名字。参见四川大学博物馆藏档案，档案号P4062。

MAGISTRATE LO, UNDER WHOSE AUTHORITY THE EXCAVATION WAS MADE.
HE RENDERED EVERY POSSIBLE ASSISTANCE, SHARED THE EXPENSE, AND
FINALLY PRESENTED EVERYTHING TO THE WEST CHINA UNION UNIVERSITY
MUSEUM.

图四　罗雨苍
（摘自《华西协合大学
博物馆藏品图录》）

最后将所得全部赠送给华大博物馆。"①

四　1934年广汉发掘

对于三星堆首次考古发掘的具体过程，今天我们的认
识无法超越当事人的文本，故只能据葛维汉的日记和简报所
述，略陈如下：3月6日，发掘正式开始。由于燕家的反对，
葛维汉放弃在小溪南北两侧发掘的原定计划，而将目标锁定

———————

① 参见葛维汉编：《华西协合大学博物馆藏品图录》第三册，1934年，第81
页。多件副本收藏于哈佛大学艺术图书馆。

在溪北。他们先在溪北开挖了长40英尺、宽5英尺、深7英尺的第一个探坑，之后将燕氏所言发现器物的倒流堰一段的溪水导出，再往堰底深挖，找到了燕氏发现的坑，此坑为长方形，经测量，其长约7英尺，宽3英尺，深3英尺。仔细清理后，再次将溪水导回倒流堰，随即在最初开挖的溪北探坑的南北两侧各挖了一个尺寸相同的坑。在燕家发现的溪底坑和溪中泥沙里，清理出大量的玉片、绿松石、残玉璧等物，在其余三个坑的所谓"瓦砾层"中，发现了大量陶片、石器等物。

3月14日，将土方回填后，又分别在发掘地点以北、以西50英尺，以南200英尺，以北100英尺处打探洞，均在离地表很浅的地方探得古代窑址文化层。葛维汉知道他们对这片区域的发掘极不彻底，预计此地今后会有更多、更重大的发现。

除了现场指导民工、拍摄照片，葛维汉还采用写日记的方式，仔细记录了每天发掘推进的细节。他不仅随着发掘的进程绘制了发掘平面图、地层剖面图以及若干器物线图，还将每天的出土器物按顺序编号，并尽可能逐一记录其出土位置。

3月15日，他们将采集到的三箱器物带回广汉县城交给罗雨苍，当天留宿董宜笃家。同日，也许是因为罗县长亲自主持了发掘，燕道诚的二儿子燕仁安来到董家，将一块大石璧赠送给华大博物馆，石璧上有新刻的"燕三泰"三字（葛维汉认为这是燕家人的名字）。

这次发掘出土的器物曾经在广汉公园文物陈列室短暂展

出。^①从葛维汉的日记推测，展出时间可能是3月16至18日。燕道诚也将自己家中收藏的三件玉器送到广汉临时参展（图五）。3月19日，广汉县府举行了一场隆重的捐赠仪式，罗

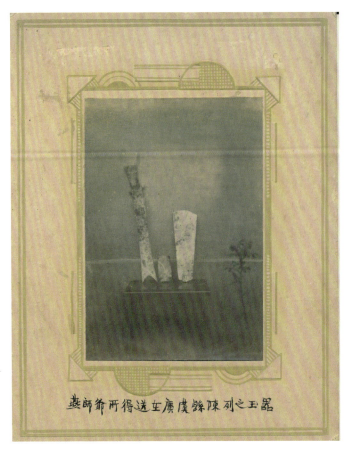

图五　燕师爷（燕道诚）所得送至广汉县陈列之玉器

（四川大学博物馆照片档案；此三件玉器1951年交给四川省博物馆，现藏于四川博物院）

---

① 1927年广汉公园的兴建是陈离新政的一项重要内容，公园中心荷花池旁设有文物陈列室，用来陈列教科仪器及古文物。1934年陈友琴到访时，在罗雨苍的陪同下参观了广汉公园，"公园修自民国十四年……演讲厅、书报室、体育馆一一俱全，并罗致古铜、铁、石器多种。"1951年燕仁安捐赠文物到广汉文物管理委员会时，提到1934年发掘后出土器物曾在公园陈列室展出。参见邓穆卿：《房湖公园今昔》，政协广汉县文史资料研究委员会：《广汉文史资料选辑》第6辑，1985年，第82页；陈友琴：《川游漫记》，中国青年出版社，2012年；三星堆研究院、三星堆博物馆编著：《三星堆研究》第4辑《采集卷》，巴蜀书社，2014年，第111页。

　　雨苍和葛维汉以及众多广汉官员齐集县府。在参观了发掘所得器物后，罗雨苍宣布将它们全部赠送给华大博物馆①，希望博物馆能为华西民众永久保存这些器物。葛维汉随后发言，郑重承诺这批文物将永远珍藏在华大博物馆。

　　太平场发掘虽然仓促结束，但是因为罗雨苍的慷慨赠予而具有了圆满的意味。此后，由于日本帝国主义侵华政策的推进，中日形势日趋紧张，中央加强了对四川的控制，防区制逐渐崩溃，四川被纳入国民政府的统一治理之下，华大、华大博物馆的"国立化"进程也日趋加快。1934年4月13日《新新新闻》转载戴传贤（国民政府委员会委员）通电：请政府对一切公然发墓掘物者，不论何种理由，皆予以禁止。次日，教育部王世杰回复戴传贤，重申对古董商人与不良分子发掘古墓一事的绝对禁止，明令若有肆意为之者，交由公安机关法办。②1934年12月，葛维汉就因在华大校园内发掘了一座南宋墓而遭到了广泛的社会议论。成都市政府派出科员前往调查，华大校长张凌高亲自出面解释，言明是华大博物馆考古学专业学生为实习起见，在校内随掘才发现古墓，所出文物均陈列在博物馆。市政府官员在参观博物馆后，明令华大今后一切类似行事必须遵照中央通令并报请政府备案，此事方才了结。③1935年，国民政府在《古物保存法》及其施行细则的基础上，出台了包括《采掘古物规则》《古物出国护照规则》《外国学术团队或私人参加采掘古物规

----

① 林名均描述为："罗县长以此有关文化之古物分散以后，不便研究整理，乃将全部移赠华西大学博物馆保存。"参见林名均：《广汉古代遗物之发现及其发掘》。
② 《戴传贤发表通电请政府保存古墓》，《新新新闻》1934年4月13日第1版。《发掘古墓教王复戴电绝对禁止》，《新新新闻》1934年4月14日第3版。
③ 《华大掘墓事 市府派员查询》，《新新新闻》1934年12月2日第12版。

则》在内的一系列文物保护行政法规。此后，葛维汉再也没有主导过任何四川地区的考古发掘，即使偶尔参与其中，所有发掘出土的器物也都留在了当地。

三星堆早期考古发掘得以顺利推进，还需要特别提到陈离。虽然目前所见相关档案资料从未提及他的名字，但是我们猜测，在当时，作为防区的最高长官，陈离不可能不知晓自己辖区内这次史无前例的文化事件，他极可能在幕后为这次活动开了绿灯。

四川大学博物馆档案库里的一张老照片佐证了这一猜测。这是一张二十人的合照，上有陈离的亲笔签名："陈离敬赠，毕校长惠存"。照片中有广汉方面的罗雨苍、陈离、陶宗伯等人，广汉传教士董宜笃，华西协合大学校长毕启及叶长青、李哲士等，背景是广汉公园，组织拍摄的应是广汉方面。罗雨苍在第一排居中站立，他的顶头上司陈离着军服站在第二排右二，团长陶宗伯着中山装在最后一排左侧（图六）。照片背面附有英文说明："在陈将军和陶团长的邀请下赴汉州的成都外国代表团"。从罗雨苍所站位置和装束（头戴礼帽，身着长袍马褂，和当时华大博物馆广汉文物展柜中展出的罗雨苍单人照装束一致）推测，这张合照应拍摄于1932年6月至1934年12月罗雨苍任广汉县县长期间。[①]照片同时也证明了广汉军政界，尤其是最高首脑陈离与华大有着良好的关系。

---

① 《新新新闻》1934年12月27日所刊文章《广汉人士挽留罗县长》载广汉县县长罗雨苍请辞，市民表示挽留；根据《新新新闻》1935年4月所刊文章《广汉设立临时治安维持会》，此时广汉县县长已为李姓；根据《新新新闻》1935年4月15日所刊文章《柯仲生辞职罗廼璠接署》，罗雨苍于1935年4月14日出任彭水知事。

五 华大博物馆对广汉出土文物的利用与研究

对正处于上升状态的华大博物馆而言，广汉文物的入藏不仅意味着馆藏文物数量的增加，更意味着博物馆得以通过实物考证可能颠覆时人认知的古蜀历史。发掘结束返回成都后，4月11日，兴奋的葛维汉即致信国立中央研究院自然历史博物馆主任徐韦曼，提出将发掘所获陶片样本寄给自然历史博物馆，希望他们能比对其他地方出土的陶片，从而判断出广汉所出陶片的年代。[①]

围绕这批文物，葛维汉、林名均、郑德坤等人先后投入研究，"汉州文化""广汉文化""太平场文化""古蜀文化"等概念被相继提出，海内外更多的学者参加讨论，古蜀文明研究的大幕也随之拉开。华大博物馆对广汉文物的整

图六 陈离将军和陶宗伯邀请华大教员访问广汉时的留影

[后排左起：陶宗伯 安德森 叶长青 李哲士 董宜笃（广汉） □□

二排左起：□□ 巴瑞（重庆） 毕启 皮特森 黄思礼 陈离 □□

前排正中：罗雨苍]

---

① 据四川大学博物馆藏档案，档案号P3519。

理、建账、展览和研究既是业务需要，也是其关于三星堆早期知识生产的有形呈现。具体工作主要包括以下几个方面。

（一）藏品整理、建账

广汉文物入藏后，葛维汉首先将它们录入"华西协合大学博物院"藏品登记册。该登记册中所列项目包括总登记号、藏品号、名称、地点、来源、征集者、入藏时间、征集时间等。1934年入藏广汉文物总登记号为3053，藏品号从C/8287开始，逐条编到C/8838。其中除了5件为林名均购买，1件为燕家所赠，1件为葛维汉用木头仿造的玉璋，其余均为本次考古发掘所得，收藏地项记为"太平场"，征集者项记为"葛维汉、林名均发掘"，来源项记为"罗雨苍赠送"。

除完成登记外，葛、林二人还逐一制作了文物登记卡，为便于查阅、展览，登记卡内容由葛维汉以英文撰写并打印（葛维汉夫人可能分担了部分打印工作），林名均再手写对应中文附于其后（图七）。

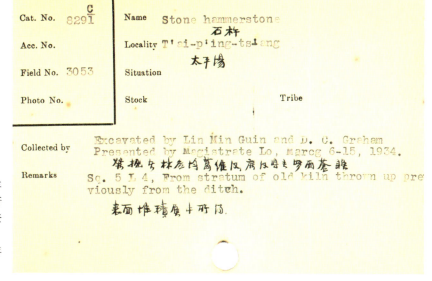

图七　1934年葛、林二人所制广汉文物登记卡

（四川大学博物馆藏）

此外，根据国民政府颁布的《古物保存法》第四条规定"古物保存处所每年应将古物填具表册，呈报教育部、内政部、中央古物保管委员会及地方主管行政官署"，葛维汉于1934年6月开始编写《华西协合大学博物馆藏品图录》，除了器物图片和说明，调查者、参与者也是被重点列入的内容。其中关于广汉发掘的部分被收录于第3册，共计14页，重点介绍了最初发现者、发掘赞助者、发掘现场和典型器物图。此册曾呈送中国博物馆协会，副本今见于哈佛大学艺术图书馆、哈佛燕京学社等。

在以上藏品档案的基础上，我们试图再次对三星堆早期发现的器物进行梳理——尽管这是一项非常难以完成的任务。

总登记册编号显示，经葛、林二人发掘出土并登记入藏华大博物馆的三星堆文物共计545件。然而，同年发表于《华西教会新闻》的1933年10月1日至1934年4月1日华大博物馆入藏文物札记第15条显示，此次发掘的入藏文物记录为：480件陶片、120件玉石器或残件，其中包括一些好的石器，18件玉珠、玉刀和玉璧残件，80件左右小的玉或绿松石装饰品。两处数据相差55件，这很可能是由研究需要发生的馆际交换所致，如葛维汉主动送给国立中央研究院自然历史博物馆的陶片标本，再如其日记中记载的流往南京的1件残石璧。

至于1927年燕家究竟发现了多少器物，在当时即众说纷纭，或可至三四百件[1]。今将目前所知四川大学博物馆和国内外其他公私收藏的燕家院子出土的相关器物一并归纳如下。

---

[1]　冯汉骥、童恩正：《记广汉出土的玉石器》，《文物》1979年第2期。

1. 四川大学博物馆收藏24件

①最早入藏的1件玉琮（藏品号C/2093）。在馆藏1914—1949年的英文账册上，有一件玉琮登记位置处于两件1929年入藏的文物之间，来源记为"购自太平场"，征集者付诸阙如。戴谦和的论文中没有提及这件器物。直到1934年，葛维汉在《汉州发掘简报》中首次披露时写明是由陶宗伯赠送。付云怀疑葛维汉混淆了陶宗伯赠送的玉璧和这件玉琮。[①]无论如何，基于它所登记的年份，我们猜测它可能是最早入藏华大博物馆的燕家院子器物，时间在1931年戴谦和去燕家调查之前。

②1931年陶宗伯所赠5件。包括2件玉斧（藏品号C/4868、C/4869）、2件玉璋（藏品号C/4865、C/4866）和1件有领玉璧（藏品号C/8298）。

③董宜笃所赠3件。1件大玉琮（藏品号C/8934），英文账册显示为董宜笃所赠。这件器物最早披露于戴谦和1931年发表的文章中，标注为"发现的其他石器的轴端""圆形空心轴（rounded hollow axle），由硬石制成，看起来令人惊讶，其两端呈圆形，中央为长方形。在成都街市上经常可以见到类似器物，据称是汉代的，但这件可能更早"。在华大博物馆1934年4月1日至10月1日入藏文物记录中，有一件董宜笃花费30英镑购得，后赠给博物馆的广汉玉器。[②]葛维汉在《汉州发掘简报》中明确指出C/8934就是董宜笃花30英镑购买的玉琮。因此很可能戴谦和1931年在燕家就已见过这件玉琮并拍了照，后来被董宜笃高价买下，其在1934年太平场

---

① 付云：《民国学术视野下华大博物馆的考古学研究》，四川大学博士学位论文，2016年。

② 据四川大学博物馆藏档案，档案号P4064-004。

发掘结束后，将之转赠华大博物馆。

此外，董还送给博物馆两颗绿松石珠，分别是C/9009和（2.3）00047（无旧号）。

④戴谦和所赠4件。包括1932年购得的玉器残件（藏品号C/8250），1934年在广汉购得的石璧残件2件（藏品号C/9835、C/9834），以及20世纪30年代在太平场购得的石璧残件C/7259（此件石璧璧肉上粘嵌有一小块绿松石）。

⑤林名均为博物馆收购7件。发掘期间，林名均在太平场一带多方打听，从当地农人手中收购到2件石璧残件（藏品号C/8288、C/8289），从燕道诚孙子手中买到2件玉镯残件（共用一个藏品号C/8362），在发掘点附近购买了1件酱褐色有领玉璧（藏品号C/8293）、1件玉斧残件（藏品号C/8294）和1件凹刃器（藏品号C/8451）。

⑥燕家捐赠给博物馆3件。包括燕道诚分别于1931年捐赠的玉斧1件（藏品号C/4867）和1934年所赠直径超过70厘米的大石璧1件（藏品号C/3547，残为两半），以及发掘结束次日，燕仁安在董宜笃家捐赠的刻有"燕三泰"三字的石璧1件（藏品号C/8477）。

⑦陶然士为博物馆收购1件。1933年7月，陶然士在成都收购玉凿1件（藏品号C/6750）。

2. 四川博物院收藏12件

1951年至1965年，四川省博物馆（今四川博物院）通过购买、接受捐赠和征集等方式，先后四批入藏了当年燕家院子出土的玉石器12件，包括1951年从向朝卿处购买的4件，1957年王家祐、江甸潮从燕仁安手中征集的6件以及1961年燕仁安捐赠的2件。[1]其中藏品号为313的玉璋通高59.3—60.5厘米，是目前所见燕家院子所出尺寸最大的玉璋。当初葛维汉曾在燕家见过这件器物，并将器物线图画在手绘地图的背面（图八），后又用木头仿制了一件（图九）。这件仿制品曾在华大博物馆广汉文物展柜中展出（图一〇），至今仍收藏在四川大学博物馆。时隔90年，它也已成为重要的历史见证。四川博物院收藏的313号玉璋、110485号玉琮、113913号玉斧即前文所述燕道诚当年送至广汉展出的三件玉器。

3. 广汉文管所收藏5件

1951年，据当时参与点交的王文茂记录，燕仁安送交广汉县文物管理委员会玉石器4件，包括琬圭1件、琰圭1件、折断的黑色玉磬1件、黄褐色的琮1件。1956年，四川省文物管

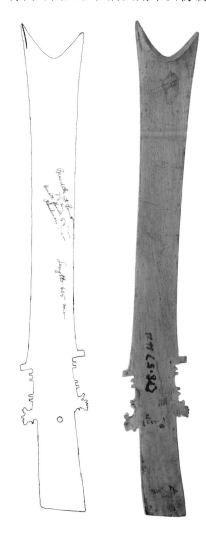

图八　葛维汉1934年手绘燕家藏玉璋线图（左）

图九　葛维汉仿制玉璋（右）

（四川大学博物馆藏）

① 何先红：《四川博物院藏三星堆遗址出土玉石器补记》，《四川文物》2012年第4期。

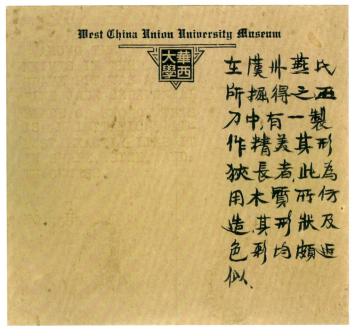

图一〇　1934年葛、林二人为展出的仿制玉璋制作的文物说明卡

理委员会著《四川文物简目提要》，记载广汉县文化馆存璧2件、琮1件、琬圭2件、琰圭1件。及至1975年举办文物展览点交时，只有玉琮2件、大石璧1件（璧面上刻"燕三泰"三字，断为两半，后文管所将其修复）、小石璧1件、折断的玉磬1件。[1] 上述2件石璧和1件琮并非当年燕仁安所赠，不知是何时进入文管所的。

4. 故宫博物院藏3件

故宫博物院所藏3件玉璋从未见馆方展出过，也不知是何时流入故宫的。[2] 李亚明在《考工记名物图解》一书中，刊出了这三件器物的线图。[3] 2019年，成都金沙遗址博

① 敖天照：《四川广汉三星堆博物馆 广汉市文物管理所采集文物》，三星堆研究院、三星堆博物馆编著：《三星堆研究》第4辑《采集卷》，巴蜀书社，2014年，第110—113页。
② 林向：《古蜀文明与中华牙璋》，《中华文化论坛》1994年第1期。
③ 李亚明：《考工记名物图解》，中国广播影视出版社，2019年。

物馆、故宫博物院联合举办"金玉琅琅——清代宫廷仪典与生活"特展时展出了其中一件，后来在出版图录中披露了该件玉璋的照片（图一一）。①

5. 美国收藏1件

美国所藏1件玉璋最早由林巳奈夫于1982年披露，林向先生认为其酷似四川大学博物馆藏C/4866号玉璋，但更为完整。②

6. 台北故宫博物院收藏1件

邓淑苹在讨论"华西系玉器"时，提到台北故宫博物院藏有1件燕家院子出土的玉璋（邓称之为"月亮湾文化牙璋"）。③

综上，目前源流大致可考的燕家当年发现的器物共计46件（见表一）。此外，还有若干曾经为人目

图一一　1927年燕家院子所发现玉璋（故宫博物院藏）

睹、今不知去向但确定为燕家所出的器物，如林名均曾目睹两件玉璋，一件为燕道诚随身佩戴，仅存口部，另一件长50.5厘米，为燕家珍藏。他还听闻燕氏淘溪之后，附近居民在其周围捡到了很多绿松石珠，并将其用线穿在一起作为孩

① 成都金沙遗址博物馆、故宫博物院：《金玉琅琅——清代宫廷仪典与生活》，巴蜀书社，2020年，第17页。
② 林向：《古蜀文明与中华牙璋》，《中华文化论坛》1994年第1期。
③ 邓淑苹：《史前至夏时期"华西系玉器"研究（下）》，《中原文物》2022年第2期。

童的玩具。[1]据葛维汉日记记载，有一件石璧残件流到了南京，今不知何在。[2]林名均和郑德坤皆谓当年燕家所得和华大博物馆所藏类似玉镯的器物有数十件，惜皆散佚（二人的文中称为玉圈）。[3]燕仁安到广汉文管所捐赠时曾说："还有一两件红色玉器……我晚上悄悄地把它埋在鸭子河滩上，后来河里涨水把它冲走了！"[4]

表一　已知国内外公私收藏的1927年燕家院子出土器物

单位：件

收藏机构（地）	石璧	玉璧	玉璋	玉琮	玉斧	玉磬	玉凿	绿松石珠	玉镯	凹刃器	不明玉器残件	玉料	合计
四川大学博物馆	7	2	2	2	4		1	2	2	1	1		24
四川博物院			4	1	3				3[4]			1	12
广汉文管所	2				1								5
故宫博物院			3										3
台北故宫博物院			1										1
美国			1										1
合计	9	2	11	5	7	1	1	2	5	1	1	1	46

统计说明：石璧、玉镯残件等，均按各馆藏品号视作单件统计。

---

[1]　林名均：《广汉古代遗物之发现及其发掘》。
[2]　根据葛维汉《汉州发掘日记》第31页，1934年3月11日出自"墓坑"的第204号残石璧，注"赠予南京"。
[3]　郑德坤：《四川古代文化史》，巴蜀书社，2004年，第51—52页。
[4]　《四川广汉三星堆博物馆 广汉市文物管理所采集文物》，三星堆研究院、三星堆博物馆编著：《三星堆研究》第4辑《采集卷》，巴蜀书社，2014年第3版，第110—111页。
[5]　四川博物院将这类器物定名为"玉环"。

　　燕家当年赠给陶宗伯的器物均为典型器物，然而相对残缺，他们特别珍藏的一批，有部分在四川解放后捐献给了国家。今天，世界各地的博物馆或私人藏家手中也许还有属于1927年燕家院子出土的旧物。但无论如何，燕家当年从溪底坑中究竟发现了多少器物，已经永远没法弄清楚了。

　　经葛、林二人1934年发掘，能够确定是从燕家溪底坑中发现或清理，目前收藏在四川大学博物馆的还有绿松石13颗，小玉片77块，玉凿1件（藏品号C/7027），玉管状器1件（藏品号C/8452），数件玉璋、玉璧和玉环的残件。林名均和郑德坤早已指出，燕氏发现的溪底坑中之物和葛维汉发掘的溪岸坑中之物已然相混。[①]根据现有材料，我们很难从葛、林二人的发掘中清晰地剥离出完全属于倒流堰溪底坑中的器物。

　　（二）博物馆展览、推广

　　发掘结束后不久，华大博物馆就辟出专柜展出了这批出土器物。展览安排在懋德堂二楼北翼。展柜为玻璃橱窗式大通柜，分置三层隔板，从上至下，第一层以玉器为主，包括两件经过修复而相对完整的陶器，第二层为陶片，第三层为各种石器。柜外开放式陈列三件石璧，斜靠展柜，从大到小排列。这个展览还给参与本次考古发掘的相关人士留出了醒目的展示空间。在柜内最上层的器物后面，摆放了精心制作的发掘现场、人员照片共九张，其下均附文字说明。其中罗雨苍负手而立的单人照居中，燕家父子合照、陶宗伯肖像、广汉参加发掘的官员合照也尽在其中。

　　将参与者的照片放入展柜和器物同时陈列，既体现了葛

---

① 郑德坤：《四川古代文化史》，巴蜀书社，2004年，第57—58页。

维汉博物馆人类学的思维方式，也体现了他一贯坚持的处世之道。这种方式对他的专业工作助益良多。发掘结束一个多月后，华大博物馆所设广汉发掘展柜大概也已经布置完毕。5月3日，郭敬宇参观华大博物馆。^①5月10日午后一点，罗雨苍再次到访华大博物馆并到葛府用餐。^②5月23、24日，四川军界重要人物李家钰、邓锡侯、田颂尧、王瓒绪、唐式遵等先后参观了华大博物馆，其中若干人也成为葛府的座上宾。^③6月22日，陶宗伯到访，看到了自己的照片摆放在展柜的醒目位置。^④10月11日，广汉驻军将领陈离到访^⑤，12天后，他偕同夫人向守之再次来到华大博物馆。^⑥次年1月，这位开明的将军将自己收藏的包括汉砖、古代铁器在内的28件文物捐赠给华大博物馆（据"华西协合大学博物院"藏品登记册）。

为了帮助观众理解展陈文物，葛、林二人制作了中英文对照的文物说明卡片并附在展品一侧，其上提供器物名称、藏品号、来源、出土地、时代、用途等相关信息（图一二至图一四）。

1935年，华大博物馆成为刚刚成立的中国博物馆协会的会员单位。在《中国博物馆协会会报》第一卷第三期刊载的《华西协合大学博物馆概况》一文中，葛维汉特别介绍了广汉文物展柜："另有一柜，则为四川广汉出土及发掘所得之遗物，分玉器、石器及陶器三种，乃距今三千年前中国殷周

---

① 据参观簿第21页，访客登记表第22页。
② 据参观簿第24页，访客登记表第23页。
③ 据参观簿第27—28页，访客登记表第24页。
④ 据参观簿第33页，访客登记表第25页。
⑤ 据参观簿第37页。
⑥ 据参观簿第38页，访客登记表第33页。

West China Union University Museum

JADE CIRCLE
FROM T'AI P'ING
CH'ANG NEAR
HANCHOW? SZECHWAN.

　Symbol of
heaven.
　Probably Shang dy-
nasty.

NO. C/2093

琮　用以祭地也

在漢州太平場
附近所掘獲
大約為周或
周代以前之
物

陶宗伯旅長贈

图一二　1934年华大博物馆广汉
文物展柜文物说明卡
（陶宗伯所赠玉琮C/2093）

West China Union University Museum

CHEO DYNASTY
STONE CIRCLE,
FOUND NEAR HAN CHOW
WITH THE JADE IMPLE-
MENTS. PRESENTED
BY D. S. DYE.

NO. C/7259

周代環形
石塊
在漢州附之
地與玉器同
時掘出

戴謙和先生贈

图一三　1934年华大博物馆广汉
文物展柜文物说明卡
（戴谦和所赠石璧残件C/7259）

West China Union University Museum

玉環之殘塊

在漢州太平場一
古墓內所掘出,
居民藍師箔獲.

林名均贈

图一四　1934年华大博物馆广汉
文物展柜文物说明卡
（墓坑出土玉环残块）

时代之古物也。"

　　广汉发掘虽然由官方主持，所获甚丰且学术价值无法估量，然而当时成都乃至全国的报纸都罕有报道，目前所知仅见载于陈离旅部所办内部报纸《新汉周报》。据该报主编邓穆卿回忆："广汉发现的月亮湾古迹，以及正在日本的郭沫若对此考古发掘的函件，这张报纸曾经发新闻报道。"[①]可惜《新汉周报》仅仅办了三年，且为内部刊物，发行既少，今存世者亦罕见，因此我们无法了解当时报道的具体内容。尽管如此，这次考古发现仍然通过各种渠道传到了上海、重庆等国内各大城市以及海外。

　　发掘结束后不久，林名均就收到了远在日本的郭沫若的来信，询求出土文物的照片和器物图。1934年7月，在给林名均的回信中，郭沫若盛赞葛、林二人是华西科学考古的先驱。他认为在广汉获得的玉琮、玉璧、玉刀等文物大体上与华北和中原地区出土的同类器物相似，证明西蜀以前就与华北和中原地区有文化接触，并预言今后在这片区域一定会有更多的发现。

　　1940年考古学家卫聚贤参观华大博物馆，对广汉文物展柜尤为注意，并在随后发表的文章中对之描述甚详，所述展柜布置与六年前相比未见明显差异，可见这处陈列在华大博物馆多年来没有大的变动，始终被视为非常重要的一类独立藏品。卫聚贤还提到，在上海时他就听说华大在一古墓中发现了直径二尺余的石璧若干，至重庆在政治学院演讲时，又听说华大在四川广汉发现了石器。[②]

---

① 张白帆：《广汉报刊史略》，政协广汉市文史学习委员会编：《广汉文史资料选辑》第15辑，1997年，第84页。
② 卫聚贤：《华西大学博物馆参观记》，《说文月刊》1940年第2卷第8期。

　　1941年，郑德坤继任馆长，此后广汉文物的展览有了较大调整，相关文物被打散并按类别分配到了不同的展示序列。石器、陶器分别成为四川史前文化和四川陶器展示序列的一个组成部分（图一五）。玉璋、玉琮、玉斧等器物作为中国古代精美的玉器工艺品，则出现在古玉特展中。① 这种调整反映了郑德坤以馆藏陶器为基础构建四川考古学文化序列，以物质资料书写四川古代历史，并以之进行乡土教育的研究取向和博物馆建设思路。

图一五　郑德坤时期华大博物馆四川陶器展区广汉出土陶器文物说明卡

（三）博物馆空间知识生产

　　在整理、编目、布展的同时，葛维汉开始撰写考古发掘报告。他邀请华大各专业的教授参与广汉出土器物研究。戴谦和、柯利尔（H.B.Collier）、黄思礼（L.C.Walmsley）分别从物理学、化学、色彩的角度对出土玉石器进行分析，他们

① 《华大博物馆古玉展览会》，《燕京新闻》1945年5月16日第1版。

为葛维汉提供了接近今天科技考古的数据支持，成果也被葛维汉采纳。

1935年，葛维汉的《汉州发掘简报》在《华西边疆研究学会杂志》上发表。该简报是葛维汉对其发掘日记的重新编排整理。除了日记原有内容，他扩充了广汉考古发掘的缘起、过程，增补了器物线图，新写了研究部分。葛维汉将广汉的考古发掘与同时期仰韶、安阳和沙锅屯的发掘比较，为器物的断代寻找支撑。首先，他运用自身所熟悉的文化传播论，将蜀地的文化与中原北方的新石器时代文化紧密联系起来。其次，将广汉出土玉器与中原地区出土的周代玉器进行比较，推论前者的年代晚于铜石并用时代；将广汉出土陶器与华大博物馆收藏的从汉代至明清的陶器进行比较，认为广汉陶器早于汉代。基于以上论证，葛维汉认为广汉器物的年代为周初，即公元前1100年。①

《汉州发掘简报》是四川考古学史上第一份考古报告，也是葛维汉在四川撰写的最优秀的考古报告。②毕士博（C.W.Bishop）在同期杂志上发表评论，认为葛维汉的研究成果对于正确理解长江上游地区早期文化的发展具有重要作用。③福开森（J.C.Ferguson）也在1935年6月11日致信葛维汉，赞誉葛氏的工作具有非常重要的学术价值。④1936年，《美国东方学会会刊》发表了施爱客（J.K.Shryock）撰写的

① 葛维汉：《汉州发掘简报》（D.C.Graham, *A Preliminary Report of the Hanchow Excavation*）。
② 葛维汉先后在《华西边疆研究学会杂志》上发表过7篇相对正式的考古发掘或调查报告。参见四川大学博物馆整理：《华西边疆研究学会杂志：整理影印全本》，中华书局，2014年。
③ C.W.Bishop, Extract from a letter Regarding the Hanchow Excavation, in *Journal of West China Border Research Society*, Vol.7（1935），pp.132–133.
④ 《1935年6月11日福开森致葛维汉的信》（J.C.Ferguson, *A letter to D.C.Graham, June, 1935*），四川大学博物馆藏档案，档案号P3504。

《评〈汉州发掘简报〉》一文。施爱客赞誉葛氏的发掘有
序，报告也写得非常出色。他认为广汉当时的出土器物和之
后可预见的发现或许可以说明四川古代文化的发展水平要高
于史籍的记载。[①]

　　1936年3月5日，正在伦敦留学的夏鼐在伦敦艺术研究所
阅读到葛维汉的《汉州发掘简报》，并将此事及其认识写进
了当天的日记：

　　　　至艺术研究所，阅Graham［葛维汉］在四川汉州所
　　发掘史前遗址的报告。此君似未曾受过考古学的训练，
　　故报告之缺陷甚多：（1）照片方面，无地层断面、遗
　　物未移动以前位置等的照相，却多发掘者、官吏等的照
　　相；（2）关于地图，无比例尺、地图及遗物图线条皆
　　过于粗；（3）地层剖面图，X剖面者三幅，而Y剖面者
　　则完全没有，实则就此遗址而言，Y剖面者更为重要；
　　（4）关于遗物的个别叙述，过于琐细，不曾用分类
　　的方法加以系统化；（5）以陶片甚多，遽以为陶窑遗
　　址，似为未妥，因颇多玉器、石器，铜铁器亦有发现，
　　而以为未经人工为言，似属可疑，且谓铁器亦类刀剑
　　碎片，疑为周末之物，铜铁器当已盛行。遗址中罕金属
　　器，亦为铜铁器时代遗址之一般现象，以其不像陶器、
　　石器破碎后即不可用，故居民移迁，都行携去，仅偶然
　　遗失的金属物可以给我们发现，故一个时代（Age）偶
　　用一两件铜器，不能算是铜器时代，但是一个遗址中发

────────────

[①]　J.K.Shryock, Review of "A Preliminary Report of the Hanchow Excavtion", by
　　D.C.Graham, in *Journal of American Oriental Society* Vol.56, no.1（1936），
　　pp.98–99.

现一两件铜器，这遗址便可归入铜器时代中去了。此遗址中发现玉璧、玉圭、玉琮等物，殊可注意。①

　　夏鼐先生的这份日记，有两点值得注意：首先，夏鼐虽然有写读书笔记的习惯，但是通常行文简略，却对葛维汉的这份报告以长文分析，可见四川广汉的考古发掘在海内外学界确实引起了关注和讨论，也引起了这位中国未来的考古学巨匠的重视；其次，虽然夏鼐对葛维汉的照相、绘图、器物描述等的规范和专业性颇有微词，且对其分析方法和研究结论持不同的意见，但是他对葛维汉所采用的发掘方法并没有表示质疑，对发掘出土器物的重要性也予以肯定。

　　发掘结束三个月后，6月9日，葛维汉在华西边疆研究学会做了民国时期四川地区大学的第一次关于考古这门新兴学科的演讲，题为《汉藏边地研究的方法和装备》。②这无疑是广汉发掘震荡四川学界的余波。

　　葛维汉对三星堆出土器物的探索并未止步于这份报告。据冯士美回忆，直到1942年王建墓发掘期间，葛维汉还曾会同林名均将华大博物馆藏的两件玉琮带到家中请父亲冯汉骥鉴定，冯汉骥肯定了这些玉器并非墓中所出之物。③这次目鉴成为1954年冯汉骥带着西南博物馆一支考古工作队到广汉南兴乡继续探索的动因之一。

　　由于葛维汉的简报是用英文写作的，且发表在英文杂志

① 夏鼐：《夏鼐日记》卷二，华东师范大学出版社，2011年，第17—18页。
② D.C.Graham，"Minutes of Annual Business Meeting, June 9, 1934"。葛氏的讲稿后发表于学会会刊。D.C.Graham, Methods and Equipment for Research on the China Tibetan Border, in Journal of West China Border Research Society, Vol.6（1933–1934），pp.8–14.
③ 冯士美：《回忆先父冯汉骥》，重庆中国三峡博物馆、重庆博物馆编：《长江文明》第8辑，河南人民出版社，2011年，第35页。

上，国内读者相对受限，1942年，卫聚贤编辑《说文月刊》
"巴蜀文化专号"时，邀请林名均重新撰文发表。与撰写考
古报告不同，林名均的论文不局限于1934年的发掘，而是以
整体视角，将讨论对象扩大到1927至1934年的整个三星堆早
期发现。他依据来源的不同将华大博物馆收藏的广汉器物分
为三类，通过研读史料，对比同时期的考古发掘成果，考证
了广汉出土器物的称谓、功用及年代。值得称道的是，林名
均虽非考古专业出身，却敏锐地指出溪底坑中发现的器物与
溪岸坑中所出器物应该分属不同时代。①

　　继葛、林二人之后，充分利用这批资料进行研究的是华
大博物馆第三任馆长郑德坤。郑德坤曾在美国哈佛大学专攻
考古学及博物馆管理学，1941年取得博士学位后重返华大继
任博物馆馆长。作为当时留学生中的典型代表，郑德坤既具
有深厚的国学基础，又接受了西方现代学科的专门训练。他
的研究和中国传统学者及与中国文化"显现隔膜"的传教士
学者都不同。20世纪40年代中期，他在《四川古代文化史》
中首次论述了广汉文化，1949年，又在《协大学报》上发表
了题为《太平场文化》的论文。②郑德坤在林名均的基础上
对燕家溪底坑和溪岸发掘坑所出器物进行了更为详细的梳
理，指出二者之间存在打破关系；他以陶器为划分考古学年
代的标尺，将三星堆发掘及出土器物所代表的考古学文化置
于四川考古学文化序列下考察，具有开创性意义；他以史前
文化、大石文化、广汉文化、板岩葬文化、汉墓文化来构建

---

①　林名均：《广汉古代遗物之发现及其发掘》。
②　郑德坤：《四川古代文化史》，巴蜀书社，2004年，第45—62页；郑德
　　坤：《太平场文化》（The T'ai-P'ing-Ch'ang Culture），《协大学报》1949
　　年第1期。四川大学博物馆资料室收藏有这篇论文的单行本，其首页有郑德
　　坤1950年的亲笔题字。

四川考古学文化序列，在对每个阶段文化的考察中都注意观照整个东亚的大背景，强调蜀地与周边文化的交流，并指出它们之间相互影响"至深至切"，这与顾颉刚等学者提出的"巴蜀文化独立发展说"之旨大异，从而使四川考古学成为以中原为中心的中国古史重构的一个重要部分。①

这样，围绕三星堆的发掘，华大博物馆的外籍学者、中国地方学者、具有海外留学背景的中国学者先后进行了各具特色的探索。得益于此，民国时期考古学、博物馆学在西南地区"国立化"进程的历史镜像也得以呈现。

六　对三星堆早期发现的初步认识

民国时期发生在四川的三星堆早期考古发掘活动，是在特殊的时代背景下进行的，由多种因素共同促成；尽管发掘时间短，发掘及后期整理亦存在许多不足，但"所获之成绩固甚佳"，不仅为古蜀文明与中原文明之间存在关联提供了实证，同时也反映了特定历史条件下西方考古学在中国早期考古中的实践与探索，对现代西南考古学具有深远影响。

20世纪30年代前半期，中国刚刚经历了辛亥革命以后的军阀混战，南京国民政府还在努力修补同地方军阀的关系，巩固已经完成的形式上的统一，酝酿着结束分裂政治的"团结统一运动"。社会民生在凋敝中开始恢复，经济发展的所谓"黄金十年"刚刚拉开帷幕；与此同时，从混战劫难中重生的中国社会在波谲云诡的国际形势下艰难求存，国民政府在为取消或消除清朝签订的不平等条约而艰难地与西方列

---

① 参见付云：《民国学术视野下华大博物馆的考古学研究》，四川大学博士学位论文，2016年。

强谈判，而日本的野心及军事行动已然对中国构成了现实威胁：发动"九·一八"事变侵占中国东北，继而又实施策划已久的"华北自治"。

在此背景下，国民政府已无暇顾及对地方的精细治理，这给了地方社会相当的自由空间。在四川，这种自由表现得尤其充分。南京国民政府制定的《古物保存法》到了四川可能已经成为一纸空文，是否执行、如何执行、执行到何种程度，当地执政者拥有相当的自主性。就三星堆首次考古发掘而言，其由地方政府全面组织，大学中外学者提供科学指导，出土文物归属大学博物馆并供其展陈和研究，这不能不说是在特定历史条件下，四川这片土地上产生的一种新的田野考古合作模式。

华大博物馆馆长葛维汉对三星堆早期考古工作的推动起着至关重要的作用。除了具备专业素养，他俨然一名深谙中国式人际关系的社会活动家，他的主观愿望是推动事件发展的核心动力。20世纪20年代初的学人舒新城注意到："当时成都教育界之情形，因为政治的关系，自然派别也很复杂""各人或各系各派为维持其势力计，当然要各寻其支持者，而支持之现实的力量，当推握现实政治权的当局"。作为外国人，葛维汉的博物馆工作表面上似乎能远离这个政治圈，但是他却敏锐地把握到了其中的关键，有意识地从国人最熟悉的人情角度寻找突破口。通过精心的计划和努力，最终他不仅说服政府出面组织发掘，而且顺利地成为政府特邀代表，指导政治权力主导下的现场发掘，为华大博物馆对三星堆文物的收藏及后续研究奠定了基础。

从三星堆的科学发掘中还可以看出地方官员对地方文化的维护，这是自清末地方自治运动兴起后，伴随着地方公共精神崛起，现代意识与理念萌发，某种程度上具有现代意义的一次文化遗产保护行动。厕身其中的各级官员处在时代"趋新"的大潮下，他们在思想上受到西方进步学术理念的影响，行为上则体现出鲜明的民族性。尤值一提的是，广汉方面主政者都出身军人，行事果决、严格。1934年三星堆早期发掘全程受到罗县长的监管，在其组织下，参与发掘的专业指导人员、民工乃至监工、维护秩序的士兵，均各司其职。另外，对于出土器物的装箱转运、展出、转交仪式及双方宣言等都有周全的计划与安排。当代学者徐坚曾将1923年靳云鹗主持的新郑李家楼发掘和世界考古学史上皮特·里弗斯和惠勒的发掘进行比较，指出前者是"具有军事背景的人士和国家权力参与中国考古学活动的最早记录"[1]，而广汉三星堆的第一次田野考古发掘，以军人主其外，学者执其内，实可视作另一份中国早期考古学的"西南样本"。[2]

　　另一方面，从葛、林等人的描述中，我们也应该看到三星堆早期考古发掘不尽如人意之处。20世纪30年代，在内忧与外患并存的时代背景下，中国社会整体缺乏安全感，"仇外"情绪不时高涨。置身其间的"洋人"和三星堆本身作为广汉"风水中心"的敏感位置，都容易引起汹涌的民意。发掘期间，即便有地方政府和军队的保护，发掘队伍也因匪患威胁，每天晚上必须秘密转移休息地点，苦不堪言，最终发掘仅仅持续了不到十天就仓促结束。[3]官民之间的对峙和局

---

[1]　徐坚：《暗流：1949年之前安阳之外的中国考古学传统》，科学出版社，2012年，第273页。

[2]　霍巍教授2024年5月14日在四川大学博物馆做了题为《众流归一：早期中国考古学（1949年前）实践中的西南样本》的讲座，提出围绕华大博物馆开展的一系列考古活动是早期中国考古学的一份"西南样本"。

[3]　林名均言："然附近无知乡民，竟妄造谣言，谓吾人掘有金马，时邻境匪风正炽，恐因此发生不测，且晚间必须步至八九里以外住宿，以避匪患。"见林名均：《广汉古代遗物之发现及其发掘》。

势的紧张可想而知。

　　20世纪三四十年代华大博物馆进行的以早期三星堆发掘为代表的若干考古发掘活动，是北美考古人类学的方式方法在中国最早的实践，其所引领的考古学在中国虽然只是起步阶段，但产生的"创建者效应"，对今天西南地区的考古学影响深远。除了所获实物最大程度地丰富了华大博物馆的馆藏，留存了大量有形的可资利用的物质资料，在方法论上，其浓厚的文化人类学色彩、研究中对历史文献资料的积极利用，以及思考理路上对中华民族一体性的强调，都成为新时期西南考古极其宝贵的一份文化遗产。

毕士博与葛维汉：三星堆首次考古发掘的一段学术背景

查晓英

　　20世纪初，在美国博物馆事业快速发展的背景下，毕士博（1881—1942）与葛维汉（1884—1962）这两位年龄相近的美国人，受到不同博物馆的派遣与资助，在中国进行了长期的调查与搜集工作。这两位先驱人物因对四川与考古学的共同关注而相识。他们的在华经历，是观察20世纪上半叶美国汉学研究之发展，以及中美学界交往的重要片段。

　　毕士博得以作为专业的人类学、考古学学者赴华，不仅是因为他的教育背景，还在于其父辈长期在东亚传教，拥有便利的信息获取途径，成为美国学界开拓汉学研究的先驱；而葛维汉首先是一名传教士，长期以传教为首要任务，同时利用自身所处的地理优势，大致从1919年开始为美国博物馆搜集动物标本，并逐渐转而关注人类学、民族学与考古学领域。^①虽然二人初抵中国的时间相近，但就考古学调查和发掘而言，毕士博领先大致十年。

　　毕士博试图在整个中国范围内寻找发掘机会，因此他的足迹较广，历史知识积累较丰富，逐渐形成了一幅完整而模糊的中国文明^②发展图景。他最初认为，四川是黄河流域文明的延伸地，由于独特的地理环境而至今存在着文化水准较高的"蛮族"；但随着对长江流域文明独特性的认识加深，他修正了对四川古文化的看法，认为四川处于从印度到中国东部沿海之间的枢纽位置，形成了与黄河流域截然不同的文化类型。葛维汉在广汉进行的发掘被毕士博视为能够支持他新观点的证据，但在当时葛维汉并未因其谨慎被归入博厄斯（Franz Boaz）学派^③，反而因发掘记录的漏洞而被视为"不够科学"。尽管毕士博也是博厄斯的学生，但他的研究铺陈过宽、议论过度，同样受到了当时美国汉学权威的质疑。这一有趣现象提示我们，身处中国社会的外国学者，他们在中国受到的影响有可能使其突破在本国所受学术训练的约束——尽管这种影响可能是不同方向的。

---

① 参见苏姗·R.布朗著，饶锦译：《在中国的文化人类学家——大卫·克罗克特·葛维汉》，李绍明、周蜀蓉选编：《葛维汉民族学考古学论著》，巴蜀书社，2004年。

② 在毕士博的用语中，"文明"似乎指一个整体，而"文化"指向整体之下的类别。

③ 将葛维汉视为博厄斯学派的研究如：苏姗·R.布朗著，饶锦译：《在中国的文化人类学家——大卫·克罗克特·葛维汉》，李绍明、周蜀蓉选编：《葛维汉民族学考古学论著》，巴蜀书社，2004年；张琪：《20世纪上半叶人类学"华西学派"的理论流变探略》，《广西民族大学学报》2019年第6期；喻中：《论传教士的康巴学——康巴学的谱系之一》，《四川民族学院学报》2020年第4期。

一　毕士博的调查及其对四川在中国历史上之地位的认识

1915年，毕士博代表宾夕法尼亚大学博物馆赴日本和中国进行艺术、历史与民族学方面的调查。[1]他与此前受收藏家弗利尔和史密森研究院派遣的华尔纳（Langdon Warner）有着相似的任务，而华尔纳曾报告说（从收藏者的角度而言），四川和云南相当令人失望，没有前往调查的必要。[2]毕士博的人类学专业背景本就使他相当留意中国境内的族群[3]，虽则最初他对中国的调查计划似乎仅局限于北京、福建、上海、广州、澳门等城市[4]，但通过一边调查一边学习[5]，他逐渐把此次实地考察的重心落到了四川。

1915年1月底，毕士博从旧金山起程，在日本待了半年后，于8月抵达北京，随后走访重要人物及古董店，并再次返回日本、朝鲜参观正仓院等处。11月中旬，毕士博由汉口乘船上溯，准备经宜昌、重庆到成都。这时，他对四川考古发现的前景非常乐观，向宾夕法尼亚大学博物馆馆长戈登汇报说：

---

① "宾夕法尼亚大学博物馆公函"，"毕士博通信档案"1915年1月13日，宾夕法尼亚大学博物馆档案室藏，费城。

② "华尔纳致弗利尔"，"毕士博通信档案"1913年12月25日，宾夕法尼亚大学博物馆档案室藏，费城。

③ 例如他曾提到想前往西藏（"毕士博致戈登"，"毕士博通信档案"1913年12月25日，宾夕法尼亚大学博物馆档案室藏，费城），但其考察活动也受时间和经费制约，并且可能因此很快放弃像西藏这样的地方。

④ "宾夕法尼亚大学博物馆公函"，"毕士博通信档案"1915年4月16日，宾夕法尼亚大学博物馆档案室藏，费城。

⑤ 毕士博考察期间大致每个月都会致信其上司戈登，汇报调查进展和后期计划。戈登向他提到过成都附近的古墓，他自己也认为四川在田野考古方面很吸引人。参见"毕士博致戈登"，"毕士博通信档案"1915年11月4日、1915年11月19日，宾夕法尼亚大学博物馆档案室藏，费城。

　　一旦我在四川建立了永久性总部，我就会给你们寄去一份完整的报告，我想，这份报告在许多方面都会是迄今为止最有趣、最重要的。目前，我只能说，前景非常令人鼓舞，所有人都向我保证，大学博物馆在这里面临着世界上任何地方都不可能出现的机遇。①

　　毕士博的相关信息大致来自戈登馆长的信、陶然士等驻川传教士的报道，以及他在考察途中结识的人。在前往重庆的航行中，毕士博遇见了鹿依士（Spencer Lewis），这是毕士博父亲的大学同学，已在四川传教多年②，其时因卫理公会在重庆举行年会，他作为主教需前往主持，故得以与毕士博同船。四川各地的传教士们齐聚重庆，鹿依士又尽其所能地帮助毕士博，使其得到了有关四川考古前景极全面的报告。③

　　毕士博对四川在中国历史与文化上的地位有了一些了解，认为四川是中国早期文明从黄河流域最先延伸、接触并实现控制的区域。他所指的主要是历史记载较集中的自三国到元代，这一时段四川一直是中国重要的政治和商业中心。但他同时强调了四川的独特性，比如由于地理特殊、交通困难而"鲜为人知"；本土族群众多，"如理蕃、苗和倮倮"，他们文化水平较高，分布于成都周边。④他一到达成都，就同福格森（W.N.Fergusson）和陶然士联系，此二人当

---

① "毕士博致戈登"，"毕士博通信档案"1915年11月19日，宾夕法尼亚大学博物馆档案室藏，费城。
② "毕士博致戈登"，"毕士博通信档案"1915年12月25日，宾夕法尼亚大学博物馆档案室藏，费城。
③ "毕士博致戈登"，"毕士博通信档案"1915年12月8日，宾夕法尼亚大学博物馆档案室藏，费城。
④ "毕士博致戈登"，"毕士博通信档案"1915年11月23日、1915年12月3日，宾夕法尼亚大学博物馆档案室藏，费城。

时都因研究四川西部的民族与考古学而知名。^①在初步调查后，他向戈登汇报说，尽管四川地区自汉代起才算完成真正的"中国化"，汉以前的遗迹很少，但是汉以后的墓葬相当多，且没有发掘阻碍——历史上四川有两次人口几乎灭绝，传统的延续性被打断，现在的汉人潜意识里并不认为当地古老的崖葬是祖先遗留，而是从前的"峒蛮"留下的。在陶然士和福格森的帮助下，毕士博还购买了一些明器，包括各朝代的小雕塑与容器，其中唐代的最多。^②

紧接着，毕士博向成都西北进发，经过大约一天的路程，抵达当地传教士Mr.Hutson^③所说的发现石器时代遗存的地方。毕士博考察后认为，"那些东西明显不是石器，只是形状很像石器的水蚀砾石"，但因为参观了全中国最好的道观和精彩的水利灌溉工程，他认为不虚此行。同时他还了解到，继续向西北方的藏人聚居区前行约四天路程，将发现崖墓（原文为cave tombs）^④，而崖墓分布的中心区域则是在成都以南岷江流域的乐山地区，于是他径直前往乐山，收集了许多随葬品，其中多数是上釉的陶俑。在他看来，这些都只

---

① W.N.福格森（W.N.Fergusson），英国皇家地理学会会员（参见W.N.福格森（W.N.Fergusson）著，红音译：《布鲁克在阿坝》，西南交通大学出版社，2018年）；陶然士，毕士博此后曾汇报说："陶然士是华西地区做考古田野工作最多的人，非常熟悉状况，懂语言、习俗、古汉语等。"

② "毕士博致戈登"，"毕士博通信档案"1915年12月25日，宾夕法尼亚大学博物馆档案室藏，费城。

③ "Mr.Huston"可能是James Hutson，1919年8月26日毕士博致戈登的信里回忆了这件事（参见"毕士博致戈登"，"毕士博通信档案"1919年8月26日，宾夕法尼亚大学博物馆档案室藏，费城）。James Hutson中文名为"胡天申"（参见成恩元：《华西边疆研究学会始末记》，四川大学博物馆、四川大学考古学系、成都文物考古研究所编：《南方民族考古》第11辑，科学出版社，2015年）。也可能是叶长青（James Hutson Edgar），当时他同样在四川西部活动，爱好收集石器；但成恩元的文章明确指出胡天申与叶长青是两个人。

④ 毕士博提到当地人称之为"蛮子洞"。

是古代墓葬的残留，因为更多的墓葬材料已被破坏和再利用。在当地传教士的陪同下，他调查了一些崖墓，并拍摄了大量照片。由于四川到云南之间发生战乱，毕士博放弃了调查倮倮等计划，随后经过宜宾、重庆等地返回北京，并离开中国。①

　　此时美国学界对中国的实地研究才刚刚起步。毕士博此次考察的主要目标是广泛了解日本和中国在古代艺术、历史与民族方面的考古发掘前景，虽然他因缘际会地发现了四川地区的重要性，但他这方面的知识积累并不充分，甚至不知道中文文献里存在关于"蛮子洞"的记录。②而且他很快又把兴趣转移到了陕西和山西，称"那里是中国考古学上最有趣的地方"，尤其西安，既是唐朝首都，又是佛教和基督教传入的地方，其附近还埋葬着修建了长城的始皇帝。整个区域到处是古物，"近年来从中国出土的大部分艺术品，尤其是早期艺术品，都是在这一地区发现的。简单说，我认为就大学博物馆而言，这是中国唯一一个比四川更胜一筹的地区。"③因为经费紧张，毕士博此次没能前往这两省④，但在1917年他第二次赴华考察时，立即把这两省当作重点目标。

　　毕士博认为，黄河流域的古老中国文明与西亚古文明有很多相似之处，包括相同的农作物（如小麦等）、同样的家畜与农业工具。在文化传播方面他不相信存在整体借用，

---

① "毕士博致戈登"，"毕士博通信档案"1916年2月9日，宾夕法尼亚大学博物馆档案室藏，费城。
② "毕士博致戈登"，"毕士博通信档案"1916年3月20日，宾夕法尼亚大学博物馆档案室藏，费城。
③ "毕士博致戈登"，"毕士博通信档案"1915年12月8日，宾夕法尼亚大学博物馆档案室藏，费城。
④ "毕士博致戈登"，"毕士博通信档案"1916年2月9日，宾夕法尼亚大学博物馆档案室藏，费城。

但认为不同文明之间存在的大量部落，会通过某些途径一个接一个地交换物质发明以及各种思想。[①]这种文化传播论不仅是他理解中国文明的基础概念，也是他构想四川古文化发展史的框架。1923年，毕士博代表弗利尔美术馆第三次赴华考察，过程中他逐渐形成了新的观点，即四川古文化独立于黄河流域，并且是长江流域文化从西向东传播的起点。这个新观点可能受到当时古史辨运动的影响，因为他与丁文江关系密切，并且明确赞同后者对长江流域文化的高度评价。他提出，长江流域至少存在三种文化，即蜀、楚、吴，它们建立在与黄河流域文化完全不同的粮食经济体系（a totally different system of food economy）之上，而利用水牛和灌溉的稻作农业似乎来自孟加拉湾一带，关于铁的知识可能源自印度——可能都是沿着缅甸与中国西部之间的古老贸易路线传播到四川，然后沿长江东向传播，扩展至楚与吴越。他提到，尽管有关铁的知识也可能是在长江流域独立发现的，但多数人类学家倾向于认为人类重要发现的起源是单一的，而非多元的。毕士博还提到另外一些证据，例如《禹贡》记载铁的产区位于今四川东部，铁字的原始字形中包括"金"与"夷"，等等。[②]

　　毕士博仍然希望从更正统的源头来挖掘中国文化的地下遗存，他计划到陕西去，不过时局变化与不断出现的偶然因素，使他留在河南新郑、信阳一带。发掘器物的分配问题也使他感到苦恼，许多信件都表明其思虑的重心落在如何同中国新兴知识阶层打交道上面。他没有再度前往四川，但

---

① "毕士博致戈登"，"毕士博通信档案"1917年11月4日，宾夕法尼亚大学博物馆档案室藏，费城。

② "毕士博致丁文江"，"毕士博通信档案"1924年1月6日，弗利尔赛克勒美术馆档案室藏，华盛顿。

仍时不时地对四川古文化的发现前景发出乐观的评论。例如他提到地质调查所的田野工作人员在三峡两岸发现了极古老的史前雕刻，当地还曾发现过古人类臼齿，这些现象与法国西南部及西班牙东北部的旧石器时代石灰岩洞穴的发现十分相似。①1926年，毕士博曾计划与北京协和医学院的许文生（Paul Huston Stevenson）同往四川，亦因故未能成行。②

值得注意的是，这一年（1926年）他在《中国社会与政治科学评论》上发表的一篇有关岷江流域崖墓的文章，正是基于他十年前首次来华搜集到的资料写成的，该文充分展现了他有关文化自西向东传播的观点。他首先铺陈出有关崖墓的既存资料和现状，提出这些汉墓的材料与形态均受古印度和中亚乃至古埃及的影响。在他看来，《史记》所记载的张骞发现中印南方贸易路线，正表明在更早之前，中国与印度等地便存在密切交往。③

当毕士博在现实的发掘问题上面临中国学者越来越强硬的约束时，他似乎也越来越执着于中国文化西来说，不断寻找各种证据，试图证明沿长江流域曾经发生过"从四川到海洋的移动（a movement down the Yangtse River from Szechuan to the sea）"④，以及从四川到南亚的移动⑤。

---

① "毕士博致洛奇"，弗利尔美术馆中心档案（1919—1986）"洛奇与毕士博通信档案"1924年7月29日，史密森研究院档案馆藏，华盛顿。
② "毕士博致董光忠"，"毕士博通信档案"1926年2月21日，弗利尔赛克勒美术馆档案室藏，华盛顿。
③ C.W.Bishop, The Problem of the Min River Caves, *The Chinese Social and Political Science Review,* Vol.10, No.1（1926）.
④ "毕士博致劳费尔"，"毕士博通信档案"1929年2月27日、1930年7月5日，弗利尔赛克勒美术馆档案室藏，华盛顿；C.W. Bishop, The Beginnings of North and South in China, *Pacific Affairs,* vol.7, No.3（1934）.
⑤ "毕士博致卡尔贝克（Karlbeck）"，"毕士博通信档案"1931年10月30日，弗利尔赛克勒美术馆档案室藏，华盛顿。

二　葛维汉与毕士博的相识及差异

1930年年底，当葛维汉已经为史密森研究院收集了数年的动物标本并且在文化人类学方面取得长足进展后，他准备前往芝加哥大学和哈佛大学再进行一些考古学方面的训练[①]，于是一边运送动物标本，一边前往北京，试图在回国深造之前，会见正在中国考察的斯文·赫定等人。[②]正是在这一次北京之行中，葛维汉与毕士博建立了联系。

毕士博认识葛维汉后，饶有兴致地阅读了后者发表在《教务杂志》上的文章，并向他介绍自己那篇关于岷江流域"蛮子洞"的论文，还建议葛维汉可以把文章写得"更长一些"。[③]他们或许在许多方面交流了各自的经验，因为毕士博稍后向戈登解释为何迟迟不能寄回古物时，便列举了葛维汉的鸟类标本被中国海关扣留的例子。[④]

1932年，结束学习后的葛维汉返回四川，受聘为华大博物馆馆长。彼时他继续为史密森研究院捕猎动物标本[⑤]，同时也注意到了川南的僰人悬棺[⑥]，以及广汉出土的玉器与石

① 苏姗·R.布朗著，饶锦译：《在中国的文化人类学家——大卫·克罗克特·葛维汉》，李绍明、周蜀蓉选编：《葛维汉民族学考古学论著》，巴蜀书社，2004年，第215页。

② "葛维汉致Dr.Wetmore"，"葛维汉通信档案"1930年12月25日，史密森研究院档案馆藏，华盛顿。

③ "毕士博致葛维汉"，"毕士博通信档案"1930年12月31日，弗利尔赛克勒美术馆档案室藏，华盛顿。毕士博应即《教务杂志》上的文章提到的"The Chinese Recorder"。

④ "毕士博致洛奇"，弗利尔美术馆中心档案（1919—1986）"洛奇与毕士博通信档案"1931年1月29日，史密森研究院档案馆藏，华盛顿。

⑤ "葛维汉致Dr.Wetmore"，"葛维汉通信档案"1933年12月4日，史密森研究院档案馆藏，华盛顿；"A.Wetmore（Assistant Secretary）致葛维汉夫人"，"葛维汉通信档案"1934年4月11日，史密森研究院档案馆藏，华盛顿。

⑥ 葛维汉著，秦学圣译：《四川古代的白（僰）人墓葬》，李绍明、周蜀蓉选编：《葛维汉民族学考古学论著》，巴蜀书社，2004年，第163—164页。

器。华大博物馆前馆长戴谦和已经同驻广汉的传教士董宜笃调查过，并收藏了一些采集到的石器。①葛维汉则在函询董宜笃后，于1934年3月前往广汉发掘。

此次发掘出土大量石器、玉器、陶器等物，葛维汉对比安特生在仰韶和沙锅屯与李济在安阳的发现后，认为这批古物代表的文化年代处于铜石并用时代到周代初期之间。②毕士博读罢葛氏所撰发掘简报，认为葛维汉以周代初期作为年代下限过于保守。他向后者介绍了自己不久前发表的文章《中国南北的起源》（*the Reginnings of North and South in China*），指出周人至少在推翻殷人之前的一两个世纪已经同四川有过接触。至于年代上限，他认为根据玉石器上的线锯切割痕迹和陶器的新石器时代特征，不能断定该文化属于铜石并用时代，因为长江流域的底层民众曾长期使用新石器时代的工具，而当时的上层统治者则已大量使用青铜器。因此，毕士博认为广汉发现的玉器有可能属于周代早期；又因这批器物与安阳发现的商代材料联系甚少，故可推测其为早期周人或与其关系密切的民族如蜀人的遗留。③

在这封信里，毕士博还提到，许文生曾告诉他，从灌县到松潘的路途中似乎也有仰韶类型的彩陶。毕士博认为，既然从新疆的哈密、乌鲁木齐到东北的沙锅屯都有关于仰韶文化的报道，那么四川也有就不奇怪了。④毕士博提到这样的

---

① 王方捷：《近代美国学者戴谦和对中国建筑与艺术的研究》，《建筑史学刊》2024年第1期；葛维汉：《汉州发掘简报》（D.C.Graham，*A Preliminary Report of the Hanchow Excavation*）。

② 葛维汉：《汉州发掘简报》（D.C.Graham，*A Preliminary Report of the Hanchow Excavation*）。

③ "毕士博致葛维汉"，"毕士博通信档案"1935年7月20日，弗利尔赛克勒美术馆档案室藏，华盛顿。

④ "毕士博致葛维汉"，"毕士博通信档案"1935年7月20日，弗利尔赛克勒美术馆档案室藏，华盛顿。

发现，或许是因为这有助于论证他的中国文化西来说。

葛维汉回信感谢了毕士博的关注，认为后者的阐发非常有价值，将其刊登在1935年的《华西边疆研究学会杂志》上。葛维汉在文章中声称：在川西发现彩陶这件事正是1931年1月他在北京时告诉毕士博的，当时还有其他人在场；那件器物仍然存放于华大博物馆，但并非新石器时代的彩陶，因为他后来又去当地调查，采集到大约100件，均属西汉时期，或许人们在将来的发掘中能够得到其他结论。[①]

对于毕士博不断向其阐述的中国文化西来说，葛维汉可能受到过一些影响，例如他曾将川南僰人遗迹理解为"白种人"的遗迹。[②]不过，他也提到过葛利普、叶长青有关人类可能起源于青藏高原的文章[③]，以及陶然士认为羌族是犹太人后裔的说法[④]，这种泛泛的"西来说"意识在当时可能是普遍存在的。但葛维汉此后更多的调查与研究都表现得比较审慎，以至于后来的研究者认为他受博厄斯学派影响很深，立足于单个文化的历史重建，而回避不同文化的传播问题。[⑤]但葛维汉也可能是在逐渐深入的研究过程中发现了

---

① "葛维汉致毕士博"，"毕士博通信档案"1935年10月4日，弗利尔赛克勒美术馆档案室藏，华盛顿。
② 葛维汉著，秦学圣译：《四川古代的白（僰）人墓葬》，李绍明、周蜀蓉选编：《葛维汉民族学考古学论著》，巴蜀书社，2004年，第163—164页。
③ 葛维汉著，秦学圣译：《华西协合大学古物博物馆的石器》，李绍明、周蜀蓉选编：《葛维汉民族学考古学论著》，巴蜀书社，2004年，第200—201页。
④ 葛维汉著，耿静译：《羌族的习俗与宗教》，李绍明、周蜀蓉选编：《葛维汉民族学考古学论著》，巴蜀书社，2004年，第115—121页。
⑤ 苏姗·R.布朗著，饶锦译：《在中国的文化人类学家——大卫·克罗克特·葛维汉》，李绍明、周蜀蓉选编：《葛维汉民族学考古学论著》，巴蜀书社，2004年。

过度比附的危险性①，抑或受到了当时中国学界研究风格的
影响。

葛维汉很在意自己的"专业"水准，不仅告诉董宜笃，
他将带来"合适的挖掘工具"②，而且在发掘简报上罗列出
这些工具的名称，包括测量水准器、平板仪、洋铲等，此
外，还详细叙述了挖掘方法与经过。③不过，他的发掘并没
有达到当时业内的高水准。与中央研究院历史语言研究所考
古组的发掘工作相比，他没有给出详细的等高线图、发掘坑
位图与重点区域地层图等。《美国东方学会杂志》的编辑还
向葛维汉提到过应该拍摄地层与出土物现场照片。④正在英
国念书的夏鼐，也在日记里批评道：

> 阅Graham［葛维汉］在四川汉州所发掘史前遗址
> 的报告。此君似未曾受过考古学的训练，故报告之缺陷
> 甚多：（1）照片方面，无地层断面、遗物未移动以前
> 位置等照相，却多发掘者、官吏等的照相；（2）关于
> 地图，无比例尺、地图及遗物图线条皆过于粗；（3）
> 地层剖面图，X剖面者三幅，而Y剖面者则完全没有，
> 实则就此遗址而言，Y剖面者更为重要；（4）关于遗
> 物的个别叙述，过于琐细，不曾用分类的方法加以系统
> 化；（5）以陶片甚多，遽以为陶窑遗址，似为未妥，

---

① 葛维汉著，秦学圣译：《四川古代的白（僰）人墓葬》，李绍明、周蜀蓉选
　编：《葛维汉民族学考古学论著》，巴蜀书社，2004年，第163—164页。
② 1933年11月17日，《董宜笃写给葛维汉的信》，四川大学博物馆藏照片，
　档案号P3542。
③ 葛维汉：《汉州发掘简报》（D.C.Graham, *A Preliminary Report of the
　Hanchow Excavation*）。
④ 1935年7月23日，"John K.Shryock致葛维汉"，四川大学博物馆藏照片，编
　号2010-0344。

因颇多玉器、石器，铜铁器亦有发现，而以为未经人工为言，似属可疑，且谓铁器亦类刀剑碎片，疑为周末之物，铜铁器当已盛行。遗址中罕有金属器，亦为铜铁器时代遗址之一般现象，以其不像陶器、石器破碎后即不可用，故居民移迁，都行携去，仅偶然遗失之金属物可以给我们发现，故一个时代（Age）偶用一两件铜器，不能算是铜器时代，但是一个遗址中发现一两件铜器，这遗址便可归入铜器时代中去了。此遗址中发现玉璧、玉圭、玉琮等物，殊可注意。①

葛维汉似乎曾像搜集动物标本那样搜集过四川的古物，1939年回国时，他便向毕士博推销过自己收藏的古物，但被后者拒绝，因为"弗利尔美术馆不是那种博物馆"（In regard to your collections, frankly, I don't believe the Freer Gallery would be in the market for them.You see, we are not that kind of a museum）。毕士博建议他到芝加哥的菲尔德博物馆去试试。②这次回国，葛维汉还在纽约的美国自然历史博物馆会见纳尔逊（N.C.Nelson）并在馆内看到了其在长江中上游收集的大约1000件石器，之后葛氏根据纳尔逊所述及自身掌握的中国的石器信息写成《中国石器琐记》发表在《华西边疆研究学会杂志》（1940年）上。③

---

① 夏鼐：《夏鼐日记》（卷二），华东师范大学出版社，2011年，第17—18页。
② "毕士博致葛维汉"，"毕士博通信档案"1939年9月8日，弗利尔赛克勒美术馆档案室藏，华盛顿。
③ 葛维汉著，秦学圣译：《中国石器琐记》，李绍明、周蜀蓉选编：《葛维汉民族学考古学论著》，巴蜀书社，2004年，第209—211页。

三　余论：中国学界对赴华外国学者的影响

　　葛维汉的研究接续在叶长青、陶然士等早期传教士学者的研究之后，因此常被视为四川西部考古学研究的先驱人物；但需要注意的是，当时中国考古学已经取得了长足发展：一方面有毕士博这样的主要活动于中原的外国学者，另一方面有郑德坤这样的中国本土学者。

　　毕士博攻读硕士阶段（1913年）曾师从博厄斯[①]，后来一度（1922年）担任博厄斯的教学助理。[②]毕士博为了达到发掘的目的，在中国广泛调查，不仅注意到胡天申在灌县周边收集的石器[③]，还密切关注纳尔逊等人的发现[④]，但是由于他一直不能如愿在每次合作发掘中获取一半古物，还面临禁止外国人发掘的中国法律的约束，因此他同国立历史博物馆、中央研究院历史语言研究所等机构的合作先后终止。这也使得他的研究无法具体到某个重要遗址，而是停留在泛论中国区域文化比较与传播的层面，故而他的研究在中国学者眼里属于带偏见的欧洲"民族主义"式的研究。[⑤]不仅如此，当时美国汉学权威劳费尔也质疑道："为什么要把中国的一切都归结为'来自西方'呢？"（Why, after all, reduce everything in China to the formula "coming from the

---

① "毕士博致劳佛"，"毕士博通信档案"1927年10月7日，弗利尔赛克勒美术馆档案室藏，华盛顿。
② "毕士博致Mr.Archibald MacLeish"，"毕士博通信档案"1940年6月14日，弗利尔赛克勒美术馆档案室藏，华盛顿。
③ "毕士博致戈登"，"毕士博通信档案"1919年8月26日，宾夕法尼亚大学博物馆档案室藏，费城。
④ 参见"毕士博致洛奇"，弗利尔美术馆中心档案（1919—1986）"洛奇与毕士博通信档案"1927年4月18日，史密森研究院档案馆藏，华盛顿。
⑤ 参见查晓英：《"正当的历史观"：论李济的考古学研究与民族主义》，《考古》2012年第6期。

west"？）①

毕士博被迫于1934年回到美国，为此他还一度非常羡慕葛维汉拥有发掘机会②，但不久，葛维汉也面临了相似的难题，即中国政府制定条例，规定须市级以上的公立博物馆方具发掘资格。③或许是为了应对中国在考古发掘上越来越"民族主义"的规定，又或许是哈佛燕京学社认为应当向华大博物馆派驻一名"专业"的考古学者，1936年，毕业于燕京大学的郑德坤来到成都，负责整理华大博物馆藏品及田野考古工作。④

1938年哈佛燕京学社社长叶理绥访华后，当时的美国学术团体理事会秘书格雷夫斯（Mortimer Graves）得知叶理绥对葛维汉在四川的工作评价大为改观，于是向毕士博咨询其对葛维汉及葛维汉在四川的活动的评价，以备时机成熟时向后者提供资助。⑤毕士博称赞葛维汉勤奋认真，在四川工作多年，做了大量的采集工作，撰写了大量文章，极有资格获得美国学术团体理事会的资助。并且他还提到，葛维汉"受过相当的技术训练——尽管科学并非他的主要领域"（He has also had considerable technical training, although science

---

① "劳费尔致毕士博"，"毕士博通信档案"1934年7月2日，弗利尔赛克勒美术馆档案室藏，华盛顿。
② "毕士博致葛维汉"，"毕士博通信档案"1935年7月20日，弗利尔赛克勒美术馆档案室藏，华盛顿。
③ "葛维汉致毕士博"，"毕士博通信档案"1935年10月4日，弗利尔赛克勒美术馆档案室藏，华盛顿。
④ 黄文宗：《郑德坤的生平》，《郑德坤古史论集选》，商务印书馆，2007年，第2页。
⑤ "格雷夫斯致毕士博"，"毕士博通信档案"1938年8月5日，弗利尔赛克勒美术馆档案室藏，华盛顿。

has not been his primary field）①。郑德坤则于1938年赴美深
造，并在取得博士学位后回到华大博物馆继任馆长，其间
撰写了《中国文化的形成》（1945）、《四川古代文化史》
（1946）等作品，被尊称为"四川考古学之父"。②

---

① "毕士博致格雷夫斯"，"毕士博通信档案"1938年11月9日，弗利尔赛
克勒美术馆档案室藏，华盛顿。格雷夫斯也透露，该委员会只能协助其他
机构提供研究经费，并不能直接雇用葛维汉或者为他提供用于生活的资金
（"格雷夫斯致毕士博"，"毕士博通信档案"1938年11月10日，弗利尔
赛克勒美术馆档案室藏，华盛顿）。
② 黄文宗：《郑德坤的生平》，《郑德坤古史论集选》，商务印书馆，2007
年，第2页。

华西协合大学博物馆1934年
广汉太平场月亮湾发掘所获
陶器概况

王　波

一　出土陶器的发掘与既往整理研究概况

　　1931年春，董宜笃牧师获悉在广汉太平场发现古代玉石器的消息，并告知了华大博物馆的戴谦和。时任华大博物馆馆长的葛维汉对此非常重视，于1933年秋致函董宜笃了解关于这批玉石器的更多信息，并制订了前往发现玉石器的地点进行发掘的计划。

　　1934年3月6日至14日，葛维汉偕林名均对广汉月亮湾遗址进行了正式的考古发掘。虽然本次发掘的主要目的是获取相关玉石器的资料，但是葛维汉遵循田野考古学理论与方法，在发掘中对陶片也进行了记录与收集。他在现场对包括陶片在内的所有出土器物的深度及所属探方等出土信息均进行了记录，并用阿拉伯数字（或阿拉伯数字辅以英文字母

A、B）逐一对器物进行了编号。查阅葛维汉《汉州发掘日记》可知，陶片的编号共计280号左右。之所以无法精确统计，是因为部分标本的文字描述过于简略，无法确认其材质。而出土陶片的数量则不止于此，有400块以上，可能是因为某些编号下的陶片不止一块。另外，林名均在远离发掘点的地方采集到一件"陶管"（很可能是高柄豆或豆形器座的柄部残片），也被纳入统计。

1934年3月19日，葛维汉将发掘及采集所获遗物交付广汉县县长罗雨苍，罗县长随即将它们正式赠了华人博物馆。自那时起，月亮湾发掘出土的陶片标本便一直保存于华大博物馆内。

此后，葛维汉请华西协合大学的柯利尔博士（H.B. Collier）对月亮湾出土的陶片进行了化学分析，又与成都加拿大学校校长黄思礼一起，依据《勃雷德莱标准色度表》对陶器的颜色做了鉴定。关于化学分析与颜色鉴定的结果，后来被公布于葛维汉1934年撰写的《汉州发掘简报》一文中。在该报告中，葛维汉对这次发掘的缘起与经过也做了简略的陈述。[①]之后，林名均亦对所获陶器的器形、陶质、陶色、制法、纹饰进行了分析，并对其年代进行了判断，得出的结论是"新石器时代末期而殷周以前"[②]。郑德坤亦对这批陶器的陶质、陶色、制法、纹饰等诸多特征作了详尽介绍。他认为，"广汉粗灰陶"的时代为"新石器时代晚期以至历

[①]　葛维汉：《汉州发掘简报》（D.C.Graham, *A Preliminary Report of the Hanchow Excavation*）。
[②]　林名均：《广汉古代遗物之发现及其发掘》，原文发表于《说文月刊》1942年第3卷第7期中，本书收录此文，在原文基础上略有删改（详见后文）。本文所引有来自此文者，皆基于此次整理成果。

史时代初期"，"广汉细灰陶"的年代为商周前后。[①]2014
年，四川大学博物馆对1931年至1934年入藏的月亮湾部分出
土遗物进行了介绍，其中包括能复原或者能基本认定器形的
陶片51件。[②]

二 2023—2024年度四川大学博物馆对出土陶器的整理与初步研究

上述400余块陶片入藏华大博物馆之后，馆内工作人员
逐一为其确定了文物分类号，并制作了文物登记卡。20世纪
60年代，四川大学历史系博物馆对文物分类的框架进行调整
后，重新为其制作了文物分类号。绝大部分月亮湾出土的陶
片，因为过于破碎，当时并未被看作文物，而是视为标本处
理。此后，历经数次搬迁，器物存放位置的具体信息逐渐模
糊；加之年代久远，部分器物上的华西协合大学时期的分
类号出现了剥落、漫漶不清等情况。基于上述原因，一直
未能对这批陶片，尤其是商周时期的陶质遗物进行全面的
整理。

为纪念三星堆遗址首次考古发掘九十周年，四川大学博
物馆准备将这批材料的信息尽可能完整详尽地公布出来，冀
望能对三星堆遗址及三星堆文化的相关研究工作有所促进。
我们依据博物馆的老账、老卡片、旧档、老照片等档案资料，
对馆内所有陶质标本进行了仔细排查，目的是将属于当年发
掘所获的遗物甄别出来。排查过程中，力求避免遗漏或鱼目

---

① 郑德坤：《四川古代文化史》，巴蜀书社，2004年，第55—56页。
② 四川大学博物馆：《1931～1934年华西协合大学古物博物馆入藏的广汉月
亮湾出土遗物》，三星堆研究院、三星堆博物馆编著：《三星堆研究》第4
辑《采集卷》，巴蜀书社，2014年，第179—193页。

混珠的情况发生。初选完成之后，我们请相关专家学者对陶片进行了细致的鉴定，剔除了战国及汉代等时段的陶片，以及非三星堆遗址出土的陶片，仅保留当年发掘所获之新石器时代及商周时期的遗物。譬如《1931～1934 年华西协合大学古物博物馆入藏的广汉月亮湾出土遗物》中公布的一件袋足器足部残片，曾被误认为是三星堆遗址出土的陶盉部件，在本次排查中，基本被确定为其他地区的产品，因而被剔除。[①]经过上述工作，我们筛选出了陶片标本 367 件，这批陶片就是本次整理工作的对象。兹将它们的大致情况介绍如下。

月亮湾所在地有两条东南流向的河流——鸭子河与马牧河，故而用于制陶的黏土与作为陶器羼和料的石英砂都非常丰富，用水也十分方便，为当地的制陶业发展提供了得天独厚的自然条件。从发掘出土的陶片来看，月亮湾陶器制作技术较为成熟且具备了一定的水准。

本次发掘出土的陶片按质地可以分为夹砂陶与泥质陶两大类。夹砂陶中的主要羼和料为石英颗粒。[②]羼和料是夹砂陶制作过程中非常重要的辅助性原料，它的作用是：降低原料黏性，便于坯体成型，还可以增加坯体的成型强度；减少坯体的干燥收缩，缩短干燥时间，提高制坯效率；最重要的一点则是改善陶器的耐温度急变性能，增强胎壁强度，减少应力，防止开裂。[③]因此，这批陶片中，源自对耐温度急变性能要求较高的炊器等的，其陶质通常为夹砂陶；源自食

---

① 四川大学博物馆：《1931～1934 年华西协合大学古物博物馆入藏的广汉月亮湾出土遗物》，三星堆研究院、三星堆博物馆编著：《三星堆研究》第 4 辑《采集卷》，巴蜀书社，2014 年，第 183—184 页。

② 郭富、金普军、雷雨、冉宏林、李婷婷、贾怡：《三星堆遗址出土陶器成分与夹杂物研究》，《陶瓷学报》2021 年第 5 期。

③ 李文杰：《中国古代制陶工程技术史》，山西教育出版社，2017 年，第 17—18 页。

器、小型存储器等的，则使用胎土细腻的泥质陶，少部分泥质陶的胎土中夹杂有少量细小砂粒；也有极少数陶片同时使用泥质陶、夹砂陶土，可能与器物的功用有关，但因样本太少无法深入了解。

月亮湾所出陶片的陶色比较繁杂，色调较多，同一块陶片上局部色泽不同、胎心与内外壁色泽不同（通常称之为"夹心层"）的情况非常普遍。譬如，如果胎心呈灰色，而内外壁呈现其他暖色调，很可能是由胎心经过不完全氧化，有机物没有充分燃烧所致；如果胎心呈灰色，内外壁暖色调层特别薄，则有可能是在烧制后期的二次氧化所致。一般来说，在还原气氛下，陶色呈冷色调，而在氧化气氛下，陶色呈暖色调。陶色呈黑色的原因，则存在涂刷陶衣、渗碳工艺、附着烟炱、使用所致等多种可能性。总之，决定陶色的主要因素有：陶土成分、烧制火候、烧制气氛、人工装饰、埋藏污染等。

在诸多专家的指导下，通过对陶质、陶色、器形、纹饰的仔细观察识别，比对相关田野考古材料，我们发现，这批陶片实际上分属三个面貌不同但一脉相承的考古学文化：宝墩文化、三星堆文化、十二桥文化。[①]笔者将按陶片所属考古学文化的年代，分别介绍如下。[②]

（一）宝墩文化陶片

关于宝墩文化与三星堆文化的关系，从总体而言，宝墩

---

① 关于成都平原先秦时期考古学文化的划分及其具体分期，目前有诸多认识，并未统一，我们这里采用的是以成都文物考古研究院江章华先生为代表的学者的观点。

② 需要强调的是，由于部分陶片过于细碎，缺少鉴定点，因此，判断错误的情况难以避免，敬请谅解。

文化属于早于三星堆文化的发展阶段。月亮湾所出属于本期的陶片总计202块，其成型与烧制、陶质陶色、纹饰、器形等分述如下。

1. 成型与烧制

这些陶片上并未出现作为轮制陶器最有代表性的证据——螺旋式拉坯指痕及偏心涡纹。宝墩遗址的发掘者认为："陶器制法以泥条盘筑加慢轮修整为主"。关于陶器的烧制，日本学者佐佐木干雄认为：宝墩遗址的夹砂陶耐火度较低，以600℃左右的温度烧成，使用的是陶器和燃料堆放较密集的露天烧成法；泥质陶耐火度较高，是以很高的温度在陶窑中烧造而成。不过迄今为止，宝墩文化遗址中尚未有陶窑遗存发现，该结论是否准确，还有待于相关考古工作的进一步开展。

2. 陶质陶色

这批陶片中有夹砂陶38块，占18.8%；泥质陶164块，占81.2%。夹砂陶中，有黄褐陶12块、灰褐陶9块、黑陶7块、灰陶6块、红陶4块。泥质陶中，有灰褐陶53块、灰陶40块、灰白陶30块、黄褐陶18块、红褐陶7块、黑陶12块、红陶4块。

3. 纹饰

有纹饰的陶片共计79块。夹砂陶中，有绳纹17块、凹弦纹4块、附加泥条戳印纹1块、镂孔1块。泥质陶中，有篦划纹29块、戳压纹11块、附加泥条戳印纹6块、线纹3块、凹弦纹2块、瓦棱纹2块、凸弦纹1块、网格纹1块、镂孔1块。

以上所述月亮湾出土宝墩文化陶片的陶质陶色及纹饰详见表一及图一至图一三。

表一　月亮湾出土宝墩文化陶片统计简表

单位：块

	夹砂陶						泥质陶							
	黄褐	灰褐	黑	灰	红	小计	灰褐	灰	灰白	黄褐	红褐	黑	红	小计
素面	4	4	2	2	3	15	38	21	22	11	6	7	3	108
绳纹	7	2	5	3		17								
凹弦纹	1	2		1		4		1	1					2
附加泥条戳印纹					1	1	1	1	1	1	1		1	6
镂孔		1				1			1					1
篦划纹							10	8	2	6		3		29
戳压纹							1	7	3					11
线纹							1	2						3
瓦棱纹												2		2
凸弦纹							1							1
网格纹							1							1
小计	12	9	7	6	4	38	53	40	30	18	7	12	4	164
占比	18.8%						81.2%							
合计	202													

1 C/8505

2 C/8518

3 C/8577

4 C/8577（重号）

5 C/8595

6 C/8617

7 C/8635

8 C/8700

9 C/8706

10 C/8725

11 C/8773

12 C/8769

13 C/8826   14 C/9062   15 C/9132

16（5）6435   17（5）7313

图一　夹砂陶绳纹陶片

1 C/8564   2 C/8760

3 C/8765   4 C/87□6

图二　夹砂陶凹弦纹陶片

图三　夹砂陶附加泥条戳印纹陶片，C/8567

图四　夹砂陶镂孔陶片，C/8534

1 C/8444

2 C/8463

3 C/8495

4 C/8496

5 C/8523

6 C/8549

7 C/8554

8 C/8589

9 C/8607

10 C/8618　　　　　11 C/8623　　　　　12 C/8652

13 C/8662　　　　　14 C/8663　　　　　15 C/8664

16 C/8687　　　　　17 C/8740　　　　　18 C/8756

19 C/8757　　　　　20 C/8762　　　　　21 C/8768

22 C/87□□　　　23 C/8901　　　24 C/9130

25 C/9133　　　26 C/8□□2　　　27（5）3856

28（5）6790　　　29（5）7275

图五　泥质陶篦划纹陶片

1 C/6690　　　2 C/8443　　　3 C/8509

4 C/8542　　　　　5 C/8550　　　　　6 C/8556

7 C/8597　　　　　8 C/8665　　　　　9 C/8751

10 C/8752　　　　　　　11 C/8753

图六　泥质陶戳压纹陶片

1 C/8570　　　　　2 C/8572　　　　　3 C/8598

4 C/8626 5 C/8721 6 C/8733

图七　泥质陶附加泥条戳印纹陶片

1 C/8473 2 C/8675 3 C/8767

图八　泥质陶弦纹陶片

1 C/8600 2 C/8781

图九　泥质陶凹弦纹陶片

1 C/8447　　　　　　　　　　　2 C/8680

图一〇　泥质陶瓦棱纹陶片

图一一　泥质陶凸弦纹陶片，C/8771　图一二　泥质陶网格纹陶片，C/8615　图一三　泥质陶镂孔陶片，（5）7199

4. 器类

绳纹花边罐（7件）

根据口沿特征可分为3型。

A型　宽沿，5件。

C/8518，口部残片。夹砂黑陶。胎心为褐色，内壁为黑色，外壁大部为黑色，局部呈灰褐色。敛口，宽折沿，方唇。唇部压印绳纹，外壁拍印交错绳纹。残高8、残宽7.8、厚0.4—0.8厘米（图一四）。

图一四　C/8518

C/8577，口部残片。夹砂黑陶。胎心为褐色，内壁为褐色夹杂黑色，外壁大部为黑色，局部呈褐色。直口，宽折沿，方唇。唇部压印绳纹，外壁拍印交错绳纹。口径28、残高7.9、厚0.4—0.9厘米（图一五）。

图一五　C/8577

C/8706，口部残片。夹砂黄褐陶。内壁为黑色，可能采用了渗碳工艺，胎心和外壁为黄褐色。敛口，宽折沿，方唇。唇部拍印绳纹。残高3.4、残宽6、厚0.6厘米（图一六）。

C/9132，口部残片。夹砂黑陶。胎心为红褐色，内外壁为黑色，可能采用了渗碳工艺。敛口，宽折沿，方唇。唇部压印绳纹，外壁饰交错绳纹。口径26.4、残高6.8、厚0.8—1厘米（图一七）。

（5）7313，口部残片。夹砂黄褐陶。内壁为黑色，可能采用了渗碳工艺，胎心和外壁为黄褐色。敛口，宽折沿，方唇。唇部拍印绳纹。残高2.7、残宽5.2、厚0.6厘米（图一八）。

B型　窄沿，1件。

C/8773，口部残片。夹砂黄褐陶。敛口，窄折沿，方唇。唇部压印绳纹，外壁拍印绳纹。口径24.5、残高4.9、厚0.4—0.6厘米（图一九）。

C型　"山"字形沿，1件。

（5）6435，口部残片。夹砂黄褐陶。胎心为灰褐色，内壁为褐色，外壁为黄褐色，外壁局部呈深浅不一的黑色，可能是陶器烧制过程中产生的烟炱痕迹。"山"字形花边口。口部饰斜向绳纹。残长4.7、残宽2.2、厚0.4—1厘米（图二〇）。

图一六　C/8706

图一七　C/9132

图一八　（5）7313

图一九　C/8773

图二〇　（5）6435

卷沿罐（2件）

C/8513，口部残片。夹砂黑陶。胎心为红色，内壁大部为褐色，口部为黑色，外壁大部黑色，局部呈褐色。敛口，卷沿，圆唇，溜肩。外壁饰波浪状绳纹。口径19.8、残高8、厚0.4—0.7厘米（图二一）。

图二一　C/8513

C/8548，口部残片。泥质黑陶。胎体呈"灰白-灰-灰白"夹心层状，灰白色层可能是涂刷的泥浆层。内外壁在泥浆层之外涂刷黑色陶衣，磨损严重。敛口，宽折沿，圆唇，溜肩。残高4.8、残宽15.1、厚0.8厘米（图二二）。

图二二　C/8548

喇叭口高领罐（13件）

根据唇部特征可分为4型。

A型　唇部较薄，5件。

C/8538，口部残片。泥质灰陶。喇叭形撇口，圆唇，高领。口径17.8、残高3.9、厚0.5厘米（图二三）。

图二三　C/8538

C/8638，口部残片。泥质灰陶，夹杂少量黑色杂质颗粒。内外壁局部呈红色，可能是陶器烧制过程中冷却阶段还原不充分所致。喇叭形撇口，圆唇，高领。口径14.5、残高7、厚0.4厘米（图二四）。

图二四　C/8638

C/8667，口部残片。泥质灰褐陶。胎心为灰色，内外壁为灰褐色，可能是陶器烧制过程中，胎心氧化不充分，有机物尚未烧尽所致。喇叭形撇口，圆唇，高领。口径18、残高5.3、厚0.7厘米（图二五）。

图二五　C/8667

图二六　C/8678

图二七　C/8734

图二八　C/8462

图二九　C/8□□0

C/8678，口部残片。泥质红褐陶。胎心和内壁为红色，外壁为红褐色。喇叭形撇口，口部变形，圆唇，高领。残高10.4、残宽6.8、厚0.5厘米（图二六）。

C/8734，口部残片。泥质灰陶，夹杂少量杂质颗粒。喇叭形撇口，圆唇。口径26、残高2.9、厚0.5厘米（图二七）。

B型　唇部外卷，3件。

C/8462，口部残片。泥质灰白陶。喇叭形撇口，圆唇外卷，高领。口径18、残高6.45、厚0.6厘米（图二八）。

C/8□□0，口部残片。泥质灰陶。喇叭形撇口，圆唇外卷，高领。残高3.8、残宽6.5、厚0.4厘米（图二九）。

（5）7320，口部残片。泥质灰陶。喇叭形撇口，圆唇外卷，高领。口径26.2、残高8、厚0.5厘米（图三〇）。

C型　厚圆唇，4件。

C/8696，口部残片。泥质黄褐陶，夹杂少量细小砂粒。胎心为灰色，内外壁为黄褐色，可能是陶器烧制过程中胎心氧化不充分，有机物尚未烧尽所致。外壁局部黄褐色层剥落露出灰色胎体颜色。喇叭形撇口，厚圆唇。残高2.6、残宽5.3、厚0.5厘米（图三一）。

图三〇　（5）7320

图三一　C/8696

C/8724，口部残片。泥质灰褐陶，夹杂少量石英砂颗粒。胎心为灰色，内外壁为灰褐色，可能是陶器烧制后期发生二次氧化所致。外壁灰褐色层有部分剥落。喇叭形撇口，厚圆唇。残高4.3、残宽3.9、厚0.5厘米（图三二）。

图三二　C/8724

C/8782，口部残片。泥质灰褐陶，夹杂细小的褐色杂质颗粒。胎心为灰色，内外壁为灰褐色，可能是陶器烧制过程中，后期再次氧化所致。喇叭形撇口，厚圆唇。残高3.6、残宽6.6、厚0.7厘米（图三三）。

图三三　C/8782

C/8□□9，口部残片。泥质灰陶，夹杂细小的黑色杂质颗粒。胎心为灰黄色，内外壁为灰色，可能是陶器烧制后期还原不充分所致。喇叭形撇口，厚圆唇。残长5、残宽3、厚0.5厘米（图三四）。

D型　花口，1件。

C/□400，口部残片。泥质灰陶。胎心为橙黄色，内外壁为灰色，可能是陶器烧制过程中冷却阶段还原不充分所致。喇叭形撇口，圆唇外卷，唇部压印呈花边形，高领。残高4.8、残宽7.4、厚0.8厘米（图三五）。

图三四　C/8□□9

图三五　C/□400

敞口圈足尊（3件）

C/8777，口部残片。夹砂黄褐陶。胎心为灰色，内壁为黑色，可能采用了渗碳工艺，外壁黄褐色。敞口，宽折沿，圆唇。口径14.5、残高4、厚0.5厘米（图三六）。

C/9072，口部残片。夹砂黄褐陶。胎体呈红色，胎心局部呈灰色，内壁为灰褐色，外壁为黄

图三六　C/8777

图三七　C/9072

图三八　C/8567

图三九　C/8552

图四〇　C/8739

图四一　C/8506

褐色，可能是陶器烧制过程中胎心氧化不充分，有机物尚未烧尽所致。敞口，折沿，圆唇，口下内收。口径23.9、残高4.3、厚0.4—0.9厘米（图三七）。

C/8567，圈足残片。夹砂红陶。胎心和内壁为褐色，外壁为红色。外壁饰附加泥条戳印纹两组，戳印纹饰为纵向短线纹。残长7.6、残宽5.1、厚0.7—1.2厘米（图三八）。

宽沿器（16件）

其中的泥质陶宽沿器很可能是宽沿盆或者宽沿平底尊的残片。

C/8552，口沿残片。夹砂黄褐陶。胎心为灰色，内外壁为黄褐色，可能是陶器烧制过程中胎心氧化不充分，有机物尚未烧尽所致。宽折沿，方唇，口腹接近平直，几乎看不出弧度，器物体型较大。残高5.8、残宽10.9、厚0.8—1.2厘米（图三九）。

C/8739，口部残片。夹砂黄褐陶。内外壁局部呈深浅不一的黑色，可能是陶器烧制过程中产生的烟炱痕迹，也可能是使用了渗碳工艺。敛口，外折沿，圆唇。残高3.4、残宽2.9、厚0.4—0.5厘米（图四〇）。

C/8506，从口部形制判断，可能为宽沿盆口部残片。泥质红陶。胎心为灰色，内外壁为红色，可能是陶器烧制过程中胎心氧化不充分，有机物尚未烧尽所致。敞口，宽折沿，尖唇。残高5.8、残宽7.4、厚0.5厘米（图四一）。

C/8510，从口部形制判断，可能为宽沿盆口部残片。泥质灰陶，夹杂少量杂质颗粒。敞口，宽折沿，尖圆唇，口下内收。残高4.4、残宽6.9、厚0.4厘米（图四二）。

图四二　C/8510

C/8516，口部残片。泥质灰白陶，夹杂少量细小的褐色杂质颗粒。敛口，平折沿，圆唇。口径8.2、残高2、厚1.3厘米（图四三）。

图四三　C/8516

C/8547，从口径判断，可能为宽沿平底尊口部残片。泥质灰褐陶，夹杂细小的褐色杂质颗粒。敛口，宽折沿，尖圆唇。口径19.2、残高3.3、厚0.5厘米（图四四）。

图四四　C/8547

C/8585，从口部形制和口径判断，可能为宽沿平底尊口部残片。泥质灰褐陶，胎心为红色，内外壁为灰褐色，可能是陶器烧制后期还原气氛所致。敛口，宽折沿，圆唇。口径18.3、残高2、厚0.4厘米（图四五）。

图四五　C/8585

C/8586，口部残片。泥质灰白陶。胎心为深灰色，内外壁为灰白色，可能是涂刷的浅色陶衣。敛口，平折沿，圆唇。内外壁局部呈深浅不一的黑色，可能是陶器烧制过程中产生的烟炱痕迹。残高3.5、残宽6.4、厚0.5厘米（图四六）。

图四六　C/8586

C/8591，口部残片。泥质黑陶，胎体呈"灰白-灰-灰白"夹心层状。灰白色层可能是涂刷的泥浆层。内外壁在泥浆层外涂刷黑色陶衣。宽沿，圆唇。残高1.6、残长7.1、厚0.5厘米（图四七）。

图四七　C/8591

C/8651，口部残片。胎心为灰黑色，可能是陶器烧制过程中胎心氧化不充分，有机物尚未烧尽所致。内外壁为灰白色，可能是涂刷的浅色陶衣。敛口，平折沿，

图四八　C/8651

图四九　C/8668

图五〇　C/8689

图五一　C/8783

图五二　C/9057

图五三　C/9059

图五四　C/9071

方唇。残高4、残宽9.1、厚0.5厘米（图四八）。

C/8668，从口部形制判断，可能为宽沿盆口部残片。泥质灰褐陶。胎心为灰色，内外壁为灰褐色，可能是陶器烧制过程中胎心氧化不充分，有机物尚未烧尽所致。直口，平折沿，圆唇。口径21.2、残高2.1、厚0.6厘米（图四九）。

C/8689，从口部形制判断，可能为宽沿盆口部残片。泥质灰褐陶，夹杂少量细小的褐色杂质颗粒。敞口，平折沿，方唇。残高4.4、残宽7.6、厚0 5厘米（图五〇）。

C/8783，口部残片。泥质灰褐陶。胎心为灰色，内外壁为灰褐色，可能是陶器烧制过程中，后期再次氧化所致。残长8、残宽3.5、厚0.6厘米（图五一）。

C/9057，口部残片。泥质灰褐陶，夹杂少量细小的褐色杂质颗粒。胎心为灰色，内外壁为灰褐色，可能是陶器烧制过程中胎心氧化不充分，有机物尚未烧尽所致。敛口，宽折沿。残高3、残宽6、厚0.5厘米（图五二）。

C/9059，从口部形制判断，可能为宽沿盆口部残片。胎心和内壁为灰色，外壁涂刷黑色陶衣。敞口，平折沿，圆唇。残长6.1、残宽4、厚0.5—1厘米（图五三）。

C/9071，从口部形制和口径判断，可能为宽沿平底尊口部残片。泥质灰褐陶，夹杂少量细小的褐色杂质颗粒。胎心为灰色，内外壁为灰褐色，可能是陶器烧制后期发生二次氧化所致。敛口，平折沿，圆唇。口径16.3、残高2.4、厚0.5厘米（图五四）。

窄沿盆（1件）

C/9069，口部残片。泥质灰白陶。胎体呈"黄褐-灰-黄褐"夹心层状，内外壁为灰白色，可能是涂刷的浅色陶衣。内外壁局部呈深浅不一的黑色，可能是陶器烧制过程中产生的烟炱痕迹。口径17.9、残高2、厚0.4厘米（图五五）。

图五五 C/9069

敛口瓮（2件）

C/8505，口部残片。夹砂灰陶。敛口，方唇，溜肩，鼓腹。外壁口部饰斜向绳纹一圈，腹部拍印斜向绳纹若干组。口径26、残高22.4、残宽28、厚0.7—0.9厘米（图五六）。

图五六 C/8505

C/8700，口部残片。夹砂灰褐陶。胎心为灰色，内外壁为灰褐色，可能是陶器烧制过程中胎心氧化不充分，有机物尚未烧尽所致。敛口，厚圆唇。外壁口部饰斜向绳纹一圈，腹部拍印绳纹，大致呈横向分布。残高5.8、残宽7.6、厚0.5—1厘米（图五七）。

图五七 C/8700

器盖（2件）

C/9070，盖钮残片。夹砂红陶。胎心局部呈灰色，可能是陶器烧制阶段，胎心氧化不充分，有机物尚未烧尽所致。内壁为黄褐色，外壁为红色。圈钮，上大下小。残高2.4、残宽6、厚0.6厘米（图五八）。

图五八 C/9070

（5）4765，盖钮残片。泥质灰褐陶。胎心为灰色，内外壁为灰褐色，可能是陶器烧制过程中胎心氧化不充分，有机物尚未烧尽所致。圈钮，上大下小。残高1.8、残宽4.1、厚0.4厘米（图五九）。

图五九 （5）4765

高领壶（1件）

C/8564，可能为高领壶领肩残片。夹砂黄褐陶。胎心为灰色，内外壁为黄褐色，可能是陶器烧制过程中胎心氧化不充分，有机物尚未烧尽所致。外壁饰凹弦纹一道。口径8.5、残高9.9、厚0.5厘米（图六○）。

图六○　C/8564

平底（15件）

C/8566，夹砂灰褐陶。胎心为灰色，内外壁为灰褐色，灰褐色层薄，可能是陶器烧制后期发生二次氧化所致。底径8.5、残高2.1、厚0.9厘米（图六一）。

图六一　C/8566

C/8578，夹砂灰褐陶。胎心和内壁为灰色，外壁为灰褐色，可能是涂刷的浅色陶衣。外壁局部呈深浅不一的黑色，可能是陶器烧制过程中产生的烟炱痕迹。底径14、残高6.4、厚0.7厘米（图六二）。

图六二　C/8578

C/8617，夹砂黄褐陶。内壁为黑色，可能采用了渗碳工艺，胎心和外壁为黄褐色。外壁和底部均拍印绳纹。底径9.5、残高2.6、厚6.2厘米（图六三）。

C/8797，夹砂红陶。胎心为黑褐色，内外壁为红色，可能是陶器烧制过程中胎心氧化不充分，有机物尚未烧尽所致。底径8、残高4.2、厚0.6厘米（图六四）。

图六三　C/8617　　　　　　　图六四　C/8797

C/8520，泥质灰陶。胎心为浅褐色，内外壁为灰色，可能是陶器烧制后期还原不充分所致。底径16、残高3.9、厚0.7厘米（图六五）。

C/8522，泥质红褐陶，夹杂少量细小的褐色杂质颗粒。胎心为灰色，内壁为灰褐色，外壁为红褐色，灰褐色层与红褐色层薄，可能是陶器在烧制后期发生二次氧化所致。残高3.3、残宽7.3、厚0.4—0.8厘米（图六六）。

C/8524，泥质灰陶，夹杂褐色杂质颗粒。底径9.3、残高3、厚0.4厘米（图六七）。

C/8546，泥质灰褐陶。胎心为灰黑色，内外壁为灰褐色，可能是涂刷的浅色陶衣。残高4.5、残宽3.3、厚0.6厘米（图六八）。

C/8569，泥质黄褐陶。胎心为黑色，可能是陶器烧制过程中胎心氧化不充分，有机物尚未烧尽所致。内外壁为黄褐色，可能是涂刷的浅色陶衣。底径13、残高4.5、厚0.6厘米（图六九）。

C/8661，泥质黑陶。胎体呈"红褐–黑–红褐"夹心层状，可能是陶器烧制过程中胎心氧化不充分，有机物尚未烧尽所致。外壁和内底为黑色，可能是涂刷的黑色陶衣。底径15.6、残高2.2、厚0.7厘米（图七〇）。

图六五　C/8520

图六六　C/8522

图六七　C/8524

图六八　C/8546

图六九　C/8569

图七〇　C/8661

图七一　C/8675

图七二　C/8801

图七三　C/8803

C/8675，泥质灰褐陶。胎心和内壁为灰色，外壁为灰褐色，灰褐色层薄，可能是陶器烧制后期发生二次氧化所致。外壁饰斜向细线纹。底径23.8、残高3.6、厚0.7厘米（图七一）。

C/8801，泥质灰褐陶，夹杂少量褐色杂质颗粒。胎心和内壁为灰色，外壁为灰褐色，可能是陶器烧制后期发生二次氧化所致。残高6、残宽5.1、厚0.6—1.1厘米（图七二）。

C/8803，泥质灰白陶。底径11.8、残高4、厚0.8厘米（图七三）。

C/8820，泥质红褐陶。胎心为灰色，内外壁为红褐色，可能是陶器烧制过程中胎心氧化不充分，有机物尚未烧尽所致。底径12、残高2.9、厚0.6厘米（图七四）。

（5）6349，泥质灰褐陶。胎心总体呈红褐色，局部为灰色，内壁为红褐色，可能是陶器烧制过程中胎心氧化不充分，有机物尚未烧尽所致，外壁为灰褐色。残高3.4、残宽9.1、厚0.5—0.8厘米（图七五）。

图七四　C/8820

图七五　（5）6349

圈足（10件）

C/8499，夹砂灰褐陶。胎心为灰色，内外壁为灰褐色，可能是陶器烧制过程中胎心氧化不充分，有机物尚未烧尽所致。残高3.5、残宽7.1、厚0.4—0.9厘米（图七六）。

图七六　C/8499

C/8533，夹砂灰陶。夹杂石英砂及细小的黑色杂质颗粒。坦底，高圈足。残高4.8、残宽9、厚0.6厘米（图七七）。

图七七　C/8533

C/8534，夹砂灰褐陶。胎心为灰色，内外壁为灰褐色，可能是陶器烧制过程中胎心氧化不充分，有机物尚未烧尽所致。坦底，高圈足，足部有圆形镂孔。残高3.8、厚0.8厘米（图七八）。

图七八　C/8534

C/8544，夹砂黄褐陶。胎心为灰色，内外壁为黄褐色，可能是陶器烧制过程中胎心氧化不充分，有机物尚未烧尽所致。残高5.5、残宽9.6、厚0.4—1.5厘米（图七九）。

图七九　C/8544

C/8577，夹砂灰陶。内底为黑色，可能采用了渗碳工艺，胎心和外壁为灰色。圈足外壁饰粗绳纹。残高2.7、残宽9.2、厚0.8—1厘米（图八〇）。

C/8521，泥质灰褐陶，夹杂少量细小的褐色杂质颗粒。胎心为灰色，内外壁为灰褐色，可能是陶器烧制过程中胎心氧化不充分，有机物尚未烧尽所致。坦底，高圈足外撇。残高3.9、残宽5.7、厚0.6厘米（图八一）。

图八〇　C/8577

图八一　C/8521

图八二　C/8526

图八三　C/8583

图八四　C/8676

C/8526，泥质灰褐陶，夹杂少量细小的褐色杂质颗粒。胎心为灰色，内外壁为灰褐色，可能是陶器烧制过程中胎心氧化不充分，有机物尚未烧尽所致。坦底，高圈足。残高3.4、残宽8.7、厚0.5—0.6厘米（图八二）。

C/8583，泥质红褐陶。坦底，高圈足。残高4、残宽8、厚0.5厘米（图八三）。

C/8676，泥质灰白陶。胎心为黑色，可能是陶器烧制过程中胎心氧化不充分，有机物尚未烧尽所致；内外壁为灰白色，可能是涂刷的浅色陶衣。高圈足。残高5、残宽6.8、厚0.6—2.1厘米（图八四）。

（5）7199，泥质灰白陶。喇叭形圈足，足部有圆形镂孔若干组。口径14.6、残高7.5、厚0.3厘米（图八五）。

其他口颈、足部等残片（15件）

C/8693，可能为陶罐口部残片。夹砂灰陶。敛口，折沿，圆唇。残高5.6、残长7.3、残宽5.7、厚0.6厘米（图八六）。

图八五　（5）7199

图八六　C/8693

C/8826，可能为陶罐口部残片。夹砂黄褐陶。胎体呈"黄-灰-黄"夹心层状，可能是陶器烧制过程中胎心氧化不充分，有机物尚未烧尽所致。内壁为黑色，可能采用了渗碳工艺；外壁为黄褐色。敛口，厚圆唇。内壁口部饰斜向绳纹一圈。残长5.3、残宽5、厚1.2厘米（图八七）。

图八七　C/8826

C/8620，可能为矮领罐颈肩部残片。夹砂红陶。胎心为灰色，内外壁为红色，红色层薄，可能是陶器烧制后期发生二次氧化所致。残长4.1、残宽3.6、厚0.5厘米（图八八）。

图八八　C/8620

C/8550，颈肩残片。泥质灰褐陶，夹杂少量细小的褐色杂质颗粒。胎体呈"红褐-灰-红褐"夹心层状，可能是陶器烧制过程中胎心氧化不充分，有机物尚未烧尽所致。内外壁为灰褐色，可能是涂刷的浅色陶衣。溜肩。颈部戳压">"形纹饰一圈。残长10.3、残宽8.6、厚0.6厘米（图八九）。

C/8558，口部残片。泥质灰白陶。胎心为灰黑色，可能是陶器烧制过程中胎心氧化不充分，有机物尚未烧尽所致。内外壁为灰白色，可能是涂刷的浅色陶衣。尖圆唇。残高7.3、残宽6、厚0.5厘米（图九〇）。

图八九　C/8550

C/8568，可能为口部或足部残片。泥质灰褐陶。胎心为灰色，内外壁为灰褐色，可能是陶器烧制后期发生二次氧化所致。残高4、残宽8、厚0.5厘米（图九一）。

C/8711，口部残片。泥质黄褐陶，夹杂少量细小砂粒。胎心为灰色，内外壁为黄褐色，可能是陶器烧制过程中胎心氧化不充分，有机物尚未烧尽所致。直

图九〇　C/8558

图九一 C/8568

图九二 C/8711

图九三 C/8549

图九四 C/8695

口微敞，圆唇，高领。口径12、残高3.4、厚0.4厘米（图九二）。

C/8549，颈部残片。泥质灰褐陶。胎心为灰色，内壁为黄褐色，外壁为灰褐色，黄褐色层与灰褐色层很薄，可能是陶器烧制后期发生二次氧化所致。外壁饰两齿工具划出的横向篦划纹两组，其下为两齿工具划出的纵向篦划纹三组。残长8.3、残宽3.5、厚0.6—1厘米（图九三）。

C/8695，颈肩部残片。泥质红褐陶。胎心为灰色，内外壁为红褐色，可能是陶器烧制过程中胎心氧化不充分，有机物尚未烧尽所致。残长6.7、残宽3.6、厚0.6—1厘米（图九四）。

C/8802，口颈残片。泥质灰褐陶。胎心为灰色，内壁为红褐色，外壁为灰褐色，可能是陶器烧制后期发生二次氧化所致。残长8.9、残宽5.9、厚0.4—0.8厘米（图九五）。

C/8788，可能为器盖残片。泥质灰褐陶，夹杂少量细小的褐色杂质颗粒。胎心为灰色，内外壁为灰褐色，可能是涂刷的浅色陶衣。残高3.8、口径21.8、厚0.4厘米（图九六）。

图九五 C/8802

图九六 C/8788

C/8814，口部残片。泥质红褐陶。胎心为灰色，内壁为黄褐色，外壁为红褐色，可能是陶器烧制过程中胎心氧化不充分，有机物尚未烧尽所致。尖圆唇。残长6、残宽4.7、厚0.4厘米（图九七）。

C/8811，可能为器盖残片。泥质黄褐陶，夹杂细小的褐色杂质颗粒。胎心为灰色，内外壁为黄褐色，可能是陶器烧制过程中胎心氧化不充分，有机物尚未烧尽所致。残高2、残宽6.1、厚0.6厘米（图九八）。

C/8794，可能为口部或圈足残片。泥质黄褐陶。胎心为灰色，内外壁为黄褐色，可能是陶器烧制过程中胎心氧化不充分，有机物尚未烧尽所致。外壁局部呈深浅不一的黑色，可能是陶器烧制过程中产生的烟炱痕迹。残高5.2、直径15.8、厚0.5厘米（图九九）。

C/8□□2，可能为口部残片。泥质灰褐陶。胎心为黑色，内外壁为灰褐色，可能是陶器烧制过程中，胎心氧化不充分，有机物尚未烧尽所致，也可能是内外壁涂刷了浅色陶衣。残长6.8、残宽5、厚0.6厘米（图一〇〇）。

图九七　C/8814

图九八　C/8811

图九九　C/8794

图一〇〇　C/8□□2

（二）三星堆文化陶片

月亮湾出土陶片属于三星堆文化的共计153块。需要说明的是，由于残片过于细碎，很难进行整体复原，也无法据此确定其所属文化阶段陶器的特征，只能将其总体归入三星堆文化加以认识。

1. 成型与烧制

在这批陶片中，依然没有发现快轮制作的证据。三星堆遗址的发掘者指出，三星堆遗址出土的陶器"绝大部分是手制的，少数系经慢轮加工整形，轮制的很少，高柄豆之柄是先以泥条盘筑法成形，再经刮削和打磨"[1]。豆柄是中空的，也许在制作过程中还使用了竹木棍等辅助工具。

2. 陶质陶色

这批陶片中，夹砂陶有83块，占54.2%；泥质陶有70块，占45.8%。夹砂陶中有黄褐陶28块、灰褐陶21块、褐陶11块、黑陶9块、红褐陶8块、灰陶6块。泥质陶中有黑陶27块、灰褐陶23块、黄褐陶12块、灰陶6块、红褐陶2块。

3. 纹饰

有纹饰的陶片共29块。夹砂陶中，绳纹16块、凸弦纹2块、凹弦纹1块、镂孔1块。泥质陶中，凸弦纹5块、凹弦纹3块、线纹1块。

以上所述月亮湾出土三星堆文化陶片的陶质陶色及纹饰详见表二及图一〇一至图一〇六。

---

[1]　四川省文物管理委员会、四川省博物馆、广汉县文化馆：《广汉三星堆遗址》，《考古学报》1987年第2期。

表二　月亮湾出土三星堆文化陶片统计简表

单位：块

	夹砂陶							泥质陶					
	黄褐	灰褐	褐	黑	红褐	灰	小计	黑	灰褐	黄褐	灰	红褐	小计
素面	19	15	9	8	7	5	63	23	20	11	6	1	61
绳纹	6	6	2		1	1	16						
凸弦纹	1			1			2	2	2			1	5
凹弦纹	1						1	1	1	1			3
镂孔	1						1						
线纹								1					1
小计	28	21	11	9	8	6	83	27	23	12	6	2	70
占比	54.2%							45.8%					
合计	153												

1 C/8563　　　　　　2 C/8577　　　　　　3 C/8579

4 C/8616　　　　　　5 C/8685　　　　　　6 C/8688

7 C/8703　　　　　8 C/870□　　　　　9 C/8718

10 C/8730　　　11 C/8730（重号）　　　12 C/8730（重号）

13 C/8817　　　　14 C/9063　　　　　15 C/9067

16 C/9072

图一〇一　夹砂陶绳纹陶片

1 C/8790　　　　　　　　　　　　2 C/9068

图一〇二　夹砂陶凸弦纹陶片

图一〇三　夹砂陶凹弦纹陶片，C/8692　　图一〇四　夹砂陶镂孔陶片，C/9049

1 C/8442　　　　　　　　2 C/8772　　　　　　　　3 C/8834

4（5）6384　　　　　　　　5（5）7319

图一〇五　泥质陶凸弦纹陶片

1 凹弦纹陶片，C/8504　　　　　2 凹弦纹陶片，（5）6472

3 凹弦纹陶片，（5）7264　　　　4 线纹陶片，C/8791

图一〇六　泥质陶凹弦纹、线纹陶片

4. 器类

陶豆（包括豆形器座）残片（47件）

各类残片包括豆柄、豆座、豆盘等。

豆柄　26件。

C/8515，夹砂黑陶。胎体呈"黄褐–灰–黄褐"夹心层状，可能是陶器烧制过程中胎心氧化不充分，有机物尚未烧尽所致。内壁为黄褐色，外壁为黑色，可能采用了渗碳工艺。外径4.6—5.5、内径3.2—4.5、残高6.4、厚0.7厘米（图一〇七）。

图一〇七　C/8515

C/8442，豆形器座柄部及"豆盘"残件。泥质灰褐陶。胎心为灰色，内外壁为灰褐色，可能是陶器烧制过程中冷却阶段发生二次氧化所致。"豆盘"底部与豆柄相通。柱状，中空。外径3—3.3、残高17、厚0.5厘米（图一〇八）。

图一〇八　C/8442

C/8446，泥质黄褐陶。胎心为深灰色，内外壁为黄褐色，外壁为黄褐色夹杂灰色，可能是陶器烧制过程中冷却阶段受氧化气氛影响所致。柱状，中空。外径2.9—3.4、内径1.2—2.2、残高10.7、厚0.6—0.8厘米（图一〇九）。

图一〇九　C/8446

C/8463，泥质黄褐陶。胎心局部为灰褐色，内外壁为黄褐色，可能是陶器烧制过程中胎心氧化不充分，有机物尚未烧尽所致。外壁局部为黑色，可能是陶器烧制过程中产生的烟炱痕迹。柱状，中空。外径3.6、内径2.5、残高10、厚0.5厘米（图一一〇）。

图一一〇　C/8463

C/8488，泥质灰褐陶。胎心为灰色，内外壁为黄褐色，可能是陶器烧制过程中冷却阶段发生二次氧化所致。柱状，中空。直径3.4—4、残高7.3、厚0.7厘米（图一一一）。

图一一一　C/8488

C/8489，泥质灰陶。胎体呈"黄褐-灰-黄褐"夹心层，可能是陶器烧制过程中胎心氧化不充分，有机物尚未烧尽所致。柱状，中空。外径3.6、内径2、残高21.1、厚0.6厘米（图一一二）。

C/8508，泥质黄褐陶，豆盘与豆柄结合部夹杂少许砂粒。胎体呈"黄褐-灰-黄褐"夹心层状，可能是陶器烧制过程中胎心氧化不充分，有机物尚未烧尽所致。外壁局部为黑色，可能是陶器烧制过程中产生的烟炱痕迹。柱状，中空。直径3.5、残高13.2、厚0.6厘米（图一一三）。

图一一二　C/8489

C/8511，泥质灰褐陶。外壁大部分区域呈深浅不一的黑色，可能是陶器烧制过程中产生的烟炱痕迹。柱状，中空。外径3.5、内径2.7、残高

图一一三　C/8508

8.5、厚0.4厘米（图一一四）。

C/8512，泥质灰褐陶。胎心为深灰色，内外壁为灰褐色，可能是陶器烧制过程中胎心氧化不充分，有机物尚未烧尽所致。外壁大部分区域呈深浅不一的黑色，可能是陶器烧制过程中产生的烟炱痕迹。残长4.4、残宽3.4、厚0.5厘米（图一一五）。

C/851□，泥质黑陶。胎体呈"灰褐–灰–灰褐"夹心层状，可能是陶器烧制过程中胎心氧化不充分，有机物尚未烧尽所致。外壁为黑色，可能是涂刷的黑色陶衣。柱状，中空。直径3.2—3.6、残高7.4、厚0.6厘米（图一一六）。

C/8681，泥质黄褐陶。胎心为灰色，内外壁为黄褐色，可能是陶器烧制过程中冷却阶段发生二次氧化所致。柱状，中空。直径2.7—2.8、残高9.8、厚0.5—0.8厘米（图一一七）。

C/8555，泥质灰褐陶。器表局部呈深浅不一的黑色，可能是陶器烧制过程中产生的烟炱痕迹。柱状，中空。外径4、内径2.6、残高11.3、厚0.7厘米（图一一八）。

C/8525，泥质灰褐陶。外壁局部呈深浅不一的黑色，可能是陶器烧制过程中产生的烟炱痕迹。柱状，中空。连接豆盘一端有斜向的划纹一圈，其下有一圆形镂孔。直径3.2—3.3、残高8.5、厚0.5厘米（图一一九）。

C/8704，柄部近豆座处残片。泥质灰褐陶。胎心为黑色，可能是陶器烧制过程中胎心氧化不充分，有机物尚未烧尽所致。内外壁灰褐色层较

图一一四　C/8511

图一一五　C/8512

图一一六　C/851□

图一一七　C/8681

图一一八　C/8555

图一一九　C/8525

薄，与胎心界限分明，可能是涂刷的浅色陶衣。
上小下大圆台形，中空。上部外径4.2、内径3.5厘
米，下部近足处外径2.7、内径1.1、残高5.8、厚
0.5—0.9厘米（图一二〇）。

C/8705，泥质黑陶。胎体为红褐色，外壁涂
刷黑色陶衣。柱状，中空。直径3.6、残高6、厚
0.7厘米（图一二一）。

C/8715，泥质灰褐陶。胎心为灰色，内外为
灰褐色，可能是陶器烧制过程中冷却阶段发生二
次氧化所致。器表局部呈深浅不一的黑色，可
能为陶器烧制过程中产生的烟炱痕迹。柱状，中
空。外径2.6、内径1.3、残高6.2、厚0.6厘米（图
一二二）。

C/8806，泥质黄褐陶，夹杂少量细小砂粒。
胎心为灰色，内外壁为黄褐色，可能是陶器烧制
过程中冷却阶段发生二次氧化所致。外壁局部呈
深浅不同的黑色，可能是陶器烧制过程中产生的
烟炱痕迹。柱状，中空。外径2.8、内径1.8、残高
10.2、厚0.7厘米（图一二三）。

C/8815，泥质黄褐陶。柱状，中空。外径
3.1、内径2、残高7.8、厚1厘米（图一二四）。

图一二〇　C/8704

图一二一　C/8705

图一二二　C/8715

图一二三　C/8806

图一二四　C/8815

图一二五　C/8834

图一二六　C/8835

图一二七　C/8836

图一二八　C/8837

C/8834，泥质黄褐陶。胎心小部分呈灰色，内外壁为黄褐色，可能是陶器烧制过程中胎心氧化不充分，有机物尚未烧尽所致。柱状，中空。饰凸弦纹一道。直径2.2—2.4、残高4.9、厚0.7厘米（图一二五）。

C/8835，泥质灰褐陶。柱状，中空。外径2.2—2.4、内径1.1—1.3、残高6.7、厚0.7厘米（图一二六）。

C/8836，泥质灰褐陶。柱状，中空。直径1.9、残高4.6、厚0.6厘米（图一二七）。

C/8837，泥质灰褐陶，夹杂少量砂粒。柱状，中空。直径2.2—2.8、残高6.8厘米（图一二八）。

C/9047，泥质灰褐陶。胎心为灰色，内外壁为灰褐色，可能是陶器烧制过程中冷却阶段发生二次氧化所致，也可能是涂刷的浅色陶衣。柱状，中空。外径3.2—3.5、残高8.4、厚0.6厘米（图一二九）。

（5）6411，泥质黑陶。胎体呈"灰褐-灰-灰褐"夹心层状，可能是陶器烧制过程中冷却阶段发生二次氧化所致。内外壁涂刷黑色陶衣，陶衣剥蚀严重。柄柱状，中空。"豆盘"底部有一圆孔与柄相通。柄外径3.5、内径2.2、残高20、厚0.6厘米（图一三〇）。

图一二九　C/9047

图一三〇　（5）6411

（5）7264，泥质黄褐陶。胎心为灰色，内外壁为黄褐色，可能是陶器烧制过程中冷却阶段发生二次氧化所致。外壁局部为灰色。略呈纺锤状，中空。饰凹弦纹两道。外径4—4.2、内径2.6、残高10.7、厚0.6厘米（图一三一）。

无号，泥质黄褐陶。胎心为深灰色，内外壁为黄褐色，可能是陶器烧制过程中胎心氧化不充分，有机物尚未烧尽所致。外壁局部为灰色。柱状，中空。直径2.7、残高3.8厘米（图一三二）。

豆座　14件。

C/8572，夹砂黑陶。胎心为红色，内外壁为黑色，可能采用了渗碳工艺。喇叭形高足，足跟平齐。残宽7.5、残高4、厚0.4—0.5厘米（图一三三）。

C/8588，夹砂灰褐陶。胎心和内壁为灰色，外壁为灰褐色，可能是陶器烧制过程中冷却阶段发生二次氧化所致。残宽5.7、残高3.9、厚0.5厘米（图一三四）。

C/8637，夹砂灰陶。胎体呈"黄褐-灰-黄褐"夹心层状，可能是陶器烧制过程中胎心氧化不充分，有机物尚未烧尽所致。内壁为黑色，可能采用了渗碳工艺，外壁为灰色。足跟平，外足墙根部外侈。残宽5.3、残高5.4、厚0.5—0.8厘米（图一三五）。

图一三一　（5）7264

图一三二

图一三三　C/8572

图一三四　C/8588

图一三五　C/8637

图一三六　C/9066

图一三七　C/9068

图一三八　C/8442

图一三九　C/8472

图一四〇　C/8504

C/9066，夹砂灰褐陶。胎心为灰色，内外壁为灰褐色，可能是陶器烧制过程中胎心氧化不充分，有机物尚未烧尽所致。足跟圆，外足墙根部略外侈。残宽7.8、残高3、厚0.7厘米（图一三六）。

C/9068，夹砂黑陶。胎心和内壁为黄褐色，外壁为黑色，可能采用了渗碳工艺。足跟饰凸弦纹一道。残宽5.6、残高5.8、厚0.5厘米（图一三七）。

C/8442，泥质灰褐陶。胎心为深灰色，内外壁为灰褐色，可能是陶器烧制过程中冷却阶段发生二次氧化所致。柄呈柱状，中空，高圈足。柄末端饰凸弦纹两道，其间饰粗凸棱纹一道。豆座外侈呈喇叭形。柄外径3.3、残高14.5、厚0.5厘米（图一三八）。

C/8472，泥质黑陶。胎体呈"黄褐-灰-黄褐"夹心层状，可能是陶器烧制过程中冷却阶段发生二次氧化所致。内外壁涂刷黑色陶衣。喇叭形高圈足，中空。上端外径3.1、内径1.2、厚1.8厘米，下端外径7.7、残高11.5、厚0.5厘米（图一三九）。

C/8504，泥质黑陶。胎体为灰色，器表光滑，可能经过打磨并涂刷黑色陶衣。柄呈柱状，中空，豆座外撇呈喇叭形。柄部饰凹弦纹三道。足残宽6.6、柄径2、残高7.7、厚0.4—0.7厘米（图一四〇）。

C/8640，泥质黑陶。胎体呈"灰褐-深灰-灰褐"夹心层状，可能是陶器烧制过程中冷却阶段发生二次氧化所致。外壁涂刷黑色陶衣。柄呈柱状，中空，豆座外撇呈喇叭形。足残宽6.1、柄径4.4、残高8.8、厚0.9厘米（图一四一）。

C/8649，泥质黄褐陶。胎心为灰色，内外壁为黄褐色，可能是陶器烧制过程中胎心氧化不充分，有机物尚未烧尽所致。外壁局部呈黑色，可能是陶器烧制过程中产生的烟炱痕迹。豆座外撇呈喇叭形。残长8、残宽5.8、厚0.6厘米（图一四二）。

C/8754，泥质黑陶。胎体呈"灰褐-灰黑-灰褐"夹心层状，可能是陶器烧制过程中胎心尚未充分氧化，有机物尚未烧尽所致。外壁涂刷黑色陶衣。足部外撇，足跟平。直径24、残高5.5、厚0.5厘米（图一四三）。

C/8772，泥质黑陶。胎体呈"灰褐-灰-灰褐"夹心层状，可能是陶器烧制过程中冷却阶段发生二次氧化所致。内外壁涂刷黑色陶衣。豆座外撇，足跟平。足部饰凸弦纹两道。残长6.7、残宽5.4、厚0.5厘米（图一四四）。

（5）6384，泥质灰褐陶。胎心为灰色，内外壁为灰褐色，可能是陶器烧制过程中冷却阶段发生二次氧化所致。柄柱状，中空，豆座外撇呈喇叭形。足部饰凸弦纹两道。柄外径2.8、内径1.3、残高10.8、厚0.8厘米，圈足残存部分最大径4.6、厚0.8厘米（图一四五）。

（5）6472，泥质灰褐陶。胎心为灰色，内外壁为灰褐色，可能是陶器烧制过程中冷却阶段

图一四一　C/8640

图一四二　C/8649

图一四三　C/8754

图一四四　C/8772

图一四五　（5）6384

图一四六 （5）6472

图一四七 C/8536

图一四八 C/8474

图一四九 C/8584

图一五〇 C/8684

发生二次氧化所致。柄柱状，中空，豆座外撇呈喇叭形。近足处饰凹弦纹两道。柄直径3.7、厚0.7厘米，下部近足处直径8.2、残高15、厚0.5厘米（图一四六）。

豆盘 7件。

C/8536，夹砂灰褐陶。胎心为灰色，内外壁为灰褐色，可能是陶器烧制过程中胎心氧化不充分，有机物尚未烧尽所致。坦底，柄柱状，中空。残长4.6、残宽4、残高1.8厘米（图一四七）。

C/8474，泥质灰褐陶。胎心为灰色，内外壁为灰褐色，可能是陶器烧制过程中氧化不充分，有机物尚未烧尽所致。腹较深，下接中空的柱状柄。豆盘残宽9.2、柄径3.8、残高5.1、厚0.5厘米（图一四八）。

C/8584，高柄豆豆盘与豆柄结合部残件。泥质黑陶。内壁为红褐色，胎体呈"红褐-灰-红褐"夹心层状，可能是陶器烧制过程中胎心氧化不充分，有机物尚未烧尽所致。坦底，柄柱状，中空。残高2.8、厚0.5厘米（图一四九）。

C/8684，泥质灰褐陶，盘柄结合部夹杂少量砂粒。胎心为灰色，内外壁为深灰色，可能是陶器烧制过程中胎心氧化不充分，有机物尚未烧尽所致。盘较浅，坦底。残长9.3、残宽8.1、厚0.5厘米（图一五〇）。

C/8735，泥质黑陶。胎心为红色，内壁为黄褐色，局部为灰褐色，外壁为黑色，可能涂刷了黑色陶衣。敞口，方唇，浅腹，近底处内折。口径22、残高1.8、厚0.5厘米（图一五一）。

（5）7524，泥质黑陶。胎体呈"灰黄–灰–灰黄"夹心层状，可能是陶器烧制过程中冷却阶段发生二次氧化所致，也可能是涂刷的浅色泥浆层。内外壁涂刷黑色陶衣。残长8.5、残宽5.2、厚0.3—0.5厘米（图一五二）。

（5）7319，泥质黑陶。胎体呈"灰黄–深灰–灰黄"夹心层状，可能是陶器烧制过程中冷却阶段发生二次氧化所致，也可能是涂刷的浅色泥浆层。内外壁涂刷黑色陶衣。敞口，尖圆唇，深弧腹。外壁口部下方饰凸弦纹一道。口径14、残高5.2、厚0.4厘米（图一五三）。

小平底罐 7件。

C/8622，口部残片。夹砂灰褐陶。胎心为灰色，内外壁为灰褐色，可能是陶器烧制过程中胎心氧化不充分，有机物尚未烧尽所致。敛口，沿外卷，圆唇。口径15.9、残高2.4、厚0.4—0.5厘米（图一五四）。

C/8587，口部残片。夹砂褐陶。外壁局部为黑色，可能是陶器烧制过程中产生的烟炱痕迹。敛口，沿外卷，圆唇，矮领。残高3.7、残宽3.7、厚0.6厘米（图一五五）。

图一五一　C/8735

图一五二　（5）7524

图一五三　（5）7319

图一五四　C/8622

图一五五　C/8587

图一五六　C/8774

图一五七　C/8830

图一五八　C/9060

C/8774，口部残片。夹砂黄褐陶。敛口，沿外卷，圆唇，溜肩。口径15.8、残高4.4、厚0.3—0.4厘米（图一五六）。

C/8830，口部残片。夹砂灰陶，内壁口部胎质细腻，无石英砂粒。敛口，沿外卷，尖圆唇。口径12、残高3.8、厚0.4厘米（图一五七）。

C/9060，口部残片。夹砂褐陶。胎心为红褐色，口沿处涂刷米黄色陶衣。外壁为褐色，局部呈深浅不一的黑色，可能是陶器烧制过程中产生的烟炱痕迹。敛口，沿外折，尖圆唇，矮领。口径12.5、残高2.2、厚0.4厘米（图一五八）。

C/9072，口部残片。夹砂褐陶。胎心为灰色，内外壁为褐色，可能是陶器烧制过程中胎心氧化不充分，有机物尚未烧尽所致。敛口，沿外卷，方唇。外壁拍印绳纹。口径16.5、残高3.9、厚0.8厘米（图一五九）。

C/9263，夹砂灰褐陶。敛口，方唇，溜肩，斜腹微弧，小平底。修复所得，口径16、高13、厚0.5厘米（图一六○）。

图一五九　C/9072

图一六○　C/9263

盆 5件。

C/8728，口部残片。夹砂红褐陶。胎心和内壁为灰褐色，外壁为红褐色。敛口，宽折沿，圆唇。口径24.5、残高2.7、厚0.3—0.4厘米（图一六一）。

C/8797，口部残片。泥质灰陶。胎心为黄色，局部呈灰色，可能是陶器烧制过程中胎心氧化不充分，有机物尚未烧尽所致。内外壁为灰色，可能是陶器烧制后期受还原气氛影响所致。敞口，折沿，圆唇，斜腹。口径24.8、残高3.3、厚0.5—1.1厘米（图一六二）。

C/8810，口部残片。夹砂灰褐陶。胎心为灰色，内外壁为灰褐色，可能是陶器烧制过程中胎心氧化不充分，有机物尚未烧尽所致。敞口，宽折沿，方唇。口径21.8、残高4.6、厚0.8厘米（图一六三）。

C/9612，口部残片。夹砂灰陶。敛口，宽折沿，圆唇。外壁口部下饰凹弦纹两道。残高3.9、残宽8.5、厚0.4厘米（图一六四）。

C/8824，口部残片。泥质黑陶。胎体呈"黄褐–黑褐–黄褐"夹心层状，外壁涂刷黑色陶衣。平折沿，圆唇。残高3、残宽4.5、厚0.7厘米（图一六五）。

图一六一　C/8728

图一六二　C/8797

图一六三　C/8810

图一六四　C/9612

图一六五　C/8824

图一六六　C/8440

图一六七　C/8670

图一六八　C/8682

图一六九　C/9050

图一七〇　C/8456

圈足盘　1件。

C/8440，泥质灰陶。口腹部为泥质陶，底与圈足为夹砂陶。胎体呈"红褐-灰-红褐"夹心层状。内外壁大部呈灰色。撇口，圆唇，浅腹，坦底，圈足，外足墙内收，内足墙外撇，足跟较窄。口径16、残高3.6、厚0.5厘米（图一六六）。

器盖　3件。

C/8670，盖钮残片。泥质黑陶。胎体呈"灰白-灰-灰白"夹心层状，可能是陶器烧制过程中胎心氧化不充分，有机物尚未烧尽所致，也可能是涂刷的浅色泥浆层。器表涂刷黑色陶衣，磨蚀较严重。呈倒置的喇叭形，中空。钮径5.6、残高4.7、厚0.3厘米（图一六七）。

C/8682，器盖残件。泥质黑陶，盖面夹杂少许砂粒。胎体呈"灰黄-灰-灰黄"夹心层状，可能是陶器烧制过程中胎心氧化不充分，有机物尚未烧尽所致。外壁涂刷黑色陶衣。圈钮，上大下小。残高3、残宽5.8、厚0.6厘米（图一六八）。

C/9050，盖钮残片。夹砂红褐陶。器表局部呈深浅不一的黑色，可能是陶器烧制过程中产生的烟炱痕迹，也可能采用了渗碳工艺。圈钮，上大下小，钮沿外撇。钮径4.6、残高2.3厘米（图一六九）。

平底　6件。

C/8456，夹砂黄褐陶。内外壁局部为黑色，可能使用了渗碳工艺。斜腹，平底。底径10.2、残高12、厚0.7厘米（图一七〇）。

C/8529，夹砂黄褐陶。胎心为灰色，内外壁为黄褐色，可能是陶器烧制过程中胎心氧化不充分，有机物尚未烧尽所致。残宽4.8、残高4.9、厚0.8—1.4厘米（图一七一）。

图一七一　C/8529

C/8530，夹砂黄褐陶。胎心为灰色，可能是陶器烧制过程中胎心氧化不充分，有机物尚未烧尽所致。内壁为黑色，可能使用了渗碳工艺，外壁为黄褐色。斜腹，平底。底径9、残高7.1、厚0.5—1.2厘米（图一七二）。

图一七二　C/8530

C/8551，夹砂红褐陶。胎心为灰色，内外壁为红褐色，可能是陶器烧制过程中胎心氧化不充分，有机物尚未烧尽所致。底径14.8、残高7、厚0.8—1.3厘米（图一七三）。

图一七三　C/8551

C/8698，夹砂黄褐陶。胎心为灰色，内外壁为黄褐色，可能是陶器烧制过程中胎心氧化不充分，有机物尚未烧尽所致。残长3.5、残高2.5、厚0.7—1.9厘米（图一七四）。

图一七四　C/8698

C/8795，夹砂灰褐陶。胎心为灰色，内外壁为灰褐色，可能是陶器烧制过程中胎心氧化不充分，有机物尚未烧尽所致。斜腹，平底。底径5.6、残高3.7、厚0.5厘米（图一七五）。

圈足　6件。

C/8561，夹砂灰褐陶。胎心为灰色，内外壁为灰褐色，可能是陶器烧制过程中胎心氧化不充分，有机物尚未烧尽所致。残长10.2、残宽7.7、厚0.8—1.1厘米（图一七六）。

图一七五　C/8795

C/8502，夹砂褐陶。胎心为灰褐色，内壁为红褐色，外壁为褐色，可能是陶器烧制过程中胎

图一七六　C/8561

图一七七　C/8502

图一七八　C/8619

图一七九　C/8643

心氧化不充分，有机物尚未烧尽所致。坦底，高圈足。外径6.5、内径4.7、残高5、厚0.6厘米（图一七七）。

C/8619，夹砂黑陶。胎体呈"红褐-灰-红褐"夹心层状，可能是陶器烧制过程中胎心氧化不充分，有机物尚未烧尽所致。内外壁为黑色，可能采用了渗碳工艺。足跟平。残高5.3、残宽6.4、厚0.8—1厘米（图一七八）。

C/8643，夹砂黄褐陶。胎心为灰色，内底、圈足外壁为黄褐色，可能是陶器烧制过程中胎心氧化不充分，有机物尚未烧尽所致。坦底，高圈足。残高3.3、厚0.7—0.9厘米（图一七九）。

C/9046，夹砂黄褐陶。胎心为灰色，内外壁为黄褐色，可能是陶器烧制过程中胎心氧化不充分，有机物尚未烧尽所致。坦底，高圈足。残长9.7、残宽7.4、厚0.7厘米（图一八○）。

C/8634，泥质红褐陶。胎心为灰色，内外壁为红褐色，可能是陶器烧制过程中胎心氧化不充分，有机物尚未烧尽所致。坦底，高圈足外撇。残高3、残宽7.8、厚0.6—1厘米（图一八一）。

图一八○　C/9046

图一八一　C/8634

纺轮 1件。

C/8449，泥质灰陶。器表局部为红色，可能是陶器烧制过程中冷却阶段发生二次氧化所致。圆锥形，中空。底径3、孔径0.3、厚2厘米（图一八二）。

图一八二　C/8449

板状陶片 3块。

三星堆遗址出土的类似遗物，被命名为"板状器"或者"陶器部件"。

C/8697，夹砂黑陶。胎体呈"红褐–灰–红褐"夹心层状，可能是陶器烧制过程中胎心氧化不充分，有机物尚未烧尽所致。内外壁为黑色，可能采用了渗碳工艺。整体呈平板状，一端边缘尚存，用途不明。残长9.1、残宽8、厚1厘米（图一八三）。

图一八三　C/8697

C/8702，夹砂黄褐陶。胎心为红色，内壁为黑色，可能采用了渗碳工艺，外壁为黄褐色，局部呈深浅不一的黑色，可能是陶器烧制过程中产生的烟炱痕迹。残长4.5、残宽3.4、厚1厘米（图一八四）。

图一八四　C/8702

C/9049，夹砂黄褐陶。胎心为灰褐色，内外壁为黄褐色，可能是陶器烧制过程中胎心氧化不充分，有机物尚未烧尽所致。平板状，一端边缘尚存。器身饰镂孔一个。残长8.6、残宽5.9、厚1厘米（图一八五）。

图一八五　C/9049

其他口颈、足部等残片 13件。

C/8628，口颈残片。夹砂灰褐陶。内壁为黑色，可能采用了渗碳工艺，外壁为灰褐色。敞口，沿外卷。残长5.1、残宽2.8、厚0.7厘米（图一八六）。

图一八六　C/8628

图一八七　C/8786

图一八八　C/8787

图一八九　C/9056

图一九○　C/8776

C/8786，可能为长颈壶口颈残片。夹砂灰陶。直口微侈，圆唇，长颈。口径10.8、残高6、厚0.5厘米（图一八七）。

C/8787，口部残片。夹砂灰褐陶。胎心为灰色，内外壁为灰褐色，可能是陶器烧制过程中胎心氧化不充分，有机物尚未烧尽所致。厚圆唇，口下内凹。残高3.9、残宽4.5、厚1.1厘米（图一八八）。

C/9056，口部残片。夹砂灰褐陶。胎心为灰色，内壁为黄褐色，外壁为灰褐色，可能是陶器烧制过程中胎心氧化不充分，有机物尚未烧尽所致。敛口，厚方唇。口径10、残高2.2、厚0.5厘米（图一八九）。

C/8776，口部残片。胎体呈"灰褐-灰-灰褐"夹心层状，可能是陶器烧制过程中胎心氧化不充分，有机物尚未烧尽所致。内壁为灰褐色，外壁涂刷有黑色陶衣。直口微敞，圆唇。残长5.1、残宽4.4、厚0.6厘米（图一九○）。

C/8831，可能为口部残片。泥质灰陶。胎心为深灰色，内外壁为灰色。外壁局部呈深浅不一的黑色，可能是陶器烧制过程中产生的烟炱痕迹。圆唇。残高1.7、残宽5、厚0.5厘米（图一九一）。

C/8793，可能为口部或圈足残片。泥质黑陶。胎心为灰色，内外壁为黑色，可能为涂刷的黑色陶衣，磨损较严重。残高2.5、残宽6.3、厚0.7厘米（图一九二）。

图一九一　C/8831

图一九二　C/8793

C/8611，可能为颈部残片。泥质灰陶。内壁为灰褐色，外壁为灰色。残长7.2、残宽5.9、厚0.8厘米（图一九三）。

图一九三　C/8611

C/8645，可能为瓶颈残片。泥质黄褐陶。胎心为灰色，内外壁为黄褐色，可能是陶器烧制过程中冷却阶段发生二次氧化所致。束颈，溜肩。颈部饰凹弦纹两道。颈部最细处直径4.1、残高6、厚0.4—0.9厘米（图一九四）。

图一九四　C/8645

C/8559，可能为口部残片。泥质黑陶。胎体呈"灰褐-灰-灰褐"夹心层状，可能是陶器烧制过程中冷却阶段发生二次氧化所致。内外壁涂刷黑色陶衣。残长7.5、残宽5.2、厚0.7—1厘米（图一九五）。

C/8573，可能为口沿或器盖残片。泥质灰褐陶。方唇。残高4.2、残长6.5、厚0.6厘米（图一九六）。

图一九五　C/8559

C/8591，可能为口部残片。泥质黑陶。胎心呈"灰褐-灰-灰褐"夹心层状，可能是陶器烧制过程中冷却阶段发生二次氧化所致。内外壁涂刷黑色陶衣。残长5、残宽4.4、厚0.6—0.9厘米（图一九七）。

图一九六　C/8573

图一九七　C/8591

C/8609，可能为口部或器盖残片。泥质黑陶。胎体呈"灰褐-灰-灰褐"夹心层状，可能是陶器烧制过程中冷却阶段发生二次氧化所致。内壁局部呈深浅不一的黑色，可能是陶器烧制过程中产生的烟炱痕迹。外壁涂刷黑色陶衣，磨损较为严重。残长6.2、残宽5.8、厚0.5厘米（图一九八）。

图一九八　C/8609

（三）十二桥文化陶片

十二桥文化是成都平原发现的继三星堆文化之后的考古学文化，经专家鉴定，月亮湾所出陶片属于此阶段的共计12块。

1. 成型与烧制

这些陶片均使用泥条盘筑加慢轮修整的方法。十二桥遗址的发掘者认为，出土陶器"制法有轮制、泥条盘筑和手制，泥条盘筑和手制多经轮修，泥条盘筑的器内多留有明显的泥条痕迹"[①]。

2. 陶质陶色

这些陶片中有夹砂陶5块、泥质陶7块。夹砂陶中，黄褐陶4块、黑陶1块。泥质陶中，灰陶3块、黑陶2块、红褐陶1块、黄褐陶1块。

3. 纹饰

有纹饰的共计3块。夹砂陶中，线纹1块；泥质陶中，绳纹1块、线纹1块（图一九九至图二〇一）。

---

① 四川省文物考古研究院、成都文物考古研究所编著：《成都十二桥》，文物出版社，2009年，第37页。

图一九九　夹砂陶线纹
陶片，C/9055

图二〇〇　泥质陶绳纹
陶片，C/8789

图二〇一　泥质陶线纹
陶片，C/8480

4. 器类

小平底罐（1件）

C/9055，口部残片。夹砂黑陶。胎体呈"红褐–灰–红褐"夹心层状，可能是陶器烧制过程中胎心氧化不充分，有机物尚未烧尽所致。内壁为红褐色，局部呈深浅不一的黑色，外壁和沿部为黑色，可能采用了渗碳工艺。折沿，圆唇。外壁饰横向细线纹。口径16.2、残高3.2、厚0.5厘米（图二〇二）。

图二〇二　C/9055

窄沿罐（1件）

C/8816，口部残片。夹砂黄褐陶。内壁为灰色，胎心和外壁为黄褐色，可能是陶器烧制过程中胎心氧化不充分，有机物尚未烧尽所致。敞口，沿外折，圆唇。残高4.7、残宽5.2、厚0.3—1厘米（图二〇三）。

图二〇三　C/8816

高领罐（1件）

C/9064，口部残片。泥质灰褐陶，夹杂少量细小的褐色杂质颗粒。胎心和外壁为灰褐色，内壁为黑色，可能是涂刷的黑色陶衣。撇口，圆唇。残高5.3、残宽6.2、厚0.4—0.5厘米（图二〇四）。

图二〇四　C/9064

图二〇五 （5）7303

图二〇六 C/8587

1（5）7268-1

2（5）7268-2

图二〇七 小平底杯

图二〇八 C/8624

圈足盆（1件）

（5）7303，足部残片。夹砂灰陶。胎体和内底为灰色，外壁局部为灰黄色，可能是陶器烧制过程中冷却阶段发生二次氧化所致。圈足低矮，足墙外撇，外足墙高于内足墙，足跟微内凹。底外径11.4、底内径9、残高3.6、厚0.4—0.7厘米（图二〇五）。

篮形器（1件）

C/8587，口部残片。夹砂黄褐陶。胎体呈"黄褐-灰-黄褐"夹心层状，可能是陶器烧制过程中冷却阶段发生二次氧化所致。折沿，厚圆唇。残宽4.8、残高3.6、厚0.7—1.2厘米（图二〇六）。

小平底杯（2件）

（5）7268-1，底部残片。泥质灰陶。近底处内收，小平底。胫部饰凹弦纹一道。底径1.8、残高3.2、厚0.3厘米（图二〇七：1）。

（5）7268-2，底部残片。泥质灰陶。近底处内收，小平底。底径1.7、残高2.7、厚0.2厘米（图二〇七：2）。

器盖（1件）

C/8624，钮部残件。泥质黄褐陶。局部呈灰黑色。大致呈角状，形状不规则，中空。捏制而成。残高5.5、残宽2—4.3、厚1.4—3.1厘米（图二〇八）。

其他口沿、足部残片（2件）

C/8671，圈足残片。夹砂黄褐陶。胎心为灰色，内外壁为黄褐色，可能是陶器烧制过程中冷却阶段发生二次氧化所致。残高6.3、残宽10.3、厚1.4厘米（图二〇九：1）。

C/9052，口部残片。泥质黄褐陶。胎心局部为灰色，内外壁为黄褐色，可能是陶器烧制过程中胎心氧化不充分，有机物尚未

1

2

图二〇九　其他口沿、足部残片
1 C/8671
2 C/9052

烧尽所致。直口微敞，厚圆唇。残高2.7、残宽3.4、厚0.4—0.7厘米（图二〇九：2）。

三　从对陶器残片的观察谈对此次发掘工作的认识

囿于诸多条件，葛维汉在月亮湾开展的考古发掘及整理工作不可避免地存在若干值得讨论的地方。本文仅就对所获陶片的观察分析，谈几点认识。

第一，葛维汉在发掘过程中，对探沟剖面的记录的确十分详细，但是似乎忽略了与平面以及平剖面的结合。另外，对遗迹现象的观察与认识不足。譬如他仅根据第一坑瓦砾层上层土壤为红色，就判断其为古代陶窑遗址，这是不正确的。马继贤先生指出："地层中的红烧土堆积，是房屋建筑坍毁之遗迹。"①

---

① 马继贤：《广汉月亮湾遗址发掘追记》，四川大学博物馆、中国古代铜鼓研究学会编：《南方民族考古》第5辑，四川科学技术出版社，1993年，第322页。

　　第二，葛维汉详细地记录了每件陶片所属的探方，以及陶片在所属探方中的深度，但是对于其在平面上的位置，则完全没有记录。

　　第三，对文化层的划分太过粗糙。因为缺乏对土质、土色的细致观察，没有划分出更细的层次，以至于所划定的文化层厚达一米左右。这一点放在如今的田野考古工作中，肯定是欠妥的，因为它会导致很多有价值的信息（譬如分属于三个考古学文化的陶片之间的层位早晚关系）的缺失。

　　第四，发掘面积有限，所获陶片数量很少，而且除了一件小平底罐、一件圈足盘能够复原，以及一件纺轮器形基本完整，其余陶片几乎没有拼对与复原的可能性。样本数量过少，也限制了后续进行深入研究的可能性。

　　第五，缺乏对出土陶片的归类整理。

　　第六，关于陶器的有些认识不正确。譬如其在简报中判定"这些陶器明显为轮制，但也有一些是手制的"。实际上，月亮湾出土陶器中手制陶器占了很大的比重，只因葛维汉缺乏对慢轮修整这一工序的认识，所以得出了错误的结论。

　　正是由于发掘及整理工作中的种种不尽如人意之处，夏鼐先生曾在他的日记中评价道："此君似未曾受过考古学的训练，故报告之缺陷甚多。"[1]

　　夏鼐先生的批评可能稍显严厉，而我们应该认识到，相对于种种缺陷来说，此次月亮湾遗址的田野考古工作仍然具备多重积极意义。

　　其一，就此次田野考古工作本身而言，葛维汉在发掘工作中，一定程度上践行了当时西方田野考古学的理论与

---

[1]　夏鼐：《夏鼐日记》卷二，华东师范大学出版社，2011年，第17页。

方法。

葛维汉以文化人类学见长，系统学习考古学的时间并不长，但是也绝非"未曾受过考古学的训练"。20世纪30年代初，葛维汉在芝加哥大学学习文化人类学时，曾在柯尔指导下学习考古发掘的理论与方法，并参加了"南伊利诺伊州印第安土丘"的发掘。[①]柯尔和德埃尔共同编著的《重新发现伊利诺伊》载："土墩遗迹按5英尺的间隔进行解剖发掘，在这些间隔处绘出土墩的剖面图。"[②]葛维汉在《汉州发掘日记》中提及：给标桩编号的方法是美国考古协会所推荐的。根据以上信息可知，葛维汉在月亮湾的发掘工作，使用的就是他当年学习到的"5英尺方格法"。

在此次发掘结束之后三个月左右，1934年6月9日，葛维汉在华西边疆研究学会年会上做了题为《汉藏边地研究的方法和装备》的演讲。在演讲中，他讲述了月亮湾考古发掘过程中所采用的方法，共十项：（1）发掘前对遗址进行拍照，描绘地形图；（2）在田野记录本中详细记录发掘过程中的所有细节，包括发掘步骤、出土器物、对出土器物深度和位置的描述；（3）发掘前在遗址布方，每个探方面积为25平方英尺（5英尺见方），每个探方及探方四角的立桩均有编号，探方编号即其右下角立桩的编号，记录出土器物在探方中的位置和深度；（4）每件出土器物按照出土顺序进行编号，在器物上要标注这个编号，同时在记录本上详细记录器物的出土信息；（5）从现场的一个边缘开始发掘，所挖掘的探沟都是5英尺宽；（6）仔细辨别地层并详细

---

① 付云：《民国学术视野下华大博物馆的考古学研究》，四川大学博士学位论文，2016年。

② 戈登·R.威利、杰瑞米·A.萨伯洛夫著，张颖岚等译：《美洲考古学史》，文物出版社，2023年，第176—178页。

记录相关信息；（7）不要先把单个器物从遗址中取出，要
注意器物之间的关联性；（8）小心包装出土器物；（9）保
存重要遗址出土的任何体现人工技艺的器物，包括陶瓷碎
片；（10）出土器物只有在考古博物馆中才能得到很好的保
存。[①]尽管葛维汉对月亮湾进行考古发掘的最初目的，是希
望了解关于玉石器的更多信息，但是在发掘过程中，他严格
遵循了自己总结出来的方法，尤其是其中的第九条。正因如
此，月亮湾出土的数百件陶片才得以留存至今。

　　此外，葛维汉重视考古学与化学学科的交叉研究。他
请华西协合大学的化学家柯利尔对出土陶片进行分析，并出
具比较详细的报告。报告中对若干陶片器表与胎心的陶色的
成因做了专业的阐释。这也是葛维汉的一贯做法。葛维汉
1933年3月对成都琉璃厂窑址进行了发掘，1936年6月对邛崃
什邡堂窑址进行了调查。对两次考古工作所获之标本，他均
邀请华西协合大学化学系高毓灵教授进行了釉面的化学分析
工作。

　　葛维汉还在《汉州发掘简报》中对出土的陶器进行了初
步分析与研究。他将陶片分为粗陶与细陶两种，二者分别对
应如今田野工作中划分的夹砂陶与泥质陶。同时他注意到了
这两种陶器在陶胎、器表上色调的不同，以及涂刷陶衣、渗
碳、磨光、施加纹饰等制陶工艺方面的细节。另外，葛维汉
通过对月亮湾陶器、玉器等出土物的分析，得出结论："广
汉文化的年代下限不晚于周朝初期，或者说是公元前1100年

---

① 葛维汉：《汉藏边地研究的方法和装备》（D.C.Graham, Methods and
Equipment for Research on the China Tibetan Border, in *Journal of West China
Border Research Society*, Vol.6（1933–1934），pp.8–10.）转引自付云：《民
国学术视野下华大博物馆的考古学研究》，四川大学博士学位论文，2016
年。

左右，但进一步的证据可能会使我们将其年代推至更早的时期——其年代上限应为铜石并用时代。"在当时的历史条件下，能够得出这种结论，是颇有见地的。

其二，第一次通过考古学上的证据，证明了成都平原的制陶业有着悠久的历史。

中国古代文献关于制陶的记载屡见不鲜。例如，《列仙传》载："宁封子者，黄帝时人也。世传为黄帝陶正。"①《太平御览》卷八三三引《逸周书》云："神农耕而作陶。"②《墨子·尚贤下》曰："舜耕于历山，陶于河滨。"③《史记·五帝本纪》载："舜耕历山，渔雷泽，陶河滨，作什器于寿丘。"④以上记载，将陶器的制造附会于上古时代的三皇五帝，并非科学的观点。实际上，当前的考古成果表明，我国陶器产生的时间远远早于传说中三皇五帝所处的时代。江西万年仙人洞遗址发现最早的陶器所属地层（东侧2B和2B1层、西侧3C1B层）的碳十四测年结果为距今20000—19000年。⑤考古工作者对湖南道县玉蟾岩遗址的若干样品进行碳十四测年以后得出结论：玉蟾岩遗址陶片的年代为距今18000—17000年。⑥不过20世纪30年代，在月亮湾考古工作开展之前，人们对成都平原早期制陶业的了解还近乎空白。1921年秋，安特生（J.G. Andersson）主持了河南渑池仰韶村遗址的发掘。1930年至1931年，李济、梁思永先后带队对山

① 杨溥著：《禅玄显教编列仙传校诠补校》，王云五主编：《丛书集成初编》第3347册，商务印书馆，1936年，第2页。
② 李昉等撰：《太平御览》，中华书局，1995年，第3716页。
③ 梁奇译注：《墨子译注》，上海三联书店，2014年，第41页。
④ 司马迁撰：《史记》，中华书局，2014年，第38页。
⑤ 吴小红、张弛等：《江西仙人洞遗址两万年前陶器的年代研究》，《南方文物》2012年第3期。
⑥ 吴小红等：《湖南道县玉蟾岩遗址早期陶器及其地层堆积的碳十四年代研究》，《南方文物》2012年第3期。

东历城龙山镇城子崖遗址进行了两次正式发掘。①通过对比出土遗物，葛维汉认为广汉的器物与新石器时代的仰韶器物极为相似。②而林名均发现月亮湾出土陶器中"有与城子崖之黑陶相类者"，故推定发掘出土的遗物属于"新石器时代末期而殷周以前也"。③两人的判断与月亮湾出土陶片的真实年代已经比较接近：通过梳理，这批陶片中年代最早的属于宝墩文化二期，而宝墩文化的年代为距今4500—3700年。月亮湾的考古发现，将成都平原制陶业出现的年代提早到了新石器时代末期。2009年，四川省文物考古研究院在什邡市东郊回澜镇玉皇村二、三组发现了年代比宝墩文化更早的桂圆桥第一期遗存（距今5100—4600年），这才将成都平原陶器生产的历史再次提前。④

其三，葛维汉实际上是对宝墩文化与十二桥文化遗存开展田野考古工作的第一人——尽管他本人从未认识到这一点。

1980年11月至1981年5月，四川省文物管理委员会、四川省博物馆和广汉县文化馆对三星堆遗址进行了正式发掘⑤，在遗址中发现了宝墩文化、三星堆文化、十二桥文化

①　中国社会科学院考古研究所编著：《中国考古学·新石器时代卷》，中国社会科学出版社，2010年，第2—4页。
②　葛维汉：《汉州发掘简报》（D.C.Graham, *A Preliminary Report of the Hanchow Excavation*）。
③　林名均：《广汉古代遗物之发现及其发掘》，原文发表于《说文月刊》1942年第3卷第7期中，本书收录此文，在原文基础上略有删改（详见后文）。本文所引有来自此文者，皆基于此次整理成果。
④　四川省文物考古研究院、德阳市博物馆、什邡市博物馆：《四川什邡桂圆桥新石器时代遗址发掘简报》，《文物》2013年第9期。
⑤　四川省文物管理委员会、四川省博物馆、广汉县文化馆：《广汉三星堆遗址》，《考古学报》1987年第2期。

明确的层位关系。[1] 月亮湾出土陶片的分析结果显示，这三种考古学文化的遗物在月亮湾遗址都有发现，与1980—1981年度考古发掘情况相符。

宝墩文化的发现时间，可以追溯到1935年。业余考古爱好者罗永祚先生在真武观附近发现了陶片、石斧等遗物，这些遗物后来被证明属于宝墩文化遗存。[2] 以前认为，对宝墩文化遗存最早的发掘工作，是1963年9月由四川省文物管理委员会和四川大学历史系考古教研室对广汉月亮湾遗址进行的试掘；而四川省文物管理委员会于1953年至1956年对成都羊子山土台遗址的清理，以前被认为是最早对十二桥文化遗存开展的考古工作。[3] 此次对1934年月亮湾出土陶片的梳理，证明了葛维汉可以算作宝墩文化与十二桥文化考古工作的先行者。尽管葛维汉本人不可能意识到这一点，不过从成都地区考古学史的角度来看，葛维汉主持的发掘确实是宝墩文化与十二桥文化既往考古工作中不可忽略的一部分。

---

[1] 江章华、王毅、张擎：《成都平原先秦文化初论》，《考古学报》2002年第1期。

[2] 罗永祚：《新津宝墩村古遗址的发现经过》，《新津县文史资料选辑》第6辑，1997年，第88—90页。

[3] 四川省文物管理委员会：《成都羊子山土台遗址清理报告》，《考古学报》1957年第4期。

四川大学博物馆藏三星堆玉石器的整理与研究

周克林

　　1927年春，广汉太平场月亮湾农民燕道诚父子在燕家院子旁疏浚水渠时，发现一个古代器物坑，坑内出土玉璋、玉琮、玉斧、有领玉璧、石璧等数量众多的古代玉石器，燕氏父子当即将这些玉石器搬运至家中秘藏起来。此后，月亮湾发现古物的消息逐渐传播开来。1931年春，在广汉传教的英国圣公会传教士董宜笃获知太平场发现古代玉石器的消息后，敏锐察觉到这批古物具有重要历史价值，应该予以及时保护和研究，不能任其散失，赓即在当地驻军旅长陶宗伯的陪同下前往考察。陶宗伯随后将收集到的五件玉石器交由董宜笃暂为保存，董氏返回成都后又将其交给华西协合大学教授、华西协合大学博物馆首任馆长戴谦和进行研究。同年夏，董宜笃、戴谦和、陶宗伯和摄影师晋先生等人组成考察队，对月亮湾遗址进行科学考察、摄影、测量和记录。陶宗伯正式将其所得古玉器捐赠给华大博物馆保存与研究，同时燕道诚将其秘藏的玉斧和大石璧各一件捐赠给了华大博物馆，董宜笃也将一件玉琮捐赠给了华大博物馆。同年年底，戴谦和发表文章对这些玉石器进行研究，指出这些石器"是公元前1000±300年制造的"，"可能是仪式用具，或许是某（几）位重要人物的随葬品"，"石璧与宗教崇拜有关，可能用于祭天。相较于华西迄今发现的其他任何石器，它们与中原祭天崇拜的关系似乎更为密切"①。这是历史上首次对三星堆文物开展的科学研究。

1933年秋，为获得这批玉石器的更多信息，时任华大博物馆馆长的葛维汉，多次致函董宜笃询问有关事宜，并萌发了对月亮湾进行考古发掘的念头，同时向四川省政府和四川省教育厅提出申请并获得发掘执照。次年3月，应广汉县县长罗雨苍的邀请，葛维汉、林名均来到月亮湾，在广汉县政府的支持下，在燕氏住宅旁的水渠及其旁边开展了近十天的正式的田野考古发掘。他们按照当时的田野考古学方法，在发掘点上开挖三条探沟，将地层初步划分为耕土层、文化层和生土层，文化层内出土了石璧、石斧、小玉块、陶片等一批古代遗物。这批遗物后由罗雨苍代表广汉县政府捐赠给了华大博物馆。1936年，葛维汉发表《汉州发掘简报》，公布了此次考古发掘的收获，并推断月亮湾遗址年代上限为铜石并用时代，下限为周代初期，即公元前1000年前后。②1942年，林名均发表《广汉古代遗物之发现及其发掘》，再次介绍了此次考古发掘的情况，他推断此次出土遗物大体分为两个时代：石器和陶器为新石器时代晚期遗物，玉器为周代遗物。同时指出"此次遗物之出土，仅只广汉之一小区，即有如斯之成

---

① 戴谦和：《四川古代的圆形和方形土石遗存》（D.S.Dye, *Some Ancient Circles, Squares, Angles and Curves in Earth and Stone in Szechwan, China*）。
② 葛维汉：《汉州发掘简报》（D.C.Graham, *A Preliminary Report of the Hanchow Excavation*）。

绩表现，以此推之，蜀中埋藏于地下之古物，较此更古、更重
要而尚未经发现者，必有无穷之希望"，"对于将来之考古
学有莫大之关系也"。①1946年，郑德坤出版专著《四川古代
文化史》，书中第四章"广汉文化"对1927年发现的玉石器坑
和1934年考古发掘出土遗物再次进行了研究，提出玉石器坑
和前述文化层属于不同年代的文化遗存，坑的年代"或可定
为东周，约为公元前700至前500年"，"文化层为四川史前文
化新石器时代末期之遗址"，"其年代约在公元前1200至前
700年以前"。②三星堆遗址的科学考古研究就此拉开序幕。

2024年，正值三星堆遗址首次科学考古发掘九十周年，
为进一步发掘这次考古工作的学术价值和历史意义，四川大
学决定举办学术研讨会，以隆重纪念这一重要的历史时刻。
在学校的支持下，四川大学博物馆组织人员，在2014年整理
成果《1931～1934年华西协合大学古物博物馆入藏的广汉月
亮湾出土遗物》③的基础上，再次全面整理和研究馆藏三星
堆文物及相关档案材料，以便学界进一步研究利用。笔者有
幸承担了馆藏三星堆玉石器的整理工作，现将整理结果和初
步认识汇报于下。

一 馆藏三星堆玉器的整理

截至目前，馆藏三星堆玉器共20件，器类有璋、琮、有领

---

① 林名均：《广汉古代遗物之发现及其发掘》，原文发表于《说文月刊》1942
年第3卷第7期中，本书收录此文，在原文基础上略有删改（详见后文）。
本文所引有来自此文者，皆基于此次整理成果。
② 郑德坤：《四川古代文化史》，巴蜀书社，2004年，第61—62页。1946年，
郑氏此作为"华西大学博物馆专刊"之一种，由华西大学博物馆首次出版。
③ 四川大学博物馆：《1931～1934年华西协合大学古物博物馆入藏的广汉月
亮湾出土遗物》，三星堆研究院、三星堆博物馆编：《三星堆研究》第4辑
《采集卷》，巴蜀书社，2014年，第179—193页。

璧、斧、凿、环、镯、凹刃器、管状器等，多数为1927年春广汉太平场燕家院子玉石器坑内出土，少数为1934年广汉太平场月亮湾考古发掘出土。按器类分述如下。

（一）玉璋

共2件，均为1927年燕家院子玉石器坑内出土，陶宗伯购于燕道诚处后捐赠给华大博物馆。质地、形制相似，呈青灰色，带有白色枝状纹理和褐色斑。长条形，体扁薄，上宽下窄，打磨光洁，器身两侧略弧内收，端刃单面凹弧，锋尖一侧高一侧低，柄部近阑处有一圆形穿孔。根据器身宽窄，分为2型。

A型 1件，器身略宽。

C/4865，现分类号（3.1）00255。锋尖略有残损，柄、阑部有残缺。阑部阴刻5组平行直线纹，每组4条，两侧饰4组扉齿，扉齿中间低、两端高，最下一组扉齿呈张口兽首状。残长36.2、端刃宽13.2、厚0.5厘米（图一）。

B型 1件，器身略显瘦长。

C/4866，现分类号（3.1）00260。端刃一侧锋尖残失。阑部阴刻4组平行直线纹，每组3条，两侧饰4组扉齿，扉齿中间低、两端高，最下一组扉齿呈张口兽首状。柄部一侧平直，一侧上端外凸，末端上保留切割痕迹。通长39.2厘米，端刃宽10.3、柄部宽6.3厘米，厚0.4厘米（图二）。

图一 A型璋，C/486[
1 正面
2 背面
1   2

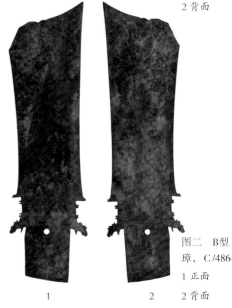

图二 B型璋，C/486[
1 正面
2 背面
1   2

图三 玉璋柄，（3.1）00052

1

2

图四 玉璋柄，C/8455

1 正面

2 背面

（二）玉璋柄

共2件。

现分类号（3.1）00052。仅存柄部。蛇纹石软玉质，质地细腻，灰黑色，器表打磨光洁。略呈梯形，中间略厚，边缘略薄，两侧平直，一侧有2条阴线纹，顶端残损。残长5.22、宽4.30—4.5、厚0.35—0.45厘米（图三）。

C/8455，现分类号（3.1）00100。仅存柄部。1934年考古发掘出土。蛇纹石软玉质，质地细腻，灰色，器表打磨光洁。呈长条形，两端残损，两侧平直，一端有圆形穿孔，孔为单面管钻形成。残长7.9、宽4.4—4.5、厚0.5—0.68厘米，孔径0.9厘米（图四）。

（三）玉璋刃

共1件，C/8453，现分类号（3.1）00050。1934年考古发掘出土。蛇纹石软玉质，灰黑色，质地细腻，器表打磨光洁。仅存端刃之一侧，单面凹弧刃，一侧平直。残长6.52、残宽5.15、厚0.35厘米（图五）。

图五 玉璋刃，C/8453

1 正面

2 背面

1   2

（四）玉琮

共2件，透闪石软玉质，内圆外方，打磨光滑。根据形制和纹饰差异，分为2型。

A型 1件，琮体呈短方柱状，宽高之比约为1.3：1，外侧四面饰线刻纹。

C/8934，现分类号（3.1）00226。1927年燕家院子玉石器坑出土，1931年董宜笃购得，后捐给华大博物馆。褐色，表面饰暗红沁和鸡骨白枝状纹。内为圆孔，对钻而成，孔壁较薄，外为正方体，四面线刻三道平行线纹及两个圆圈纹。两端出短射，射口平齐。通高5.5厘米，外径7.4、内径6.6厘米（图六）。

B型 1件。琮体扁矮，近似镯状，素面，宽高之比约为2：1。

C/2093，现分类号为（3.1）00441。1927年燕家院子玉石器坑内出土，1931年至1934年间陶宗伯购自燕道诚处，后捐给华大博物馆。灰黑色，器表布满黑沁。形制简单，棱角分明，中孔较大，穿孔为两面对钻形成，略呈喇叭状，孔壁较薄，两端出短射，射口平齐。通高3.1厘米，外径5.9、内径4.7厘米（图七）。

1

2

图六 A型玉琮，C/8934
1 正面
2 背面

图七 B型玉琮，C/2093

（五）有领玉璧

共2件，紫褐色，器表有鸡骨白沁。圆环状，中有大圆孔，孔为两面对钻形成，孔缘两端高出形成领部。根据领部的不同分为2型。

A型 1件，高领，口微侈，折沿，圆唇，领部及环面皆饰有同心圆圈纹。

C/8298，现分类号（3.1）00256。1934年考古发掘出土。领中部有一组两周同心圆圈纹，环面有三组五周同心圆圈纹，器壁较薄，制作较为精良，一侧领部残缺。通高2.4厘米，外环径10.8、内环径6.62厘米，单面领高1.1厘米，外环肉阔2.3厘米（图八）。

图八 A型有领玉璧，C/8298

B型 1件，矮领，直口，方唇，素面。

C/8293，现分类号（3.1）00261。1934年林名均在广汉太平场月亮湾发掘场地附近购得。环面光洁，形制规整，环外缘残损。通高1.82厘米，外环径10.6、内环径6.1厘米，单面领高0.8厘米，外环肉阔1.6厘米（图九）。

图九 B型有领玉璧，C/8293

（六）玉璧

共1件，C/8368，现分类号（3.1）00088。1934年考古发掘出土。蛇纹石软玉质，灰白色，器表打磨光洁。圆板形，中有圆形穿孔，孔为单面管钻形成，璧肉内厚边薄。残甚，仅存约五分之一。外径12、内径4.4厘米，肉阔3.8、厚0.65—1.08厘米（图一〇）。

1

2

图一〇 玉璧，C/8368

1 正面

2 背面

（七）玉斧

共3件，器表打磨光洁，长条状，平面呈梯形，最宽处在刃部，顶部窄。根据刃部的不同分为2型。

A型 1件，两面弧刃。

C/4869，现分类号（3.1）00259。1927年燕家院子玉石器坑内出土，1931年陶宗伯购自燕道诚处，后捐给华大博物馆。灰黑色，质地细腻，器表布满枝状石理纹。器身一面略隆起呈弧形，一面近平，两侧斜直。一面有凹坑二处，刃部及顶部皆有缺损，顶部有切割痕迹。通长29.5厘米，顶部宽7.7、刃部宽11.2厘米，顶部最厚处为2.1厘米（图一一）。

B型 2件，均为单面凹刃。

C/4867，现分类号（3.1）00241。1927年燕家院子玉石器坑内出土，1931年燕道诚捐给华大博物馆。灰白色，质地细腻，器表布满枝状石理纹。器身两面略隆起呈弧形，两侧斜直，刃部略呈弧形，顶部残。器身上段一面有凹坑。通

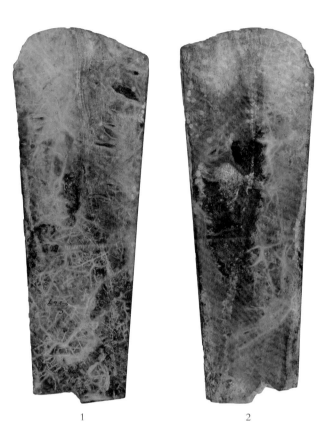

图一一 A型玉斧，C/4869

1 正面

2 背面

1   2

长26.9厘米，顶部宽6.3、刃部宽9.7厘米，最厚处为2.3厘米
（图一二）。

　　C/4868，现分类号（3.1）00263。1927年燕家院子玉石
器坑内出土，1931年陶宗伯购自燕道诚处，后捐给华大博物
馆。灰白色，质地细腻，器表布满枝状石理纹。平顶，刃部
微弧。器身一面微鼓，一面平直，两侧皆有切割痕迹，一侧
打磨平整，一侧尚未打磨，其面略呈"V"字形，一面有凹
坑。刃部略残。通长31.8厘米，顶部宽8、刃部宽12.2厘米，
最厚处为2.18厘米（图一三）。

1   2   1   2

图一二　B型玉斧，C/4867   图一三　B型玉斧，C/4868

1 正面   1 正面

2 背面   2 背面

（八）玉凿

共1件，C/7207，现分类号（3.1）00109。灰黑色，质地细腻，器表打磨光洁，有褐色条纹。长条形，一面弧，一面平直，一侧薄，一侧厚，两面弧刃，刃部有缺口。长12.7、最宽处为2.3、最厚处为1.49厘米（图一四）。

（九）玉凹刃器

共1件，C/8451，现分类号（3.1）00101。1934年林名均在广汉太平场月亮湾考古发掘场地附近购得。红色，质地细腻，器表有灰白、深褐沁。器形似凿，呈长条形，通体打磨光洁，顶部略斜，器身一面弧，一面平，两侧平直，单面凹弧刃。长7.6厘米，顶部宽1.2、刃部宽1.72厘米，厚0.75厘米（图一五）。

图一四　玉凿，C/7207

1 薄侧面

2 厚侧面

图一五　玉凹刃器，C/8451

1 正面

2 背面

（十）玉环

共1件，C/8438，现分类号
（2.3）00046。1934年考古发掘
出土。红褐色，质地细腻，器表
打磨光洁。呈圆口扁平状，内厚
外薄。残甚，仅余一小段。残长
2.41、宽1.56、厚0.2—0.39厘米
（图一六）。

图一六　玉环，C/8438

（十一）玉镯

共1件，C/8362，现
分类号（2.3）00043、
00044。1927年燕家院子
玉石器坑内出土，1934年
林名均自燕道诚之孙手中
购得。深灰色，质地细
腻，通体打磨光洁。呈圆
口扁条状，外侧中部有凸

图一七 玉镯，C/8362
1 外侧
2 内侧

棱一周。残甚，现存二残片，可拼接为小半圈。环径7.8、
边宽1.29、厚0.2厘米（图一七）。

（十二）玉管状器

共1件，C/8452，现分类号（2.3）00045。
1934年考古发掘出土。灰白色，质地细腻，器
表打磨光洁。橄榄形，中有一对穿圆孔，未穿
透。两端残失。残长3.94厘米，外径1.31、内径
0.22厘米（图一八）。

（十三）玉料

共1件，C/8371，现分类号（2.2）00317。
1934年考古发掘出土。灰白色，质地细腻。略
呈方形，一面打磨光洁，一面略平，未经打
磨，似有切割痕迹，边缘不整齐。残长4.62、
残宽3.71、厚2.56厘米（图一九）。

图一八 玉管状器，
C/8452

图一九 玉料，C/837

（十四）玉器残片

共1件，C/8200，现分类号（3.1）00051。1932年戴谦和

购得。绛红色，蛇纹石软玉质，质地细腻，器表打磨光洁。器形不明，两面平整，一侧平直。残长3.25、残宽2.30、厚0.85厘米（图二〇）。

图二〇 玉器残片，C/8200

二 馆藏三星堆石器的整理

共195件（片），器类有璧、斧、矛、凿、璋、磨石等，多数为1934年考古发掘出土，少数为1927年燕家院子玉石器坑内出土。有少量征集时间、出土地点不明，但据其质地和形制，仍属三星堆文化遗物无疑，一并予以介绍。

（一）石璧

共51件。多为圆板形，中有圆形穿孔，两面及外缘皆系磨制，穿孔为单面管钻形成，孔径一端大一端小，内有螺旋状管钻痕迹，璧肉内厚外薄。石质多为细砂石或板岩。根据外径大小，分为6型。

A型 1件，外径在70厘米左右。

C/3547，现分类号（2.3）00048。1927年燕家院子玉石器坑内出土，1934年燕道诚捐给华大博物馆。灰黑色，残为两半。外径70.5、好径19厘米，肉阔25.75、厚6.6—6.8厘米（图二一）。

图二一　A型石璧，C/3547

B型 2件，外径在50

厘米左右。

C/8477，现分类号（2.3）00024。1927年燕家院子玉石器坑内出土，1934年燕道诚捐给华大博物馆。灰黑色，璧肉一面上部阴刻楷书"燕三泰"三字，系1927年玉石器坑发现者所刻。石璧两面皆有后世划痕，边缘略有残损。外径51.4、好径13.9厘米，肉阔18.75、厚4.35—4.5厘米（图二二）。

图二二　B型石璧，C/8477

C/8288、C/8289，现分类号（2.3）00049、00050。1934年林名均在月亮湾考古发掘场地附近购得。灰黑色，残为两半，可拼合为一件，璧肉一面内侧凿有深约1厘米的浅槽，浅槽外缘及底部有简单粗磨痕。外径47.5、好径11厘米，肉阔18.25、厚3—4厘米（图二三）。

图二三　B型石璧，C/8288、C/8289

C型　1件，外径在40厘米左右。

C/8476，现分类号（2.3）00027。1934年考古发掘出土。灰黑色，残存约四分之三，璧肉一面平整，一面凹凸不平，尚有打磨痕迹。外径40.80、好径11.6厘米，肉阔14.6、厚2.75—3.45厘米（图二四）。

图二四　C型石璧，C/8476

图二五　D型石璧，
C/8369

D型　8件，外径在20厘米左右。

C/8369，现分类号（2.3）00042。1934年考古发掘出土。灰黑色，残存大半，边缘有残损。外径24.2、好径8.5厘米，肉阔7.85、厚1.12—1.43厘米（图二五）。

C/8886，现分类号（2.3）00010。1934年考古发掘出土。灰黑色，残存约四分之一，璧肉两面均有打磨痕迹，外缘有切割痕迹。外径22、好径5.3厘米，肉阔8.35、厚0.79—1.11厘米（图二六）。

C/8398，现分类号（2.3）00013。1934年考古发掘出土。青灰色，残存约五分之一，璧肉一面打磨平整，一面凹凸不平。外径19.8、好径2.86厘米，肉阔8.47、厚1.18—1.47厘米（图二七）。

图二六　D型石璧，C/8886
正面
背面

1　　　　　　　2

图二七　D型石璧，C/8398
正面
背面

1　　　　　　　2

C/839□，现分类号（2.3）00034。1934年考古发掘出土。灰黑色，残存约四分之一。璧肉两面打磨平整，均有剥蚀。外径18.2、好径6.8厘米，肉阔5.7、厚2.03—2.04厘米（图二八）。

C/8404，现分类号（2.3）00059。1934年考古发掘出土。灰黑色，残存约五分之一。外径17.9、好径6.1厘米，肉阔5.9、厚1.35—1.42厘米（图二九）。

C/8475，现分类号（2.3）00033。1934年考古发掘出土。灰黑色，残存约三分之一。外径17.2、好径6.2厘米，肉阔5.5、厚1.10—1.91厘米（图三〇）。

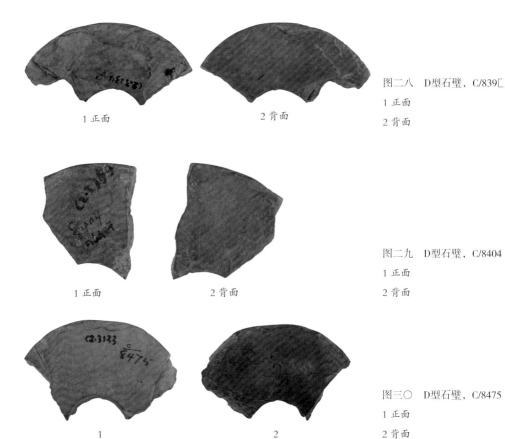

1 正面　　　　　　2 背面

图二八　D型石璧，C/839□
1 正面
2 背面

1 正面　　　　　　2 背面

图二九　D型石璧，C/8404
1 正面
2 背面

1　　　　　　2

图三〇　D型石璧，C/8475
1 正面
2 背面

图三一　D型石璧，C/8380

图三二　D型石璧，（2.3）00063

图三三　E型石璧，C/8410

C/8380，现分类号（2.3）00019。1934年考古发掘出土。灰黑色，残存约六分之一，璧肉一面平整，一面略有凹凸。外径16.2、好径5.22厘米，肉阔5.49、厚0.95—1.1厘米（图三一）。

现分类号（2.3）00063。青灰色，残存约五分之一，一面有剥蚀痕迹，外缘尚未打磨，有缺损。外径16.1、好径6厘米，肉阔5.05、厚0.61—1.19厘米（图三二）。

E型　38件，外径为10—16厘米。

C/8410，现分类号（2.3）00062。1934年考古发掘出土。灰色，残存约五分之一。外径15.9、好径5.3厘米，肉阔5.3、厚1.29—1.39厘米（图三三）。

C/8393，现分类号（2.3）00032。1934年考古发掘出土。灰黑色，残存约四分之一，璧肉两面均有条状打磨痕迹，外缘未打磨。外径15.8、好径6厘米，肉阔4.9、厚0.85—1.2厘米（图三四）。

C/8378，现分类号（2.3）00006。1934年考古发掘出土。灰黑色，残存约六分之一。外径14.4、好径6.1厘米，肉阔4.15、厚1.16—1.68厘米（图三五）。

图三四　E型石璧，C/8393（左）
图三五　E型石璧，C/8378（右）

C/8466，现分类号（2.3）00021。1934年考古发掘出土。灰色，残存约六分之一。外径14、好径6.24厘米，肉阔3.88、厚1.15—1.35厘米（图三六）。

C/8384，现分类号（2.3）00016。1934年考古发掘出土。青灰色，残存约五分之一。外径13.9、好径4.3厘米，肉阔4.8、厚1—1.25厘米（图三七）。

C/8408，现分类号（2.3）00017。1934年考古发掘出土。青灰色，残存约四分之一。外径14、好径4.2厘米，肉残阔4.9、残厚0.53厘米（图三八）。

C/8409，现分类号（2.3）00015。1934年考古发掘出土。灰黑色，残存约五分之一。璧肉一面打磨平整，一面剥蚀不平。外径14厘米，肉残阔5.12、残厚1.75厘米（图三九）。

图三六　E型石璧，C/8466

图三七　E型石璧，C/8384

1　　　　　　　　2

图三八　E型石璧，C/8408
1 正面
2 背面

图三九　E型石璧，C8409
1 正面
2 背面

图四〇　E型石璧，C/8419

图四一　E型石璧，C/9835

C/8419，现分类号（2.3）00020。1934年考古发掘出土。青灰色，残存约五分之一。外径13.8、好径5.70厘米，肉阔4.05、厚0.75—0.95厘米（图四〇）。

C/9835，现分类号（2.3）00030。1934年戴谦和在广汉购得。灰黑色，残存约三分之一，外缘未打磨平整。外径13.8、好径5.5厘米，肉阔4.15、厚1.18—1.53厘米（图四一）。

C/8403，现分类号（2.3）00038。1934年考古发掘出土。灰黑色，残存约四分之一，璧肉一面尚存若干平行切割线纹，外缘破损。外径13.8、好径6.8厘米，肉阔3.5、厚0.97—1.21厘米（图四二）。

C/7259，现分类号（2.3）00035。20世纪30年代戴谦和在广汉太平场购得。灰黑色，残存约四分之一，璧肉一面粘有绿松石块，外缘破损。绿松石块呈长方形。外径13.5、好径6厘米，肉阔3.75、厚1.02—1.31厘米（图四三）。

图四二　E型石璧，/8403　正面　背面

1　　　　　2

图四三　E型石璧，/7259　正面　背面

1　　　　　2

C/8414，现分类号（2.3）00061。1934年考古发掘出土。青灰色，残存约五分之一，穿孔情况不详。外径12.6厘米，肉残长7.39、残阔5.55、厚1.14—1.45厘米（图四四）。

C/9834，现分类号（2.3）00039。1934年戴谦和在广汉购得。灰黑色，残存约四分之一，璧肉有打磨痕迹，外缘破损。外径12.1、好径4.8厘米，肉阔3.65、厚0.81—1.38厘米（图四五）。

C/8406，现分类号（2.3）00009。1934年考古发掘出土。灰黑色，残存约四分之一，璧肉两面打磨，一面有凹坑，外缘未经打磨。外径12、好径3.6厘米，肉阔4.2、厚1.03—1.18厘米（图四六）。

1

2

图四四　E型石璧，C/84
1 正面
2 背面

C/8379，现分类号（2.3）00069。1934年考古发掘出土。青灰色，残存约四分之一。外径11.9、好径5.7厘米，肉阔3.1、厚0.8—0.91厘米（图四七）。

图四五　E型石璧，C/98

图四六　E型石璧，
C/8406（左）
图四七　E型石璧，
C/8379（右）

1

图四八　E型石璧，C/8407
正面
背面

2

图四九　E型石璧，
/8387

C/8407，现分类号（2.3）00002。1934年考古发掘出土。灰黑色，残存约四分之一，璧肉两面有剥蚀痕迹。外径11.8、好径4厘米，肉阔3.9、残厚0.82厘米（图四八）。

C/8387，现分类号（2.3）00036。1934年考古发掘出土。灰黑色，残存约四分之一，璧肉外缘破损。外径11.8、好径5.8厘米，肉阔3、厚1.15—1.32厘米（图四九）。

C/8458，现分类号（2.3）00031。1934年考古发掘出土。灰黑色，残存约三分之一，璧肉一面有打磨痕迹，外缘未打磨。外径11.6、好径6.8厘米，肉阔2.4、厚0.85—0.9厘米（图五〇）。

C/8401，现分类号（2.3）00037。1934年考古发掘出

图五〇　E型石璧，
/8458
正面
背面

1

2

土。灰黑色，残存约三分之二，璧肉外缘破损。外径11.2、好径5.2厘米，肉阔3、厚0.79—1.11厘米（图五一）。

C/8402，现分类号（2.3）00040。1934年考古发掘出土。青灰色，残存约四分之一，璧肉一面保存有若干切割线纹，外缘未打磨平整。外径11、好径5厘米，肉阔3、厚0.65—0.83厘米（图五二）。

C/8415，现分类号（2.3）00064。1934年考古发掘出土。灰黑色，残存约四分之一，璧肉一面平，一面破损。外径10.5、好径4厘米，肉阔3.25、厚0.53—0.84厘米（图五三）。

C/8400，1934年考古发掘出土。青灰色，残存约四分之一，璧肉一面平，一面凹凸不平。外径10.4、好径4厘米，肉阔3.2、厚0.75厘米（图五四）。

C/8396，现分类号（2.3）00005。1934年考古发掘出土。灰黑色，残存约三分之一，璧肉一面破损。外径10.2、好径3.8厘米，肉阔3.2、厚1.02—1.31厘米（图五五）。

图五一　E型石璧，C/8401

图五二　E型石璧，C/8402

图五三　E型石璧，C/8415

图五四　E型石璧，C/8400（左）

图五五　E型石璧，C/8396（右）

图五六　E型石璧，C/8399

图五七　E型石璧，C/8391

图五八　E型石璧，C/8411

C/8399，现分类号（2.3）00068。1934年考古发掘出土。青灰色，残存约四分之一。外径10.2、好径4.1厘米，肉阔3.05、厚0.37—0.92厘米（图五六）。

C/8391，现分类号（3.1）00056。1934年考古发掘出土。青灰色，残存约一半。外径10.2、好径4.02厘米，肉阔3.09、厚0.68—1.02厘米（图五七）。

C/8411，现分类号（2.3）00001。1934年考古发掘出土。青灰色，残存约四分之一。璧肉两面平整，一面尚存打磨痕迹。外径10、好径4.9厘米，肉阔2.55、厚0.85—0.95厘米（图五八）。

C/8413，现分类号（2.3）00003。1934年考古发掘出土。灰色，残存约四分之一。璧肉一面平整，一面凹凸不平，外缘不规则。好径5.9厘米，肉残阔3.79、残厚1.1厘米（图五九）。

C/8392，现分类号（2.3）00008。1934年考古发掘出土。灰色，残存约四分之一。穿孔情况不详。肉残长12.15、残阔6.25、厚1.13—1.36厘米（图六〇）。

图五九　E型石璧，
C/8413（左）

图六〇　E型石璧，
C/8392（右）

C/8405，现分类号（2.3）00012。灰色，残存约四分之一。肉残长7.91、残阔5.82、厚1.22—1.35厘米（图六一）。

C/8388，现分类号（2.3）00018。1934年考古发掘出土。灰黑色，残存约四分之一。璧肉一面有打磨痕迹，外缘未打磨。肉残长7.03、阔5.33、厚1.25—1.65厘米（图六二）。

C/8385，现分类号（2.3）00004。1934年考古发掘出土。灰黑色，残存约六分之一。璧肉一面平整，一面凹凸不平。肉残长4.15、残阔3.01、残厚0.82厘米（图六三）。

C/8473，现分类号（2.3）00007。1934年考古发掘出土。灰黑色，质地坚硬，残存约四分之一。璧肉一面打磨光滑，一面尚未打磨平整，外缘未打磨，穿孔情况不详。肉残长9.7、残阔6.8、厚1.45厘米（图六四）。

图六一　E型石璧，C/8405

图六二　E型石璧，C/8388

1　　　　　　　　　2

1　　　　　　　　　2

图六三　E型石璧，C/8385
1 正面
2 背面

图六四　E型石璧，C/8473
1 正面
2 背面

图六五　E型石璧，C/8394

图六六　E型石璧，C/8954

图六七　E型石璧，C/8389

C/8394，现分类号（2.3）00014。1934年考古发掘出土。灰色，残存约四分之一。外缘有缺口。肉残长11.41、残阔5.04、厚0.82—1.22厘米（图六五）。

C/8594，现分类号（2.3）00041。1934年考古发掘出土。灰黑色，残存约四分之一。璧肉外缘尚未打磨平整。好径5厘米，肉残长5、残阔3.6、厚0.75—0.85厘米（图六六）。

C/8389，现分类号（2.3）00058。1934年考古发掘出土。灰色，残存约五分之一。肉残长8.52、阔4.58、厚0.95—1.33厘米（图六七）。

C/8381，现分类号（2.3）00068。1934年考古发掘出土。灰色，残存约三分之一。璧肉外缘未打磨。肉残长9.38、阔3.11、厚1.15—1.43厘米（图六八）。

C/8376，现分类号（2.3）00069，1934年考古发掘出土。灰色，残存约四分之一。璧肉一面平，一面凹凸不平。肉残长6.58、阔3.4、厚0.89—1.29厘米（图六九）。

图六八　E型石璧，C/8381（左）
图六九　E型石璧，C/8376（右）

C/8390，现分类号（2.3）00067。1934年考古发掘出土。灰黑色，残存约五分之一。璧肉一面平，一面尚未打磨，外缘不整齐，穿孔不详。肉残长6.51、残阔2.72、残厚0.67厘米（图七〇）。

1

F型　1件，外径在10厘米以下。

现分类号（2.3）00011。灰黑色，残存约四分之一。璧肉一面打磨光滑，一面剥蚀不平。外径8.3、好径4厘米，肉阔2.15、残厚1.03厘米（图七一）。

2

（二）石璧坯

共1件，现分类号（2.3）00072。青灰色，残存小半。璧肉未打磨平整，一面中心有单面管钻痕迹，未钻透，外缘未打磨平整，内厚外薄。外径约11.5、好径约4.3厘米，肉阔3.6、厚0.7—1厘米（图七二）。

图七〇　E型石璧，C/8390

1 正面

2 背面

1　　　　　　　2

图七一　F型石璧，（2.3）00011

1 正面

2 背面

1　　　　　　　2

图七二　石璧坯，（2.3）00072

1 正面

2 背面

（三）石饼形器

共1件，现分类号（2.2）00341。灰黑色，质地细腻。略呈半月形，中央厚，边缘薄，两面凹凸不平，未打磨，外缘一侧厚，中间凸起，一侧薄，呈弧形。长径12.2、短径8.56、最厚处2.61厘米（图七三）。

图七三　石饼形器，（2.2）00341

（四）石斧

共4件，根据形体大小及形状，分为4型。

A型　1件，器形大而厚重，略呈长方形。

C/8292，现分类号（2.2）00331。1934年考古发掘出土。灰白色，顶部一端高一端低，保留打击痕迹，器身中厚边薄，两面虽经打磨，但仍凹凸不平，刃为双面弧刃，有数处缺口。通长23.30厘米，顶部宽10.7、刃部宽12.2厘米，最厚处为4.35厘米（图七四）。

B型　1件，器形略大，呈长条形。

C/8294，现分类号（2.2）00330。1934年考古发掘出土。灰褐色，器身打磨光滑，一面平直，一面弧凸，两侧平直，顶端及刃部残，似为双面刃。残长18.8厘米，顶部残宽5.7、刃部残宽6.9厘米，厚0.48—1.6厘米（图七五）。

图七四　A型石斧，C/8292　　图七五　B型石斧，C/8294

图七六　C型石斧，
（2.2）00320

图七七　D型石斧，（2.2）00319

C型　1件，器形小，略呈长方形。

现分类号（2.2）00320。灰黑色，质地坚硬细腻，器身打磨光洁，中厚，边略薄，顶部略弧，双面刃，刃略弧，有一大缺口。通长5.85厘米，顶部残宽3.7、刃部残宽3.95厘米，厚1.3—1.45厘米（图七六）。

D型　1件，残，仅存刃部。

现分类号（2.2）00319。青灰色，质地坚硬细腻，器身打磨光洁，仅存部分刃部，两面弧刃，一侧平直。残长3.91、刃部残宽3.75、最厚处2.49厘米（图七七）。

（五）石斧坯

共3件，形状、大小不一，均为1934年考古发掘出土。

C/8367，现分类号（2.2）00144。青灰色，系斧半成品，器形大而厚重，器身两面均有打磨痕迹，一侧略直，有切割痕迹，一侧凹凸不平，刃部尚未加工成型。通长22、最宽处14、最厚处2.6厘米（图七八）。

C/8474，现分类号（2.2）00327。青

图七八　石斧坯，C/8367

图七九　石斧坯，C/8474

图八〇　石斧坯，C/8478

图八一　石锛，C/8749

图八二　石锛，C/8464

灰色，残，器形略呈三角状，两面打磨光滑，一侧打磨平直，边缘有一凹线条，刃部略呈两面刃状。残长10.6、刃部残宽7.9、厚1.8厘米（图七九）。

C/8478，现分类号（2.2）00557。灰色，质地坚硬，仅残存刃部，略呈双面刃状，刃略弧。残长3.61、刃部残宽3.67、残厚1.55厘米（图八〇）。

（六）石锛

共2件，均为残件，1934年考古发掘出土。

C/8749，现分类号（2.2）00866。灰色，仅存器身下段，磨制，上窄下宽，两面打磨光滑，一侧斜直，一侧略弧，尚未打磨，单面直刃。残长5.35、宽5.85—6.35、厚1.01厘米（图八一）。

C/8464，灰白色，质地细腻，长条形，仅存器身上段，一面打磨光滑，一面凹凸不平，一侧平直，一侧弧面。残长6.15、宽2.25—2.65、厚0.7—0.95厘米（图八二）。

（七）磨石

共6件，皆为1934年考古发掘出土。根据器形差异，分为6型。

A型　1件，器形大而厚重，平面略呈圭形。

C/8498，现分类号（2.2）00145。青灰

色，质地坚硬，器形略呈圭状，一端弧，一端尖凸，两面、两侧均有打磨痕迹，两侧平直。长23.5、最宽处13.5、厚3.3—5.7厘米（图八三）。

B型　1件，器形小而扁平，平面略呈斧形。

C/8374，现分类号（2.2）00548。灰黑色，质地坚硬，器表光滑，中厚边略薄，一端弧，一端平直，一侧略弧，一侧中部略内凹。长7.68、宽3.95—5.5、厚1.65厘米（图八四）。

C型　1件，器形小而厚，平面略呈方形。

C/8426，现分类号（2.2）00552。青灰色，质地坚硬，器表光滑，厚薄不一，一端略小而弧，一端略大而平，各面皆见天然石皮，未见人工痕迹。长3.73、最宽处3.65、最厚处2.55厘米（图八五）。

D型　1件，器形小而扁平，平面略呈圆角长方形。

C/8427，现分类号（2.2）00550。灰色，质地坚硬细腻，器身一面平，有剥蚀痕迹，一面略平，中间略凹，边缘略弧。长6.48、宽5.69、厚0.93—1.27厘米（图八六）。

E型　1件，器形小，呈三角锥状。

C/8430，现分类号（2.2）00549。

图八三　A型磨石，C/8498

图八四　B型磨石，C/8374

图八五　C型磨石，C/8426

图八六　D型磨石，C/8427

图八七　E型磨石，
C/8430

图八八　F型磨石，
C/8490

图八九　石矛，
（2.2）00326　　图九〇　石凿，
C/6750

青灰色，质地坚硬，器身上端尖凸，下端平，四面皆近似三角形，各面皆呈天然石皮状。长5.05、最宽处4.69、厚1.11—2.78厘米（图八七）。

F型　1件，器形小，略呈弯月形。

C/8490，黄褐色，质地细腻，器身一面略平整，一面凹凸不平，内侧弧，弧面较为光滑，外侧不规整。残损。残长6.48、最宽处2.55、最厚处1.92厘米（图八八）。

（八）石矛

共1件。现分类号（2.2）00326。青灰色，质地细腻，器表打磨光洁，短骹，窄叶，横截面呈菱形，中脊隆起，矛叶后端两侧有凹槽。矛尖残损。残长7.7、最宽处2.2、最厚处0.95厘米（图八九）。

（九）石凿

共1件，C/6750，现分类号（2.2）00061。1933年陶然士在四川成都购得。黑色，质地坚硬细腻，器身呈长条形，打磨光滑，中厚，两侧平直，刃部略宽，两面弧刃，上段近顶处有一圆形穿孔，孔为单面管钻形成，顶端未打磨。长14厘米，宽3.50、最厚处1.15、孔径0.5—0.82厘米（图九〇）。

图九一　石璋柄，
C/8462

（十）石璋柄

共1件，C/8462，现分类号（2.2）00272。1934年考古发掘出土。灰黑色，质地细腻，仅存部分器柄，两面打磨光滑，一侧平直，一侧破损不规则，内厚边薄。残长7.65、残宽4.05、厚0.5—0.8厘米（图九一）。

（十一）圭形石器

共1件，C/8450，现分类号（2.2）00261。1934年考古发掘出土。灰白色，平面呈圭形，两面打磨光滑，一端尖，一端断损，一侧平直而薄，一侧厚，未打磨。残长4.68、宽1.52、厚0.36—0.55厘米（图九二）。

图九二　圭形石器，
C/8450

（十二）残石器

共13件，器形不明，均为1934年考古发掘出土。

C/8417，现分类号（2.2）00087。灰色，厚薄不一，平面略呈扇形，两面打磨光滑，两侧均有切割痕迹。残长7.81、残宽6.2—7.95、厚1.62—2.5厘米（图九三）。

C/8370，现分类号（2.2）00127。灰白色，平面略呈梯形，两端皆残损，一端厚，一端略薄，两面、两侧均打磨平直。残长11.45、宽6—6.42、厚2.5—3.32厘米（图九四）。

图九三　残石器，
C/8417（左）

图九四　残石器，
C/8370（右）

图九五　残石器，C/8467

图九六　残石器，C/8727

图九七　残石器，C/8465

C/8467，现分类号（2.2）00273。青灰色，平面略呈三角状，两面打磨平滑，一侧边缘平直。残长6.55、残最宽处5.35、厚0.8—0.9厘米（图九五）。

C/8727，现分类号（2.2）00276。灰白色，质地略显疏松，平面略呈三角形，两面略为平整光滑，边缘凹凸不平。残长6.81、残最宽处4.83、厚1.73厘米（图九六）。

C/8465，现分类号（2.2）00277。灰褐色，质地略为坚硬细腻，系某种器物的柄部残件，平面略呈梯形，中央略厚，边缘略薄，两面打磨光滑，两侧平直，一侧有崩缺口。残长7.27、残宽8.08、厚1.09厘米（图九七）。

C/8479，现分类号（2.2）00321。灰色，质地坚硬细腻，平面略呈磬状，两侧打磨光滑，一侧平直光洁，其余侧面剥蚀不平。残长13.95、残宽1.2—3.72、厚2.9—3.18厘米（图九八）。

图九八　残石器，C/8479

C/8469，现分类号（2.2）00325。灰
白色，平面略呈扇形，中央隆起，一端弧
凸，一端斜直，凹凸不平，通体未打磨。
残长5.8、残最宽处6.72、最厚处2.79厘米
（图九九）。

图九九　残石器，
C8469

C/8470，现分类号（2.2）00543。青
灰色，平面略呈长方形，一面弧凸光滑，
一面破损。残长4.79、残宽6.2、最厚处
1.82厘米（图一〇〇）。

C/8382，现分类号（2.2）00555。青
灰色，平面略呈梯形，两面打磨光滑，一
侧平直，其余侧面凹凸不平。残长8.25、
残宽5.85、厚0.85—1.12厘米（图一〇一）。

图一〇〇　残石器，
C/8470

C/8630，现分类号（2.3）00070。青灰色，平面略呈半
月形，厚薄不一，一面打磨光滑，一面剥蚀不平，边缘不规
则。残长6.05、残最宽处为2.7、残厚0.65厘米（图一〇二）。

1

2

1

2

图一〇一　残石器，
C/8382
1 正面
2 背面

图一〇二　残石器，
C/8630
1 正面
2 背面

1

2

图一〇三　残石器，
C/8383
1 正面
2 背面

C/8383，现分类号（2.3）00060。青灰色，平面略呈三角形，一面打磨光滑，一面凹凸不平，有剥蚀痕迹，边缘不规则。残长7.74、残最宽处为6.61、残厚1.15厘米（图一〇三）。

C/8377，灰色，略呈圆柱状，器表打磨光滑，两端残损不平，一端略大，一端略小。残高5.35、径3.3—3.55厘米（图一〇四）。

C/8560，灰白色，平面略呈长条，一端厚，一端薄，截面略呈三角形，一面打磨光滑，一面凹凸不平，两侧残损不平。残长4.42、残最厚处1.45厘米（图一〇五）。

（十三）绿松石珠

共17件，大小不一，形状多种多样，有算珠形、方形、三角形、管状、多面体等，磨制，皆有穿孔，孔多为两端对钻而成，口大中小（图一〇六）。介绍其中五件如下（图一〇七）。

图一〇四　残石器，
C/8377（左）
图一〇五　残石器，
C/8560（右）

C/9008，现分类号（2.3）00047。20世纪30年代董宜笃在广汉太平场购得。呈六面体，平面略呈梯形，由两相对面

对穿一圆孔。高0.6—1.05、厚0.6—0.7厘米，孔径约0.35厘米（图一〇七：1）。

C/9009，20世纪30年代董宜笃在广汉太平场购得。呈五面体，三侧面略呈梯形，上下两端呈三角形，由底端及相邻侧面对穿一圆孔。高0.9、边长约0.9、孔最大径0.5厘米（图一〇七：2）。

现分类号（2.2）00021。呈管状。长1.2厘米，外径0.8、孔径0.3厘米（图一〇七：3）。

现分类号（2.2）00026。呈六面体，上端窄，下端宽。高0.9厘米，下端宽0.7—1、上端宽0.4—0.6厘米，孔径0.35厘米（图一〇七：4）。

现分类号（2.2）00027，呈半圆柱状，一面平，一面弧凸。高1.1、厚0.9、孔径0.6厘米（图一〇七：5）。

（十四）绿松石片

共77片，现分类号（3.1）00049。1934年考古发掘出土。多数呈绿色，少数呈灰色或褐色，器形甚小，形状有

图一〇六　绿松石珠

1　　　2　　　3　　　4　　　5

图一〇七　绿松石珠

方形、长方形、梯形、条形等，两面皆打磨光滑，大部分边缘较为平齐（图一〇八）。

图一〇八　绿松石片，（3.1）00049

（十五）石料

共16件，形状不同，大小不一，皆为1934年考古发掘出土。

C/8271，现分类号（2.2）00121。青灰色，质地坚硬，平面略呈椭圆形，中间略厚，两侧打磨较为平直，其余部位未经打磨，呈天然卵石状。长19.1、最宽处为13.1、最厚处为4.6厘米（图一〇九）。

C/8439，现分类号（2.2）00271。灰色，略呈长方体，四面较平，两面破损，凹凸不平。残长10.6、宽8.2、厚5.45—7.2厘米（图一一〇）。

图一〇九　石料，C/8271（左）

图一一〇　石料，C/8439（右）

C/8461，现分类号（2.2）00275。灰白色，平面略呈梯形，两面打磨光滑，边缘不规则。残长4.98、残最宽处3.52、厚0.95—1厘米（图一一一）。

C/8421，现分类号（2.2）00328。青灰色，平面略呈三角形，一面打磨光滑，有一道凹槽，似为切割痕迹，一面剥蚀不平，一侧平直，其余侧面不规则。残长14.3、残最宽处9.66、残厚2.41厘米（图一一二）。

C/8415，现分类号（2.2）00329。青灰色，平面略呈三角形，厚薄不一，两面剥蚀不平，边缘凹凸不平。残长19.95、残最宽处8.82、厚0.56—2.05厘米（图一一三）。

C/8701，现分类号（2.2）00541。青灰色，平面略呈菱形，厚薄不一，两面略平，边缘凹凸不平。残长17.5、最宽处7.23、厚1.2—2厘米（图一一四）。

C/8418，现分类号（2.2）00542。青灰色，长条形，平面略呈梯形，一端宽，一端窄，一面略平，一面剥蚀不平，边缘不规则。残长12.57、残宽3.99—5.25、残厚1.23厘米（图一一五）。

C/8618，现分类号（2.2）00544。青灰

图一一一　石料，C/8461

图一一二　石料，C8421

图一一三　石料，C/8415

图一一四　石料，C/8701

1

2

图一一五　石料，C/8418

1 正面

2 背面

1

色，平面略呈圭形，厚薄不一，一面有打磨痕迹，一面凹凸不平，边缘不规则。残长6.75、残最宽处4.92、残厚0.85厘米（图一一六）。

C/8425，现分类号（2.2）00545。灰黑色，平面略呈三角形，中央厚，边缘薄，未打磨，边缘凹凸不平。残长4.82、残最宽处3.5、最厚处1.15厘米（图一一七）。

C/8423，现分类号（2.2）00546。青灰色，平面略呈梯形，器表凹凸不平，未经打磨，边缘不规则。残长12.5、宽7.7—8.5、厚2.15厘米（图一一八）。

2

图一一六　石料，C/8618

正面

背面

C/8424，现分类号（2.2）00547。青灰色，平面略呈三角形，厚薄不一，两面剥蚀不平，边缘凹凸不规则。残长15.1、残最宽处14.8、厚0.29—1.85厘米（图一一九）。

图一一七　石料，C/8425

图一一八　石料，C/8423（左）

图一一九　石料，C/8424（右）

C/8395，现分类号（2.2）00551。灰黑色，平面略呈三角形，厚薄不一，两面凹凸不平，有剥蚀痕迹，边缘不规则。残长12.1、残最宽处9.18、最厚处2.2厘米（图一二〇）。

C/8372，现分类号（2.2）00554。红褐色燧石，平面略呈长方形，厚薄不一，各面皆凹凸不平。残长7.33、残宽2.69—3.37、厚1.97—3.72厘米（图一二一）。

C/8463，现分类号（2.2）00556。灰白色，平面呈长条形，一端弧，一端残，两面略平，两侧略平直，表面有天然石皮。残长7.35、宽3.85、厚1.15—1.4厘米（图一二二）。

C/9760，现分类号（2.2）00558。青灰色，质地坚硬，略呈三角锥状，各面皆有天然石皮及剥蚀痕迹。长7.69、最宽处3.21、最厚处2.89厘米（图一二三）。

C/8422，现分类号（2.2）00946。青灰色，平面略呈三角形，表面未经打磨，两面略平，边缘不规则。残长11.72、残最宽处8.6、厚1.85—2.65厘米（图一二四）。

图一二〇　石料，C/8395

图一二一　石料，C/8372

图一二二　石料，C/8463

图一二三　石料，C/9760（左）

图一二四　石料，C/8422（右）

三　对馆藏三星堆玉石器的初步认识

据分析，1934年出土的三星堆遗址早期陶器和陶片，主要为宝墩文化、三星堆文化和十二桥文化遗物，其中绝大多数为前两个时期的遗物。1927年玉石器坑内出土和1934年发掘出土石器以石璧为大宗，而在三星堆遗址夏商时期遗存中，石璧出现于二期，而后一直流行至四期。[①]三星堆遗址二至四期的年代大致相当于中原的商代。[②]据此可知，四川大学博物馆藏三星堆玉石器应主要是三星堆文化遗物，其年代应属于商代。

有学者指出："以三星堆、金沙为代表的古蜀玉器从其缘起到发展的过程中又都曾受到其他区域多元玉文化因素的影响与冲击，从器物类型、玉器组合、加工技术以及装饰特征等方面都明显继承和保留了许多外来文化因素。"[③]四川大学博物馆收藏的一些三星堆玉器，同样体现了这个特点，如两件玉璋的形制与河南偃师二里头遗址出土夏代玉璋（1980YLVM3：4、5）[④]近似，阑部兽首形扉牙尤为相似；C/8934号玉琮与山西襄汾陶寺遗址出土龙山晚期至夏时期1981JS62M3168：7号玉琮[⑤]形态相近，而简式兽面纹又有江浙良渚文化玉琮的遗意；C/2093号玉琮形态与陕西韩城梁带

---

①　徐诗雨：《三星堆遗址出土石器历时性变化与制作工艺初论》，《四川文物》2021年第1期。

②　四川省文物管理委员会、四川省博物馆、广汉县文化馆：《广汉三星堆遗址》，《考古学报》1987年第2期。

③　王方：《多元、融合与创新——论三星堆–金沙遗址玉石器的跨文化特征》，《宝石和宝石学杂志》2022年第6期。

④　成都金沙遗址博物馆、中国社会科学院考古研究所：《玉汇金沙：夏商时期玉文化特展》，四川人民出版社，2017年，第70页。

⑤　成都金沙遗址博物馆、中国社会科学院考古研究所：《玉汇金沙：夏商时期玉文化特展》，四川人民出版社，2017年，第120页。

村遗址出土新石器时代晚期M27：216号玉琮①有相似之处。有领玉璧大约最早发源于山东大汶口文化晚期②，而后一直流行到春秋时期。三星堆遗址出土的有领玉璧不仅形制与中原北方地区的相似，而且纹饰也有相近之处，如四川大学博物馆藏C/8298号有领玉璧的环面有数周同心圆圈纹，而这种纹饰在河南安阳殷墟妇好墓出土的有领玉璧上多有发现。③另外，四川大学博物馆藏C/4869号玉斧的形制，也与1975年3月河南镇平县安国城遗址夏代遗存出土的一件圭形带穿玉铲④极为相似。

　　中国古代石璧大约最早出现于新石器时代庙底沟文化⑤，而后逐渐在各个考古学文化中流行起来，而在成都平原及其周边地区，三星堆文化之前的边堆山文化⑥、桂圆桥文化、宝墩文化等史前文化中几乎不见石璧出现。可见这一地区的石璧文化很有可能是在其他区域特别是中原北方地区的影响下所形成的。石璧的历史虽然十分悠久，但大规模制作和使用石璧的文化现象并不多见，迄今所见，仅在甘青地

① 成都金沙遗址博物馆、中国社会科学院考古研究所：《玉汇金沙：夏商时期玉文化特展》，四川人民出版社，2017年，第121页。
② 李玮涓：《殷墟出土有领璧环初探》，《殷都学刊》2022年第1期。
③ 成都金沙遗址博物馆、中国社会科学院考古研究所：《玉汇金沙：夏商时期玉文化特展》，四川人民出版社，2017年，第144—148页；朱乃诚：《殷墟妇好墓出土有领玉璧与有领玉环研究》，《江汉考古》2017年第3期。
④ 《南阳历史文化辞典》编纂委员会编：《南阳历史文化辞典》（下册），上海辞书出版社，2022年，第1367页。
⑤ 樊温泉、贺存定、郑立超：《庙底沟遗址出土石制品的初步研究》，《华夏考古》2021年第4期。
⑥ 1987年5月，盐亭县麻秧乡蒙子村发现一坑10件石璧，报道者断其年代可能与三星堆文化相当（赵紫科：《盐亭县出土古代石璧》，《四川文物》1991年第5期）。近年有个别学者将这批石璧归入边堆山文化序列（白剑：《华夏神都——全方位揭秘三星堆文明》，西南交通大学出版社，2015年，第102页）。本文采用报道者最初的意见。

区齐家文化遗址①、陕西西安老牛坡遗址的老牛坡类型远古文化遗存②、商洛东龙山遗址龙山时期至夏代遗存③和四川广汉三星堆遗址④、成都金沙遗址⑤等寥寥数个遗址中有发现。齐家文化遗址⑥、西安老牛坡遗址⑦和商洛东龙山遗址中的石璧主要出土于墓葬，三星堆遗址石璧主要发现于器物坑

---

① 王裕昌：《齐家文化玉石璧用途与源流问题研究》（上、下），《收藏家》2017年第2、3期。
② 刘士莪：《老牛坡》，陕西人民出版社，2001年，第53—56页。
③ 陕西省考古研究院、商洛市博物馆：《商洛东龙山》，科学出版社，2011年，第32—186页。
④ 四川省文物管理委员会、四川省博物馆、广汉县文化馆：《广汉三星堆遗址》，《考古学报》1987年第2期；四川省文物考古研究所三星堆工作站、广汉市文物管理所：《三星堆遗址真武仓包包祭祀坑调查简报》，四川省文物考古研究所编：《四川考古报告集》，文物出版社，1998年，第78—90页；四川省文物考古研究院、三星堆遗址工作站、四川广汉三星堆博物馆：《三星堆遗址工作站的采集文物》，三星堆研究院、三星堆博物馆：《三星堆研究》第4辑《采集卷》，巴蜀书社，2014年，第1—108页。
⑤ 成都文物考古研究院、成都金沙遗址博物馆：《金沙遗址：祭祀区发掘报告》，文物出版社，2022年，第110—1190页；成都文物考古研究院、成都金沙遗址博物馆：《金沙遗址祭祀区出土文物精粹》，文物出版社，2018年，第254—266页。
⑥ 甘肃省博物馆：《甘肃武威皇娘娘台遗址发掘报告》，《考古学报》1960年第2期；甘肃省博物馆：《武威皇娘娘台遗址第四次发掘》，《考古学报》1978年第4期；中国科学院考古研究所甘肃工作队：《甘肃永靖秦魏家齐家文化墓地》，《考古学报》1975年第2期；叶茂林：《齐家文化的玉石器》，魏文斌、唐士乾主编：《齐家文化百年研究文丛》（下册），兰州大学出版社，2020年，第421—450页；甘创业：《武威皇娘娘台墓地葬璧研究》，《文物季刊》2023年第4期；杨芸芸：《武威皇娘娘台遗址出土玉石璧研究》，《陇东学院学报》2015年第4期。
⑦ 陕西省考古研究院：《陕西西安老牛坡遗址2010年夏时期墓葬发掘简报》，《考古与文物》2021年第3期。

和文化层[①]，金沙遗址石璧则主要出土于祭祀区。这反映出三星堆石璧与其他地区石璧可能存在功能和使用方式上的差异。不仅如此，在形态和穿孔方式上，三星堆石璧也与其他地区石璧有别。甘肃齐家文化石璧有圆形、椭圆形、方形、圆角方形、圆角三角形和不规则形等形状，西安老牛坡遗址石璧有圆形、圆角方形、圆角三角形、长条形和不规则形等形状，商洛东龙山遗址石璧亦有圆形、圆角方形和不规则形等形状，而三星堆石璧几乎全为圆形，金沙遗址石璧亦以圆形为主，少量为椭圆形。在穿孔的形成方式上，河南庙底沟文化、甘肃齐家文化、西安老牛坡遗址、商洛东龙山遗址的石璧多采用两面对钻、对琢的方式，少量采用单面管钻的方法，而三星堆遗址石璧则基本采用单面管钻的方式，金沙遗址石璧亦多见单面管钻。迄今为止，大型石璧仅见于三星堆和金沙遗址，这两个遗址关系比较密切，但两者出土的大型石璧差异仍十分显著，前者孔径在10厘米以上，器表打磨光滑平整，而后者孔径在10厘米以下，器表多凹凸不平，打磨

---

① 葛维汉：《汉州发掘简报》（D.C.Graham, *A Preliminary Report of the Hanchow Excavation*）。四川大学历史系考古学教研组：《广汉中兴公社古遗址调查简报》，《文物》1961年第11期；冯汉骥、童恩正：《记广汉出土的玉石器》，《文物》1979年第2期；四川省文物管理委员会、四川省博物馆、广汉县文化馆：《广汉三星堆遗址》，《考古学报》1987年第2期；马继贤：《广汉月亮湾遗址发掘追记》，四川大学博物馆、中国古代铜鼓研究学会编：《南方民族考古》第5辑，四川科学技术出版社，1993年，第310—407页；四川省文物考古研究所三星堆工作站、广汉市文物管理所：《三星堆遗址真武仓包包祭祀坑调查简报》，四川省文物考古研究所编：《四川考古报告集》，文物出版社，1998年，第78—90页；四川省文物考古研究院、三星堆遗址工作站、四川广汉三星堆博物馆：《三星堆遗址工作站的采集文物》，三星堆研究院、三星堆博物馆编：《三星堆研究》第4辑《采集卷》，巴蜀书社，2014年，第1—107页；敖天照、刘雨涛：《广汉三星堆遗址的发现和发掘》，政协广汉文史资料研究委员会：《广汉文史资料选辑》第11辑，1989年，第102—111页。

不够精致。[①]

　　上述情况说明，正如三星堆遗址青铜容器具有浓郁的商文化因素[②]一样，三星堆玉石器的制作和使用同样受到了其他区域尤其是中原北方地区的强烈影响，同时又具有明显的个性特征，三星堆石璧尤其如此。这表明古蜀地区早在上古时代就与中国其他区域尤其是中原北方地区之间存在着密切的文化交流，二者之间已经形成紧密的文化关系网络。

---

① 成都文物考古研究院、成都金沙遗址博物馆编著：《金沙遗址祭祀区出土文物精粹》，文物出版社，2018年，第255—256页。

② 李学勤：《三星堆饕餮纹的分析》，李绍明、林向、赵殿增主编：《三星堆与巴蜀文化》，巴蜀书社，1993年，第76—80页；张玉石：《川西平原的蜀文化与商文化入川路线》，《华夏考古》1995年第1期；施劲松：《论我国南方出土的商代青铜大口尊》，《文物》1998年第10期；江章华：《三星堆系青铜容器产地问题》，《四川文物》2006年第6期。

下编

资料编

四川古代的圆形和方形土石遗存

戴谦和/著　蒋庆华/译　代丽鹃/校

译者按：本文作者戴谦和，时任华西协合大学博物馆馆长和理学院院长。1908年，他受美国基督教浸礼会海外传教会派遣，作为华西协合大学科学方面的预备师资来到四川。1910年华西协合大学成立，他成为该校最早的八名西籍教师之一，直至1949年才结束工作离华。他不仅曾长期担任华西协合大学理学院院长，而且还是华西协合大学博物馆（1914年成立）和华西边疆研究学会（1922年成立）的创始人之一。[①]

戴谦和是最早对广汉遗址进行实地调查的学者，他曾于1931年带队前往现场进行调查并拍照。戴氏报告称："1931年，一位进步官员把若干石器带给广汉的董宜笃（V.H.Donnithorne）牧师，后者又把它们带给笔者。之后我们三人一起去寻访器物发现地点，并对所发现器物进行了拍照、研究和测量。"此次调查所得的照片和研究成果

[①] *Guide to the Daniel S.and Jane Balderston Dye Papers*, Yale Divinity Library, 2000.——译者注

于1931年发表在《华西边疆研究学会杂志》第4卷中，原文为英文。（D.S.Dye，"Some Ancient Circles, Squares, Angles and Curves in Earth and in Stone in Szechwan, China"，in *Journal of the West China Border Research Society*，Vol.4，1930-1931，p.97-105.）

本文是第一篇在公开刊物中介绍广汉发现的文章。但此文并非专论广汉发现，乃戴氏对其在四川发现的古代土石遗存的全面介绍。这些发现主要是他通过文献查找和实地调查所得的，既包括建筑遗迹（本文第一部分），又包括从旧石器时代至金属时代遗留下来的石器（本文第二和第三部分）。广汉发现只是本文第三部分的内容。而在介绍四川的发现之前，戴氏在导论中先介绍了澳洲以外各大洲发现的方形和圆形土石遗存。文章末尾，他还对四川的遗存与其他地方（尤其是玛雅）的文化遗存进行了比较。

本文曾由杨洋译为中文，2006年发表于《三星堆研究》（戴谦和著，杨洋译：《四川古代遗迹和文物》，肖先进等编：《三星堆研究》，天地出版社，2006年，第13—19页），但杨译存在颇多可商榷之处，故而译者对其进行了重译。

关于本文的翻译尚有两点需要说明：（1）关于论文标题，直译为"四川古代一些用土石做成的圆形物、方形物、角形物和曲形物"，太过冗长；杨洋译为"四川古代遗迹和文物"，又太过简略，未能传递出其确切含义。译者希望能在保留原意的同时对标题适当加以简化，在综合参照论文标题和内容后，选择将标题译为"四川古代的圆形和方形土石遗存"。（2）关于广汉所发现器物的名称，戴氏所用名称与葛维汉所用名称有所不同。如环璧形器物，葛氏称为"circle"或"disk"，戴氏则称为"circle"或

"collar"。本文对器物名称采用了直译，但会在首次出现时注明戴氏原文，部分器物还会注明其在当前考古文献中的常见定名。

一　导论

（一）分布于各大洲的方形和圆形土石建造物

英格兰的巨石阵（Stonehenge in England）[①]　一块块巨石呈环形排列，可指示出二分日和二至日的日出方位。值得注意的是：它位于欧洲的平原而非隆起的高地之上，呈东西向。

墨西哥的奇琴伊察（Chichen Itza，Mexico）[②]　被誉为"玛雅世界的麦加"，包括一座建于方台上的圆形建筑[③]和一座建于方形基座上的平顶金字塔[④]。瓦哈克通（Uaxactun）[⑤]有三座建于方形基座上的平顶金字塔，三座金字塔都坐落在一块长方形的三层台基上（参见S.G.莫

---

① 即索尔兹伯里石环，是位于英格兰南部索尔兹伯里平原上的新石器时代的建造物。通过巨石阵可以观测到日月星辰在不同季节的起落。——译者注
② 即奇琴伊察玛雅城邦遗址，位于墨西哥东南部尤卡坦半岛，是玛雅文明最杰出的代表作。——译者注
③ 此处所指应是奇琴伊察遗址的椭圆形天文台，是一个筑在方形高台上的圆形建筑。推测玛雅人据此来测定二分点与二至点。——译者注
④ 此处所指应是卡斯蒂略金字塔，位于奇琴伊察的正中，是为羽蛇神而建的神庙。——译者注
⑤ 即乌夏克吞，位于今危地马拉，也是一处玛雅城邦遗址，通过遗址中的建筑群同样可观测二分日与二至日的到来。——译者注

利① 1931年7月发表在《美国国家地理》上的《发掘美洲最古老的历史》，以及前几期中关于秘鲁和墨西哥的文章）。值得注意的是：这些建筑通常都位于中南美洲的平原之上，在平原②上拔地而起，其结构为单层、三层或其他奇数③层，均呈东西向，与二分日的日出有关。

美国俄亥俄州玛丽埃塔的土墩墓（Mound Cemetery，Marietta，Ohio，U S.A.） 一个古老的土墩，未受到西北地区的定居者或其后代的破坏④。据笔者所知，这个土墩从未像俄亥俄州其他数百个土墩一样被广泛宣传过。根据我高中时期的记忆⑤，可估算出其尺寸，但不能当作资料性数据。它是一个呈自然倾斜角的圆锥形土堆，（当时）覆盖着草和一些高大的橡树。它被一条环形沟渠包围着，沟渠外面是一道高出沟底10英尺的堤坝。土墩大概高出沟底60英尺，堤坝外壁的对侧间距大概为180英尺。西面有一条通往马斯

---

① 即西尔韦纳斯·莫利（Sylvanus Griswold Morley，1883—1948），美国著名的玛雅文明研究专家、考古学家和铭文学家。他于1915年完成首部关于玛雅文明的著作，从1923年开始参与发掘玛雅遗址，并持续了近二十年。1946年，出版了关于古代玛雅社会的专著《古代玛雅》（*The Ancient Maya*），该书中译本名为《玛雅三千年》（天地出版社，2021年）。——译者注

② 原版刊为"plan"，疑为"plain"之误。——译者注

③ 原版刊为"old-numbered"，疑为"odd-numbered"之误。——译者注

④ 此处应是指玛丽埃塔土墩墓未受到印第安人的侵扰。俄亥俄州位于美国中北部偏东，该州仅玛丽埃塔一地就分布着几百个土墩。尽管美国第三任总统杰弗逊通过发掘认为土墩的建造者就是印第安人，但是当时许多受过教育的人士并不认同。最流行的一种看法认为，这些土墩的建造者是"以色列消失的部落"，并认为印第安人定居北美的时代晚于土墩的建造年代。戴谦和显然也是持这种观点的。——译者注

⑤ 戴谦和1884年2月生于美国俄亥俄州，1907年毕业于该州的丹尼森大学（Denison University）。参见*Guide to the Daniel S.and Jane Balderston Dye Papers*，Yale Divinity Library，2000。——译者注

金格姆河①的地下通道。值得注意的是：它位于北美洲的平原上（尽管不是开阔的河流阶地平原），为单体圆锥状，呈东西向。

埃及的大金字塔（The Great Pyramid of Egypt） 底部为矩形，朝向北极星的古代方位。值得注意的是：它耸立于非洲的平原之上，矩形底，呈南北向。

北平的天坛（The Altar of Heaven，Peiping） 是用大理石在亚洲的平原上修筑而成的，有一堵长方形的围墙，有三层基座，呈南北向。北平的地坛是方形的，轴线为南北向。

综上所述，除澳洲外，各大洲均保存有过去数千年间建造的带有罗盘定位性质的圆形或方形土石遗存。其中大部分似乎都与太阳和季节有关，尤其是与二至日和二分日有关。很多建筑都用标志物来划定边界和指明方位。很多建筑的门、基座或边界数都是奇数。

（二）决定基本形状的普遍（或世界性）因素

天文方面的考虑 早期人类尚未认识到，太阳的角度和高度变化与冷热交替、生长期和冻结期的交替之间的因果关系。但人们很早就发现，从时间上看，正是这些变化造就了生命的有利条件和不利条件，因此，人们认为二至点和二分点是由方位和时间共同确定的。太阳圆面的形式变化及其规律，容易使人产生联想：即便人们并不认为太阳本身就是主宰万物的神灵，也会将其看作该神的居所。圆形的土墩、庙宇或其他圆形之物，很自然地就因其形式被用来象征主宰万

---

① 马斯金格姆河（Muskingum River）是美国俄亥俄州中东部河流，在玛丽埃塔注入俄亥俄河。——译者注

物的神灵。顺理成章地，阳面和阴面也成了重要且富有启发性的指向，因此顺着阳面和阴面以及日出和日落方向画出的线条，会很自然地围成一个正方形。

结构方面的考虑 圆形是最易构造的图形之一，用石头（无论石头有无加工过）建造起来最为容易，用土堆砌起来也最为简便。此外，从结构上讲，它是最坚固的形状之一。规模巨大的正方形在施工便利性和坚固性方面仅次于圆形。圆锥形或金字塔形的塔式建筑比圆筒形或方形更坚固和稳定。从结构强度的角度来看，圆锥形或金字塔形是巨型墓冢最自然的形式。然而，这并不是说，这一事实是在没有试错的情况下形成的。

艺术方面的考虑 还有其他一些因素，使得圆形和正方形明显更符合早期象征主义，或相对较晚的象征主义。

①在使注意力集中和停留方面，没有任何形状能与圆形（circle）相比，只要它不是太大或太小。圆形会引导目光沿圆弧移转，直至其平静地回到起点。如果视角太大或太小，这一法则就会完全失效，这与形状的绝对尺寸无关。如果有第二个圆与第一个圆构成同心圆，即使第一个圆很大，注意力仍会被聚焦在第二个圆上。

②正方形（square）是除圆形之外最能集中注意力的结构——在有边框或多边框的情况下尤其有效，即便有同心圆亦是如此。但长方形不一定能留住目光，如果它的尺寸以及观察的距离和角度不合适，反而会使目光偏离。

③直角（right-angle）本身在目光引导方面的效果近乎于无；锐角能够产生正效应，因为它会引导目光向前并看向锐角以外；钝角则会形成负效应，因为它会使目光从钝角顶点转向钝角内部。换言之，菱形会引导目光沿着长轴看向菱形以外，沿着短轴目光则不会停驻，而是游弋在菱形的钝角

边以内。颜色的对比会增强或减弱这种效果。

④直线（straight line）和曲线（curved line）会引导目光沿着其线条移动，但速度不同。视线还会出现扫射和暂停的现象。一般来说，目光移动的速度与线的曲率半径成正比：在直线上会加速，在平缓的曲线上会减速，在陡峭的曲线上偶有停顿。当曲线的两端均匀而对称地卷曲时，会给人以稳重感，如同早期和现在的云雷纹一样。这一风格可能是以积雨云为原型的，它平稳地立于半空，顶部隆起，底部卷曲。这种风格在周朝时臻于完善，并存留在中国青铜器上。

⑤三角形（triangle）以宽边为底水平放置时，会引导目光向上看。当三角形的一条边垂直于底边时，那么目光肯定会被引向上方或水平方向的锐角。这种倾向是由眼睛的肌肉组织造成的：眼睛上下或左右移动比沿对角线移动更容易。英文印刷充分利用了其中的一组肌肉，中文则利用了另一组肌肉。通过弯曲或拉长三角形的一个或两个角，就可以确保目光的停留与方向引导。

⑥垂直稳定性（vertical stability）就是一种第六感，是随着人的行走和日常生活经验而发展起来的，无需经由书本和铅锤实验获得。圆锥形或金字塔形显然是稳定的，但阶梯式圆锥形或阶梯式金字塔形更令人满意。

⑦水平向心性（centrality in the horizontal）是通过一、三或其余奇数获得的。最令人满意的建筑都具有这一特质，无论其是以如此明显的数字模式获得的，还是以不那么明显的定量模式获得的。

⑧垂直向心性（centrality in the vertical）则是另一回事。它可以通过将层数设为奇数来获得，为确保稳定，各奇数层级通常根据递减数列设置，就像宝塔一样。换句话说，

中国宝塔的中心层要高于其结构高度的一半，而结构高度的一半又肯定高于宝塔的重心，因此整个结构毫无疑问是稳定的。在这种情况下，即使观察者大脑维持平衡的器官糟糕到极点，抑或缺乏正规训练，都不会有失衡的感觉。宝塔或其他类似的结构看起来很稳定。

这些因素不仅有结构和机械方面的，还有生理和心理方面的，因此最终的结果是艺术性的。

上述"智慧"已被类推到道德和社会礼仪领域。中国俗语有云："不以规矩，不成方圆"，也即应遵循"天圆地方"那样的规范。

这些"艺术方面的考虑"是从中国周朝流传下来的典籍、青铜器以及许多铸币和纹样中解读出来的（笔者有信心，没有过分解读）。虽说实际上并没有正式规定，但在周朝末期，它们就已被大量而广泛地使用了。这种实用智慧不一定是某一族群特有的，反而可能是在万有引力定律起作用的所有地方都普遍适用的。

二 四川隐藏的天坛和地坛[①]

近八年来，笔者在四川重新发现了一些祭祀天地的圣坛。这些祭坛的年代太过久远，以至于现代中国人都以为它们是传说中汉代将军的阅兵台，或是同一时期的花坛。它们

---

① 原文为"Circles of Heaven and Squares of Earth in Szechwan Tumuli"，直译为"四川墓葬中的天圆地方"。参照下文可知，此处"Circles of Heaven"意指"天坛"，"Squares of Earth"意指"地坛"。"Tumuli"则为隐喻，因本节所记的圣坛均隐匿于古籍和现实中，不为人所知，而作者对其的"重新发现"就如同从古墓中发掘出古物一般。——译者注

在当地的方志①中大多被忽略。去年，笔者查阅至少30年前已为西方研究者所使用的《古今图书集成》，发现四川有几座天坛。它们均为新王朝创立时所建，供新统治者祭天使用。就目前所知，笔者尚无法确定其年代——还需参照实物证据，对其所在位置更是毫无头绪。

泸定桥和瓦斯沟②之间 在由北平经成都、雅州③、打箭炉④至拉萨这条较早前的官道上，距打箭炉约30英里处，在湍急的大渡河中有一座岛，现在只能乘小船到达。岛上有天坛和地坛各一座，周围用鹅卵石和巨石堆砌成五英尺高的"围栏"。祭坛是南北向的。现在的地坛有一个小坛，上面有时会烧香。笔者尚未查到任何有助于确定其堆积年代的地质资料。图中所示的干旱土地、经（河水）冲积而成的土堆以及上面的旱地作物，由居住在平顶屋中的部落居民控制。河对岸由汉人掌管，但只是名义上的。河的这一边，也就是拍摄照片的这边，处于雅州和打箭炉之间的商道上。疑问：这是否是一些"假皇帝"起义地点的标记，就像民国早期在灌县⑤到杂谷脑⑥沿路那样？当地的说法则是，这些祭坛是祭拜战神（God of War）的。

崇州 成雅道上靠近成都一侧的城市，有典型对称的天坛和地坛。据陶然士（T.Torrance）牧师和一位前清官员考证，其花纹砖的年代约为公元300年。

成都 现今城市的南面有一座天坛（无人知晓古代城市

---

① 原文为"topographies"，疑为"chorographies"之误。——译者注
② 瓦斯沟（Wa Si Keo），或称瓦寺沟。清季至民国，从泸定到康定通常要走两天，旅行者需在瓦斯沟停驻一晚。——译者注
③ 雅州（Yachow），即今雅安市。——译者注
④ 打箭炉（Tachienlu），即今康定市。——译者注
⑤ 灌县（Kwan-hsien），即今都江堰市。——译者注
⑥ 杂谷脑（Tsakaolao），即今理县。——译者注

的确切位置），用泥土建造而成。天坛底座有三层，其半径
从上到下分别为32.5英尺、52.5英尺和75英尺，垂直高度分
别为5.9英尺、7.1英尺和5.8英尺。底层太矮了，它应该至少
再高2英尺，才能保持对称。根据与之处于同一水平高度的
地层中出土的钱币判断，大约从公元前200年至今，底座周
围的冲积层增高了2英尺。加上这2英尺，将使祭坛恢复对称
性。因此，笔者推断这个天坛大约就是那时建造的。进一步
的研究，或许能揭示出当时在此祭天的统治者究竟是谁。当
地传言称，它是早期的阅兵台。

陕西汉中（原属四川） 南门外有笔者所知最大的天
坛。一旁安装的人力辘轳水井和耕作，破坏了祭坛的对称
性。当地人认为这是汉代的一座花坛。

图一 泸定桥和瓦斯沟之间的天坛和地坛（位于大渡河急流中的一座岛上，戴谦和摄）

笔者听说四川眉州①有一座地坛，但未亲眼见到；笔者还知道三座大致可以确认位置的地坛。但笔者所知的唯一一座天坛位于北平经汉中、雅州至打箭炉的大路沿线。这座享有"天坛"之名的祭坛位于北京，即现在的北平，但它不再是独一无二的。它由永乐皇帝在公元1420年建造，约350年后由乾隆皇帝进行重修。笔者认为，四川这些祭坛的历史都不早于汉代。形状、大小和比例都是最为合理的，几乎不可能更完美了。它们可能均是在汉及汉以后建造的，但其兴起当在此之前。

三　四川的旧石器和早期新石器

二十五年来，英国皇家地理学会会员叶长青（J.Huston Edgar）②一直在寻找类似于石刀、刮削器、石锄、砺石的人工制品。他遍访四川各地，从夔府③到嘉定④，从灌县到杂谷脑，从雅州到打箭炉，乃至更远。他的发现有些属于最原始的文化；有些经过了打磨，年代稍晚。叶长青先生也许是第一位在中国发现相关文物并发表文物报告的人。随后，华西协合大学的另一些人也效仿了他，诸如库克（T.Cook）、

---

① 眉州（Meichow），即今眉山市。——译者注
② 叶长青（1872—1936），出生于澳大利亚，成长于新西兰。1898年加入中国内地会，最初在安徽教区，1901年8月转入华西教区。此后三十余年他一直待在华西，足迹遍布四川西部和西藏东部。1922至1936年他常驻打箭炉，以此为基地开展调查和研究，并因贡献卓著而成为英国皇家人类学会和皇家地理学会的会员。那一时期几乎所有前往川西调查的西方人都会向他寻求帮助。在华大博物馆和华西边疆研究学会成立的早期阶段，他也发挥了重要的作用。（参见D.S.Dye, James Huston Edgar, Pioneer, in *Journal of the West China Border Research Society*, Vol.8（1936），pp.14–18.）——译者注
③ 夔府（Kweifu），即今奉节。——译者注
④ 嘉定（Kiating），即今乐山。——译者注

笔者、傅士德（C.L.Foster）、巴特尔（D.S.Barter）医生的子女，以及包罗士（Gordon T. Bowles）[①]。这些器物在长江沿岸、成都平原、峨眉山的新开寺[②]，乃至在打箭炉以外海拔14000英尺的地方都有发现，分属于三到五种文化（参见《华西边疆研究学会杂志》第二卷[③]，包罗士和叶长青的共同发现会在不久的将来由包罗士先生在其他赞助下发表[④]）。这些器物大多通过点和曲线表现平衡，有的形状类似回旋镖和镰刀，但没有一件呈圆形和方形，也没有反映任何高级的艺术。有的看来是由惯用右手的人锉磨而成，但没有使用金属的迹象。

[①]　包罗士（Gordon T.Bowles），或译为包戈登。1930至1931年，他获得哈佛燕京学社的奖学金，代表宾夕法尼亚大学博物馆赴川西进行民族学和人类学考察。他在雅州遇到了叶长青，其随后进行的四次考察均有后者的陪同。——译者注

[②]　民国时期，新开寺（Shin Kai Si）为著名的洋人避暑区。据《峨眉山志》记载：1917年"英、美、法、加拿大等14国驻华人士于新开寺一带陆续建成别墅13幢。"这里后来逐渐发展成外国人的聚居区，房屋最多时达72幢。前来度假的人也曾获得一些地质、生物和考古方面的发现。（参见《峨眉山志》编纂委员会编：《峨眉山志》，四川科学技术出版社，1997年；徐杉：《寻访峨眉山新开寺》，氏著：《外来文明的印记：中国·嘉定往事》第十二章，四川大学出版社，2017年。）——译者注

[③]　参见D.S.Dye, Data on West China Artefacts, in *Journal of the West China Border Research Society*, Vol.2（1924-1925），pp.63-73.——译者注

[④]　包罗士1933年在《中国地质汇报》上发表《四川汉藏边境考古调查简报》一文，介绍了他在1931年至1932年与叶长青一起在西康作考古调查的某些收获。参见Gordon T.Bowles, A Preliminary Report of Archaeological Investigations on the Sino-Tibetan Border of Szechwan, in *Bulletin of the Geological Society of China*, vol.13, no.1（1933），pp.119-148.——译者注

四　来自成都平原用金属加工而成的新石器

　　1931年，一位进步官员把若干石器带给广汉[①]的董宜笃牧师，后者又把它们带给笔者。之后我们三人一起去寻访器物发现地点，并对所发现器物进行了拍照、研究和测量。该官员将这些器物赠送给华西协合大学博物馆。图片页附有对这些器物的说明。明代，时人依据地势开凿了一条灌渠，从灌县引水灌溉高处的农田。灌渠开凿至发现上述器物的位置时，挖到了古地貌（参见戴谦和：《成都地区的灌溉工程》，《岭南大学科学杂志》），由此发掘出一些汉代的墓葬，墓砖被用于修筑当地的一座桥，现在仍可看到。但这些年来，埋藏于更深地层中的东西一直未被发现。大约四年前，一位进步农民想要安装一架牛力水车，在明代灌渠底下挖到了古地貌的更深层，并发现数件砂岩质地的大石环或石璧[②]，以及材质更坚硬的石凿、斧和矛。它们流散各地，直到被董宜笃先生认识到其所具有的历史价值后，才引起人们的注意。

　　层积砂岩制成的大石璧（large collars of stratified sandstone）　似乎被水平放置在一条直线上，该直线既非东西向，也非南北向。这些石璧大小不一，有的直径超过2英尺，凿空的内孔大至6英寸，其中一件表面氧化层厚达1/8英寸，但大多未被氧化。部分石璧有2英寸厚。所有的石璧内孔做工都很粗糙，两面孔径大小不等。事实上，无论石璧大小，其内孔似乎都用钝器凿成。还有一些（明显）散乱放

[①]　原文写作"Hanchow"（汉州），汉州于1913年改设为广汉县，但民国人士仍习称之为"汉州"，为避免误解，本文一般将"Hanchow"直接译为"广汉"。——译者注

[②]　原文为great circles or collars of sandstone。——译者注

置的小而薄的石璧，直径最小的仅3英寸。其中一些带有红色，常与墓葬联系在一起，这些石璧可能与周朝一种带圆孔的圆形钱币有关。内孔直径与石璧直径之间似乎没有任何关联。不同尺寸的石璧，二者的比例变化并不规则。据笔者所知，其中12件的变化毫无规律可循。

一些小的绿石珠（small greenstone beads） 应有某些隐藏的含义①和象征。这些珠子有研磨或锉磨的痕迹，但不足以得出有价值的结论。这些珠子未送给华大博物馆。

石凿或石扁斧（chisels or adzes） 做工精致，明显是用较大的石块加工而成。石块则是用金属丝在石板的两边切

图二 层积砂岩制成的大石璧
（帽子和雨伞显示出大小）

---

① 原文为"implements"，意思是"工具""器具"，该词在此处难以理解，疑为"implication"之误。——译者注

锯而成。先在石板上面开一凹槽，再在第一个凹槽的一侧斜向切割，从而形成一个有斜面的工具——金属丝所受张力应该很大，因为凹槽或锯痕几乎是直的——然后至少磨出三个斜边。每件石凿（石扁斧）都有刃，且均为单面刃。工艺非常精湛。三件器物的比重平均为3.06。硬度在3到4之间，更接近4。白色的石头上有被水或腐植酸腐蚀的痕迹。笔者在当地未能找到符合上述描述的石头，但大石璧的材质与当地目前用作磨盘的石头并无太大不同。

矛–刀（spear-knives）[①]　深色材质，上面有斑驳的叶脉纹，可能是因其埋藏过深而被草根腐植酸侵蚀所致。尽管器物表面大部分为黑色，但叶脉纹为白色，局部有一层薄薄的白色物质。研磨、割锯以及抛光都做得非常精细。这些刀可能是先被锯成石片后再加工成型的。从柄部至刃尖的厚度依次为：0.484、0.486、0.484、0.485、0.486、0.487、0.490、0.490、0.491、0.492、0.493、0.494、0.495、0.496、0.495、0.491、0.484、0477、0.460（单位均为厘米）。其制作工艺之精湛，实为石器时代所罕见。硬度为5，平均比重为2.93。柄端两侧宽出的齿饰最为有趣，有可能就是汉代某些青铜齿饰的鼻祖。柄部有一倾斜圆孔，做工粗劣。石刀造型优美，比例匀称，精美绝伦。下一段将要描述的那件石环（collar）正好可紧套在刀柄上，并抵住柄端两侧宽出的齿饰。这些石刀显然是装在矛柄上的，很可能曾作为礼仪兵器呈给某位官员。研究发现，无论刀刃、柄部的角度还是瞄准角度（如果它是兵器的话）都显示出绝妙的平衡，柄部几乎不可能被折断。这是一件"平衡"的工具！尽管在这批器物中没有发现金属器，但同一时期有可能已出现了金属工具。

---

① 据描述和照片可知，戴氏所称"矛–刀"即为"璋或牙璋"。——译者注

需要补充的是，石刀刃口形状与石凿是一样的。

石环 唯一制作精良的器物，一面有瑕疵。它薄得令人惊叹。颜色为像牛角一样的浅褐色，几乎透明。其比重为2.84，硬度为4一。

圆形空心轴（rounded hollow axle）① 由硬石制成，看起来令人惊讶，其两端呈圆形，中央为长方形。在成都街市上经常可以见到类似器物，据称是汉代的，但这件可能更早。

确定这一珍稀发现的年代并非易事，但从斧凿类工具整体的制作技巧，尤其是刀具的精湛工艺判断，它们可能是公元前1000±300年制造的。石器的制作工艺达到了鼎盛，同时也开始使用金属（公元前200年，成都附近已有铁制的矛和剑，相关标本可以在华大博物馆看到）。这批器物所表现出的艺术性并不比周代青铜器逊色太多。它们可能属于蜀文化，蜀人比中原人更早出现于成都平原。这些石器可能是仪式用具，或许是某（几）位重要人物的陪葬品。石璧与宗教崇拜有关，可能用于祭天。相较于华西迄今发现的其他任何石器，它们与中原祭天崇拜的关系似乎更为密切。除了天坛、地坛以及后来出现的钱币，它们似乎并未与四川的其他发现显示出亲缘关系。

要发现更多这类深埋于地下的器物，很大程度上依靠对其在该省早期历史研究中重要性的清醒认识。器物若保存在成都平原的冲积层以下深达6英尺至20英尺的地方，很可能仍完好无损。历经两千年，华大内不同位置的冲积层已达2英尺到14英尺不等。埋藏这些器物的古地层难免受到侵蚀，相关发现几乎都是在地表获得的。许多个世纪以来，它们

---

① 据描述和照片可知，戴氏所称"圆形空心轴"即为"琮"。——译者注

1 正面

2 背面

（左边和右边是
两件扁斧，显然
用线锯从大块
石头上切割下
来的。两件矛－
刀做工非常精
细，石环紧套在
其中一把矛－刀
的柄上。这些器
物可能被安装在
矛柄上，用作礼
仪兵器。戴谦和
摄）

3 侧视

图三　成都平原的石器

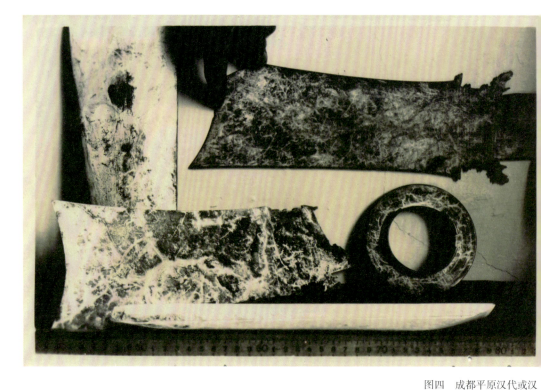

图四　成都平原汉代或汉代以前的石制工具、扁斧和矛–刀
（戴谦和摄）

图五　与其他石器一起发现的轴端
（戴谦和摄）

散落在各处，没有任何有用之处，也不再与其历史重要性所依附的地方发生关联。由于土地被侵蚀，大部分器物都是在大雨后暴露出来的。这与我孩提时代在美洲发现印第安器物的情况如出一辙。倾盆大雨通常伴随着电闪雷鸣，因此，中国人很自然地将它们称作"雷公石"（thunder stone）。汉代器物仍不时由中国农民在被侵蚀的古地层中发现。华西的考古工作仍在很大程度上依赖于农民。发现上

述器物的那位农民，是一位颇富见识的老乡绅和传统知识分子。如果他不是这样一个人，这些器物可能永远不会出现在任何教育机构。以上仅是为了指出，必须具备哪些条件，才能沿着相同的路径获得更多资料。

最后一段写得有些不自信，因为笔者知道它可能不会被接受，并有可能进而影响到笔者关于中国窗棂（Chinese Lattice）那篇论文的有效性和完整性。从矛-刀的曲直线条、技巧和工艺，尤其是柄部宽出的齿饰来看，它们与汉代器物明显存在某种渊源。这一点在（华大博物馆所藏）铜饰和带有"方孔圆钱"的汉代"生命树"①上表现得尤为明显。但它们与墨西哥玛雅石刻图案的亲缘关系似乎更为紧密。尽管笔者一直认为，在线条、图案尤其是线条收尾方面，玛雅与古代中国之间存在着一些相互关联的痕迹；但令人惊讶的是，最近这些发现竟为我十多年前的"直觉"提供了有力的支持。作者谨向读者推荐费城的博物馆，那里有丰富的玛雅象形文字，还推荐《美国国家地理》、1931年英国皇家地理学会出版的《地理》，以及1932年的《科学通讯》。最后这份刊物刊载了一幅云雷纹图片，比通常所见的更令人印象深刻。前一本刊载了一幅带柄矛-刀的图片，与上述那把带柄矛-刀极为相似。虽是看似不同的领域，但对中国窗棂超过16年的研究至少使笔者相信，这种关联是可能的，也是意味深长的。玛雅象形文字的行末或"词缀"、矩形涡纹、宽出的齿饰以及鬼怪般的画符，与最古老的中国艺术文化或其源头，即便没有源流关系，也肯定存在艺术上的关联。它们究竟有何关系？这些类似的图案会是独立起源的吗？如果确实存在源流关系，这种关系又是如何形成的呢？

---

① 即现在所称的"摇钱树"；原文此处括注了一个问号。——译者注

这些令人着迷的问题都还有待解决。

　　笔者在长江上撰成此文，无法查阅上述杂志。除此之外，读者还可以参考劳费尔（B. Laufer）《中国古玉考》中对相关传世石器（unlocated stone implements）的描述。[①]

写于四川万县

[①]　Laufer即美国汉学家巴托尔德·劳费尔（Berthold Laufer，1874—1934）。《中国古玉考》即劳费尔1912年出版的 "*Jade–A Study In Chinese Archaeology And Religion*" 一书。——译者注

汉州发掘日记（1934年3月6日—3月20日）

葛维汉/著　蒋庆华/译　代丽鹃/校

译者按：《汉州发掘日记》[①]为原华西协合大学博物馆的馆藏档案，现藏于四川大学博物馆，档案名为"葛维汉日记"，档案号P5551。该档案系1934年葛维汉在四川广汉县（今四川广汉市）进行考古发掘时的工作日记。葛维汉时任华大博物馆馆长，此次发掘是该馆进行的第四次田野考古工作。发掘地点为广汉附近的太平场，也就是后来闻名海内外的三星堆遗址所在地。1934年葛维汉主持的这次发掘，实乃用科学方法在三星堆遗址进行的首次考古发掘。在日记中，葛维汉详细记录了1934年其在广汉发掘及整理的全过程。历时凡16天：葛维汉于3月5日抵达广汉，6日至14日进行发掘，15日整理记录发掘所得器物并绘图，19日到广汉县署

[①] 广汉古称汉州，1913年已改设为广汉县，但民国人十仍习称之为"汉州"，葛维汉在日记中也将广汉记为"Hanchow"（汉州），但本文除标题外均直接译为"广汉"，本书其他相关处均按此处理，特此说明，后文不赘。——译者注

向县长及其他官绅展示发掘成果，20日县长设宴为葛维汉饯行。

该档案册为一黑色封面笔记本，封二记有文字，内页66页，前2页所用纸为白纸，印有藏书章，后64页所用纸为方格纸，其中61页记有日记正文，余下3页无内容。详情如下：

封二，记有此次发掘由来。

白纸部分：

第1页，印有华西协合大学古物博物馆藏书章。

第2页，无内容。

方格纸部分：

第1—7页为引言，第2页含2张手绘图，第7页绘有图表（零基准线地层剖面图表）。

第8—9页为3月6日日记，第9页绘有图表（五英尺线地层剖面图表）。

第10—16页为3月7日日记，其中第11页绘有图表（十英尺线地层剖面图表），第13页绘有图表（十五英尺线地层剖面图表），第15页绘有一表（二十英尺线地层剖面表）。

第17—21页为3月8日日记，第18页绘有发掘平面图。

第22—25页为3月9日日记。

第26—27页为3月10日日记。

第28—34页为3月11日日记，第33页绘有器物图。

第35—37页为3月12日日记。

第38—44页为3月13日日记。

第45页为3月14日日记。

第46—58页为3月15日日记，除第48、第56页外，均绘有器物图。

第59页为3月19日日记。

第60页为3月20日日记。

第61页绘有发掘区地理分布图。

第62—64页，无内容。

日记中器物名称的翻译，主要参照了《汉州发掘简报》沈允宁译本，详见下表：

英文	中文翻译
Ring	环
Knife	刀
Circle	璧或环
Chisel	凿

需要指出的是，日记中对器物的记录、区分较为粗疏，如描述各种玉石质的环、璧时一般径用"circle"，仅有一处使用了"ring"以做区分，而葛维汉在《汉州发掘简报》中则使用了"ring""disk（disc）""circle"等词来区分相应器物，故而本文参照《汉州发掘简报》对日记中出现的"circle"与"ring"加以区分，并在必要时予以注释说明。

Excavation number Four of the
west china union university
museum of archaeology, art,
and Ethnology, at Tai⁴ P'ing²
Ts'ang, near Hanchow, Sechuan,
china, March 6. to 14 , 1934.
This excavation was done for
Magistrate 羅雨蒼 of Hanchow,
who kindly invited the director
and the assistant director the
museum to do it according to scientific method

（封二）

1934年3月6日至14日，在中国四川广汉附近的太平场，华西协合大学考古艺术和民族学博物馆①进行了第四次发掘。此次发掘是受广汉县县长罗雨苍的诚挚邀请，由博物馆的馆长和馆长助理②依据科学方法进行的。

① 即华大博物馆，他处言"华西（协合）大学考古博物馆"或"博物馆"者，均系华大博物馆，译文据实保留作者原意，不作统一。特此说明，后文不赘。——译者注
② 即林名均。——译者注

LIBRARY OF
THE WEST CHINA UNION UNIVERSITY
MUSEUM OF ARCHAEOLOGY.

華西協合大學古物博物館藏書

（白纸，第1页）

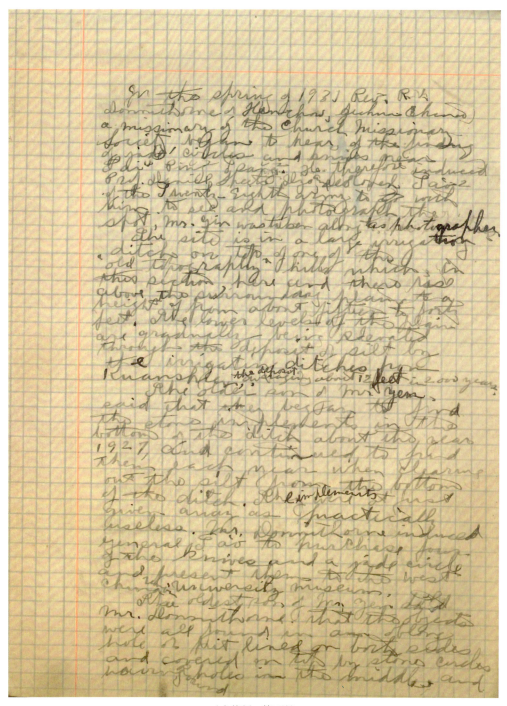

In the spring of 1931 Rev. R.L. Donnithorne of Hanchow, (Szechuan China) a missionary of the Church Missionary Society began to hear of the finding of jade circles and knives near Kai Ping Kuan. He therefore induced Prof. Dye, who had also developed Page of the Twenty-Eighth army to go with him to see and photograph the spot. Mr. Yen was there also as photographer.

The site is in a large irrigation ditch on top of one of the old topography hills which, in this section, here and there rise above the surrounding plain to a height of from about fifteen to forty feet. The lower levels of the region are gradually being elevated through the deposit of silt by the irrigation ditches from Kuanshien, the deposit being about 12 feet in 2,000 years.

The older son of Mr. Yen said that they began to find the stone implements in the bottom of the ditch about the year 1927, and continued to find them each year when cleaning out the silt from the bottom of the ditch. The implements + first given away as practically useless. Mr. Donnithorne induced general Tao to purchase four of the knives and a jade circle and present them to the West China University museum.

The oldest son of Mr. Yen told Mr. Donnithorne that the objects were all found in an oblong hole or pit lined on both sides and covered on top by stones circles having holes in the middle and round

1931年春，在中国四川广汉的英国圣公会传教士董宜笃牧师听闻太平场附近有玉璧和玉刀出土的消息。他随后说服戴谦和（D.S. Dye）教授和中国国民革命军第二十八军的陶将军[①]与他一起去现场勘察并拍照，晋先生作为摄影师随行。

　　器物发现地点位于一座古老山丘顶部的一条大型灌渠中，该山丘较其周边平原高15至40英尺不等。该处以前亦为平坦的低地，历经2000年的泥沙（由灌渠从灌县冲刷而来）堆积，逐渐变成了约12英尺高的山丘。

　　据燕道诚次子所述，他们大约从1927年开始在灌渠底部发现石器，其后每年清理渠底的淤泥时都有发现。这些石器起初被当成无用之物送人。董宜笃先生劝说陶将军购买了4把玉刀[②]和1块玉璧，并将其赠给华大博物馆。

　　燕道诚长子告诉董宜笃先生，这些物件都是在一个长方形的坑洞中发现的，其两侧列有石璧，坑顶亦覆有石璧，石璧中间有圆孔……[③]

---

① 即陶宗伯，时任旅长，驻广汉。——编者注
② 确切地说是两件玉斧和两件玉璋。——译者注
③ 页末标"……"表示该段在手稿中尚未结束，下页译文开头也以"……"为标记。——编者注

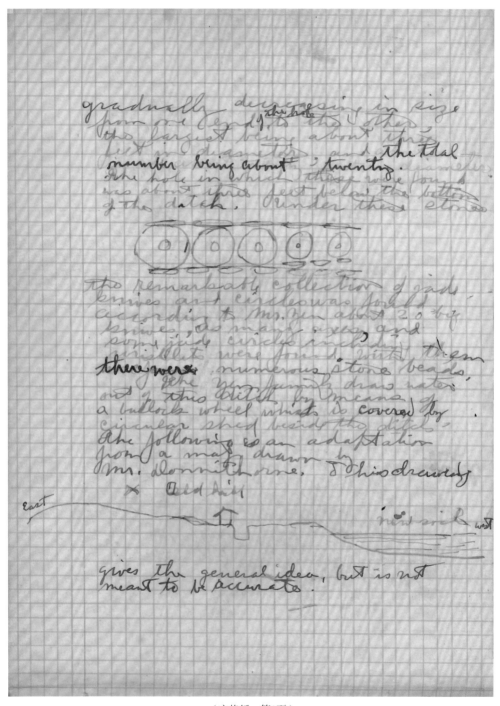

gradually decreasing in size
from one end to the other
the largest being about three
feet in diameter, and the total
number being about twenty.
The hole in which these were found
was about three feet below the bottom
of the ditch. Under these stones

the remarkable collection of jade
knives and circles was found
according to Mr. Yen about 20 big
knives, as many axes, and
some jade circles including
armlets were found with them
there were numerous stone beads.
The Yen family draw water
out of this ditch by means of
a bullock wheel which is covered by
circular shed beside the ditch.
The following is an adaptation
from a map drawn by
Mr. Donnithorne. This drawing

East   old ditch
                                          new sick   west

gives the general idea, but is not
meant to be accurate.

（方格纸，第2页）

……这些石璧按尺寸大小排列，最大的直径约为3英尺，总共约有20个。出土这些器物的坑洞在灌渠底部以下约3英尺处。

在这些石璧下发现了一批令人瞩目的玉刀和玉璧。燕先生说，大约发现了20把大的玉刀、众多的玉斧，以及包括手镯在内的一些玉环。此外，还发现了大量石珠。燕家人在灌渠旁用水车从渠中汲水，并在其上搭有圆棚。以下是董宜笃先生绘制的草图，我略作了一些改动。

东　　　　　　旧土　　　　　　　　　新土　　　　西

（这只是示意图，并不精确）

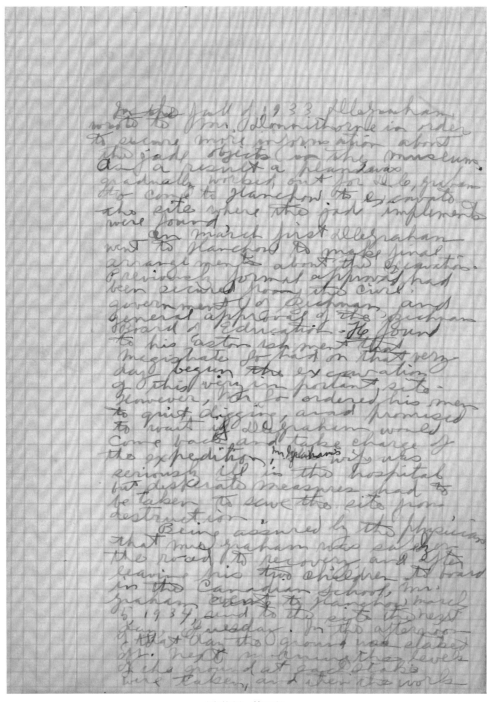

In the fall of 1933 Dr. Graham wrote to Mr. Donnithorne in order to secure more information about the jade objects in the museum. As a result a plan was gradually worked out for Dr. C. Graham to come to Kwanhsien to excavate the site where the jade implements were found.

In March first Dr. Graham went to Kwanhsien to make final arrangements about the excavation. Previously formal approval had been secured from the civil government of Kwanhsien and general approval of the Kwanhsien Board of Education. He found to his astonishment that the magistrate so had on that very day begun the excavation of this very important site. However, he so ordered his men to quit digging, and promised to wait if Dr. Graham would come back and take charge of the expedition. Mrs. Graham's wife was seriously ill in the hospital but desperate measures had to be taken to save the site from destruction.

Being assured by the physician that Mrs. Graham was safely on the road to recovery and after leaving his two children to board in the Canadian School, Mr. Graham went to Kwanhsien March 5 1934, and to the site the next day Tuesday. In the afternoon of that day the ground was staked off. Next morning the levels of the ground at each stake were taken, and later the work

1933年秋，葛维汉致函董宜笃先生，希望获得关于获赠玉器的更多信息。为此，葛维汉逐步制订了一个计划，欲前往广汉发现玉器的地点进行发掘。

　　3月1日，葛维汉前往广汉，为发掘工作做最后的安排。在此之前，其业已获得四川省政府的正式批准和四川省教育厅的首肯。他惊奇地发现，就在当天罗县长已经开始在这个非常重要的地方进行挖掘。但罗县长很快令令他的手下停止挖掘，并承诺只要葛维汉愿意来此接管发掘工作，他就会耐心等待。葛维汉先生的夫人当时正病重住院，但为了保护遗址免遭破坏，必须及时采取紧急措施。

　　当医生确保葛维汉夫人已脱离危险后，葛维汉便将两个孩子留在华西加拿大学校寄宿，随即于1934年3月5日前往广汉，并于次日（星期二）抵达发掘现场。3月6日下午葛维汉在发掘现场主持了立框布方，接着测量了每个立框的地面高度，三星堆遗址发掘工作由此正式展开。

of excavation began in earnest.

A large band of well-armed brigands were operating near Hanchow, occasionally making a raid near Tai Pin Chang in order to capture a rich man or a "fat pig" and hold him for a ransom. Magistrate Jo therefore arranged that eighty armed soldiers be stationed at different places near the site for our protection. We made our headquarters in a nearby temple called Tsen'in Yong, but we slept at night in other places, we changed the place where we slept nearly every night.

In addition to the local hsiens Mr. Li, five other officers were made responsible for our safety and comfort and for the success of the expedition. These were Mr. Li Hin Tsi 黎敬之, Mr. Yang Niu Hen 楊呂亨, Mr. Lehuang Kueh Shiang 莊國祥, Mr. Lo Hong Ngen 羅鴻恩, Mr. Tsao Keuh Fu 鄒巨輔, Mr. Shiao Chong Yen 蕭伸元, Mr. Tsei' Lehen Iu. The primary responsibility rested in Mr. Tsei'. Nobody was allowed to come near the excavation, excepting these officers and the soldiers on guard, so we were not annoyed by crowds of curious spectators. However, this gave an opportunity for the creation of wild rumors that we were digging up golden horses and other things of great financial value.

The excavation was done as the undertaking of Magistrate Jo and we were asked to take charge and do it according to scientific methods so as to preserve its historic and scientific value.

The ground to be excavated was staked out into five-foot squares, each stake being numbered. The lines were arranged so as to fit into the contour of the land. The lines were respectively, the zero line, the five-foot line, the fifteen-foot line, and the 2-foot line, and were almost but not quite east and west. The method

一大帮装备精良的土匪正在广汉附近活动，偶尔会在太平场附近发动袭击，为的是绑个有钱人作为"肥猪"来勒索赎金。因此，罗县长安排了80名荷枪实弹的士兵驻守在发掘现场附近各处，对我们加以保护。我们把总部设在附近一个叫真武宫的小庙，晚上则睡在其他地方。我们几乎每晚都要换一个地方睡。

　　除了罗县长，另有五名[①]官员负责确保我们的安全和考察的成功。他们是黎敬之、杨吕亭、庄国祥、罗鸿恩、萧仲元、邹臣辅，主要负责人为邹先生。除了这些官员和值守的卫兵，任何人都不得靠近发掘现场，所以我们并未受到围观群众的打扰，但这也使得谣言四起，说我们正在挖金马等贵重物品。

　　发掘工作由罗县长牵头发起，我们受令按科学方法主持具体工作，以保存其历史和科学价值。

　　我们在要发掘的场地通过打标框划出一些5英尺见方的探方，每根标框都有编号。每一探方均本有与地面齐平的线绳。这些线分别是零基准线、五英尺线、十五英尺线和二十英尺线，大致是东西向的……

---

① 此处有误。根据下文的叙述，实际有六名官员。在1934年正式发表的《汉州发掘简报》中，数量亦更正为"六名"。——译者注

of numbering the stakes was that recommended of the American archaeological association. For instance, those on the right of the zero stake on the zero line, were in order numbered OR1, OR2, OR3, etc. Those on the left in order were OL1, OL2, OL3, etc. In the same way there were stakes 5R1, 5R2, etc. Each square was given the number of the stake on the lower right-hand corner.

The instruments used were the surveyor's level, the plane-table, foreign shovels, foreign and Chinese picks, trowels, small sticks & punches made of bamboo, hard and soft brushes, the steel tape, the compass, etc.

We first dug the trench between the fire and theater foot holes, going down deep into the undisturbed soil and then running down deep test-pits so as to be sure of finding all the strata and getting below artifacts or signs of human work. We carefully measured and recorded the different strata at each stake and sometimes between stakes. We also numbered every sherd or shard in succession, noting depths and squares where found. The number was written on each article for identification.

After this trench was finished, we dammed up the creek at foot ends and made it run through the new ditch. Then the old irrigation ditch was pumped dry. In this ditch the sand was carefully looked, and we dug down all along into the undisturbed, sterile stratum of brown clay. We found a pit seven feet six inches in length and three and one half feet in width in the bottom of the ditch being almost exactly lengthwise, east and west. It was full of sand. This sand was very carefully sifted over, and stone and turquoise beads, broken jade knives

(方格纸，第5页)

……我们采用美国考古学会推荐的方法为标桩编号。例如，在0号标桩右边的零基准线上依次标出OR1、OR2、OR3等，在其左边依次标出OL1、OL2、OL3等。按照同样的方法，标出5R1、5R2等。每个探方的编号即其右下角标桩的编号。

所使用的工具有测量仪、平板仪、洋铲、中外锄头、泥刀、竹制的小木签、硬刷和软刷、钢卷尺、指南针等。

我们首先在五英尺线和十英尺线之间挖探沟，深入到未受扰动的土层，然后又向下深挖了多个探坑，以确保找到所有的地层，并探查其中的人工制品或人类活动痕迹。我们仔细地测量和记录了每根标桩处的不同地层，有时还要记录两桩之间的地层。我们还依次为出土的器物残件编号，并记下其出土深度和所在探方。每件器物都被标上号码，以便识别。

这条探沟发掘完毕后，我们在溪流两端筑起堤坝，让它流向新沟。之后，我们便将旧灌渠抽干，并仔细探查其中的泥沙，接着向下挖掘至未经扰动的褐色生土层。渠底出现了一个长7英尺6英寸、宽3英尺半的土坑，此坑近乎东西向。坑内满是沙子，仔细筛淘后，我们发现了混于沙中的石珠（含绿松石珠）、残玉刀和残石璧，以及大约80件非常小的方形蓝色饰片。……

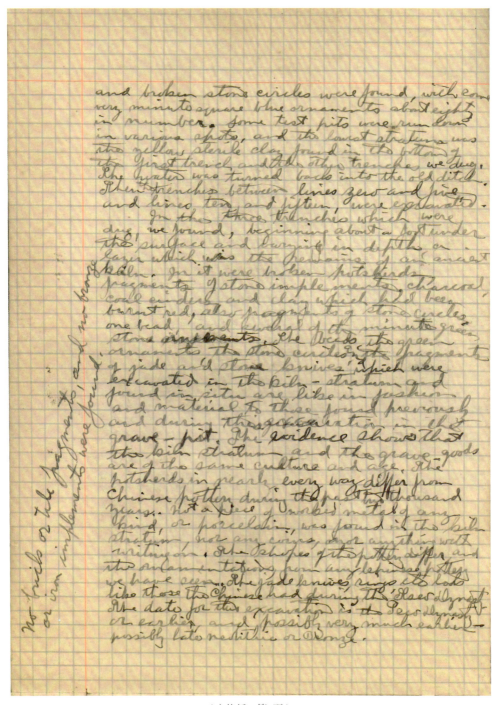

and broken stone circles were found, with some very minute square blue ornaments about eighty in number. Some test pits were run down in various spots, and the lowest stratum was the yellow sterile clay found in the bottom of the first trench and the other trenches we dug. The water was turned back into the old ditch. Then trenches between lines zero and five and lines ten and fifteen were excavated.

In the three trenches which were dug, we found, beginning about a foot under the surface and burying in depths or layer which was the remains of an ancient kiln. In it were broken potsherds, fragments of stone implements, charcoal, coal cinders and clay which had been burnt red, also fragments of stone circles, one bead, and several of the minute green stone implements. The beads, the green ornaments the stone circles, the fragments of jade and stone knives which were excavated in the kiln-stratum and found in situ are like in fashion and material to these found previously and during this excavation in the grave-pit. The evidence shows that the kiln stratum and the grave-goods are of the same culture and age. The potsherds in nearly every way differ from Chinese pottery during the past thousand years. Not a piece of worked metal of any kind, or porcelain, was found in the kiln stratum, nor any coins, nor anything with writing on. The shapes of the pottery differ and the ornamentations from any Chinese pottery we have seen. The jade knives rings etc look like those the Chinese had during the Han dynasty. The date for this excavation is the Zao dynasty or earlier, and possibly very much earlier — possibly late neolithic or bronze.

No nails or tile fragments and no bronze or iron implements were found.

……我们在不同的位置挖了一些探坑，最底层为黄色生土层——发现于我们所挖的第一条探沟和其余探沟的底部。随后，我们将水引回旧灌渠，再在零基准线和五英尺线之间以及十英尺线和十五英尺线之间各挖了一条探沟。

在挖出来的3条探沟里，我们发现了一个古代陶窑的遗迹层。该地层开口于离地面约1英尺处，深浅不一，里面有碎陶片、石器残件、木炭、煤渣和红烧土、一颗珠子和几件极小的绿石饰片。废窑层出土和现场发现的珠子、绿石饰片、石璧、玉石刀残件，其样式和质地都与之前墓坑中发现的东西相似。有证据表明，废窑层与墓坑中的物品属于同一文化和年代。这些陶片几乎在各个方面都与过去两千年中国已知的陶器不同。废窑层中既没有出现任何金属制品或瓷器，也没有出现任何钱币及任何写有文字的东西。陶器的形状和装饰与我们所见过的任何中国陶器都不同。玉刀、玉环等看起来与中国周代的器物类似。这次发掘的遗址年代为周代，或稍早一些时候，也可能要早很多——早至新石器时代晚期或青铜时代。[①]

---

① 该页手稿左侧补记："没有砖瓦碎片，也没有发现青铜器或铁器。"——编者注

OR4 OR3 OR2 OR1 O OL1 OL2 OL3 OL4

Top layer black soil.

Layer of sand from the ditch.

extra layer of sand from ditch.

Stratum of fish refuse, ashes, burnt clay, sherds, &c

undisturbed sterile clay

Zero or datum plane

Datum plane.

（方格纸，第7页）

<h3 style="text-align:center">零基准线地层剖面图表</h3>

0L4	0L3	0L2	0L1	0	0R1	0R2	0R3	0R4
0	0	0	0	0	0	0	0	0
4.1	3.5	3.4	3.9	3.10	3.10	3.6	3.4	3.8
4.6	4.1	4.6	4.7	4.6	4.4	4.7		
					6	6.3		
6.0	7.11	5.11	5.3	5.8	6.6	7.1		
7.4	8.3	8.0	9.0	7.8	8.1	8.4		

基准面0

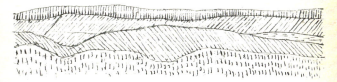

表层黑土

灌渠泥沙堆积层

另一灌渠泥沙堆积层

废窑层，包含陶窑废弃堆积、灰烬、红烧土、陶片等

未经扰动的生土层

—— 零/理想基准

March 6, 1934

Today we staked off the ground. There is a bend in the irrigation ditch near the spot where we expect to excavate. Near the creek or, rather, artificial irrigating ditch, there is a high mud bank above the level of the farm land. The coolies had already started excavating in this spot. As a result the ground was exceedingly uneven, and very hard to stake off successfully in squares. However, we succeeded just before dark.

A serious problem is how to divert the water in the ditch so as to excavate under the creek itself. We will probably have to divert the water from its course.

（方格纸，第8页）

　　今天我们在整片发掘场地上立框布方。我们打算使发掘的地方靠近小溪，更确切地说，这是一条人工灌渠。该灌渠在挖掘点附近有一个弯道，岸上淤泥堆积，高出农田许多。苦力们已经开始在此处挖掘了，因此地面变得非常不平整，很难用木框围成方形。但我们还是在天黑前完成了。棘手的问题在于如何使渠水改道，以便在灌渠下方进行发掘。我们可能不得不改变渠水的流向。

Stratum of made earth ∼ Black loam

Stratum yielding ancient potsherds, etc

Stratum of brown clay; with no pottery or human
implements of any kind — sterile undisturbed clay
containing no stones or gravel.

‒ ‒ ‒ ‒ Lower depth or bottom of the excavation

Datum Plane

（方格纸，第9页）

五英尺线地层剖面图表

5L4	5L3	5L2	5L1	5	5R1	5R2	5R3	5R4
0	0	0	0	0	0	0	0	0
4.4	5.6	5.5	5.6	5.6	5.2	4.11	5.1	3.8
5.6	5.10	5.11	5.10	6.0	5.7	5.9	6.9	7.6
8.2	9.0（9.11）	11.3	8.3	7.9（7.2）	8.9	8.6	8.10	8.10
		10.9	10.6	10.7	10.7	10.8	10.8	10.7

基准面 ———————————————————————— 0

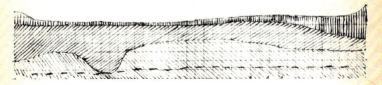

近代表土层，黑土

古代陶片等器物出土层

褐土层，无陶器或其他任何器物——未经扰动的生土层

- - - - - 发掘所及的最底层

March 7, 1934

About a foot under the surface between lines 5L4 to 5R4 and 10L4 to 10R4 there was a layer of dirt mixed with red and gray fragments of brick.

no 1.   At the depth of 5 ft and ten inches, near the south edge of square 5L2, a fragment of fine, bluish stone was dug up.

no 2   At the same depth square 5L1, a second bluish stone of material similar to the first was found, It has been chipped off a larger piece and may have been used as a scraper.

no 3-8   At the depth of six feet in square 5R2 an old earthenware vessel was found — a fragment. near it are other fragments

no 9   a sherd from the same spot, gray inside and painted with red ochre — like dirt on the outside.

no 10   In square 5, near stake 10, a hard, smooth stone of fine hard material was found. depth 5 ft 9 inches near stake 10

no 11   a Broken earthenware bowl, depth in top 5 feet 10 inches, in square 5R2 was dug up.

no 12   at the depth of six feet and three inches a piece of a broken stone implement was found — in square 5L1. about six inches wide and eight inches long.

no 13-15 In square 5R3, depth six feet one inch was found 3. sherds with ord. marks &c. This style is sometimes seen on the border ones; I think.

no 16   a long neck of an earthenware vessel, wine jar

(方格纸，第10页)

1934年3月7日

在5L4线至5R4线以及10L4线至10R4线之间的地表下大约一英尺处，有一层混合着红色和灰色碎砖的泥土。

第1号[①]：在5L2探方南缘的5英尺10英寸深处，挖出了一块精美的蓝色石头碎片。

第2号：在5L1探方的同样深度，发现了第二块蓝色石头，材质与第一块相似，它被剐掉了一层，可能被用作刮刀。

第3—8号：在5R2探方6英尺深处，发现了一个古老的陶罐残件，附近还有其他残片。

第9号：出自同一地点的碎陶片，内壁为灰色，外壁涂着近似赭红色的泥土。

第10号：在5号探方的10号框附近，发现了一块又硬又光滑的石头。位于10号框附近5英尺9英寸深处。

第11号：在5R2探方挖出一个破碎的陶碗，其顶部位于4英尺10英寸深处。

第12号：在5L1探方6英尺3英寸深处，发现了一件石器残件，宽约6英寸，长8英寸。

第13—15号：在5R3探方6英尺1英寸深处，发现了3块刻有绳纹的陶片。我认为这种风格有时亦见于边疆地区。

第16号：在发现第12号器物的地方，还有一件陶器（酒罐或茶壶）的长颈。

---

① 此编号及后续编号是所发现器物的编号。——编者注

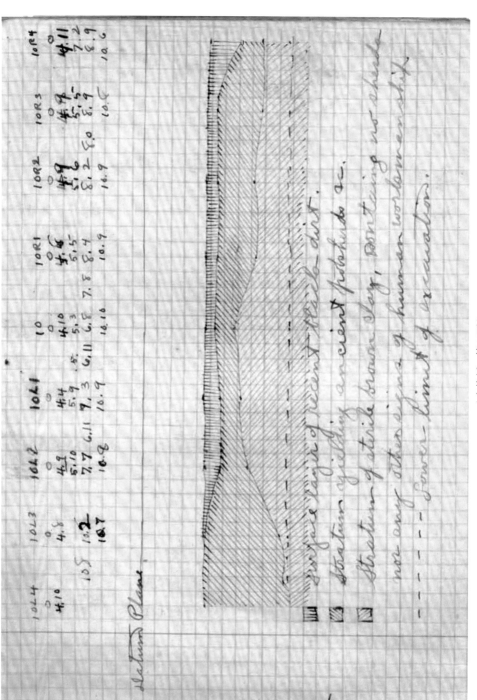

（方格纸，第11页）

十英尺线地层剖面图表

10L4	10L3	10L2	10L1	10	10R1	10R2	10R3	10R4
0	0	0	0	0	0	0	0	0
4.10	4.8	4.9	4.4	4.10	4.8	4.9	4.9	4.11
		5.10	5.9	5.3	5.5	5.6	5.5	7.2
10.8	10.2	7.7（6.11）	7.3（6.11）	6.8（7.8）	8.4	8.2（8.0）	8.9	8.9
	10.7	10.8	10.9	10.10	10.9	10.9	10.8	10.6

基准面 ——————————————————————————

近代表层黑土

古代陶片等物出土层

褐色生土层，无陶片或其他任何人工痕迹

----- 发掘深度下限

March. 7, 1934

no 17, a piece of a common brick square 5 R1
depth 6 ft 9 inches

no 18-20 Jar square 5 R 3, depth 6 ft 4 inches
sherds 18-20

no 21 Same place, a round tube, earthenware

" 22 a straight clay tube about 3 inches
long (a fragment), two inches thick.
Depth 6 ft 4 inches, square 5 R 3.

Much of the pottery is coarse, some
of it hardened by a light-colored
grit or fine sand. There are occasional
clay tubes about 2 inches thick - small
fragments. Some jetty sherds seem
to have been colored black.

no 23 Sherd showing place these tubes were
attached to bottoms of incense urns &c
6 ft 4 inches 5 R 3

" 24 Fragment of tube, leg of urn, probably.

" 25 3 pieces of a stone Porcelain very hard
bowl or jar, 6.2 inches square 5 R 4,

" 26 Similar piece 6. 2 inches square 5 R 3.

27 Gray sherd yellow coated, 6.2 inches 5 R 3

28 Broken clay ornament of earthenware vessel

" 29 clay conical-shaped round ornament
with hole through the center
① 1½ inches in diameter 4g. 5 R 3

30 Square 5 R 4. depth 6 feet five inches
a peculiar piece of porcelain. This
is the first we have found for a long
time & we have seen only one piece

(方格纸，第12页)

第17号：一块普通的砖，5R1探方6英尺9英寸深处。

第18—20号：三块陶片，5R3探方6英尺4英寸深处。

第21号：同样的位置，还有一根圆形陶管。

第22号：一根直形陶管，约3英寸长（残）、2英寸厚，在5R3探方6英尺4英寸深处。陶管大部分都很粗糙，局部因夹杂有浅色砂粒或细沙而变硬。约2英寸厚的黏土质管形器并不常见——大部分都是残片。有些陶片似乎是黑色的。

第23号：据陶片位置显示，这些陶管应是香炉等器物底部的连接件。5R3探方6英尺4英寸深处。

第24号：陶管碎片，可能是香炉的器足。

第25号：源自石碗或石罐的3块残片（非常坚硬，瓷制），5R4探方6英尺2英寸深处。

第26号：类似的残片，5R3探方6英尺2英寸深处。

第27号：灰色陶片，施黄衣，5R3探方6英尺2英寸深处。

第28号：裂纹瓷器上的泥塑饰件残片。[①]

第29号：圆锥形（？）陶器，中心有直径1.5英寸的孔，出土于5R3探方。

第30号：5R4探方6英尺5英寸深处，一件奇特的瓷器。这是长时间以来我们首次发现此种釉面瓷器，仅此一件。大约一英寸见方，可能是明代的。（这些器物都发现于近期被扰动过的土层中，因此"无用"，皆属晚清，而非明代。）

---

① 原文为"Broken clay ornament of crackleware vessel"，"crackleware"意为"有裂纹花饰的陶瓷器"，故而此处将"crackleware vessel"译为"裂纹瓷器"。"clay ornament"应为该瓷器上的泥塑饰件。——译者注

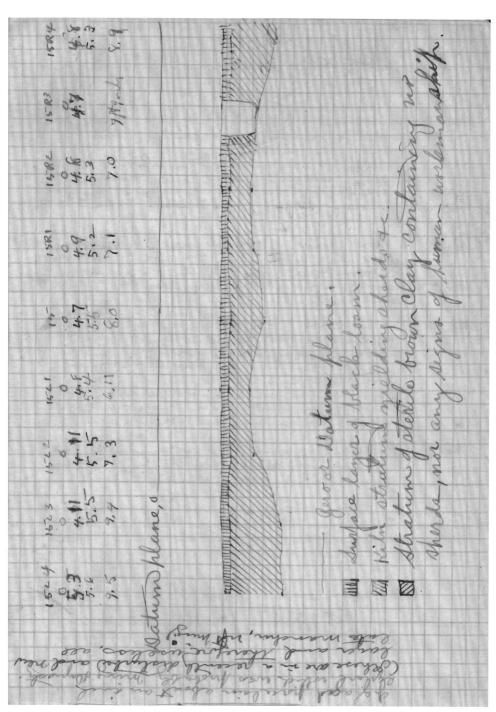

（方格纸，第13页）

十五英尺线地层剖面图表

15L4	15L3	15L2	15L1	15	15R1	15R2	15R3	15R4
0	0	0	0	0	0	0	0	0
5.3	4.11	4.11	4.8	4.7	4.9	4.8	4.7	4.8
5.6	5.5	5.5	5.4	5.5	5.2	5.3		5.3
9.5	9.4	7.3	6.11	8.0	7.1	7.0	7.9	8.9

基准面 —————————————————————————

▦ 表层黑土

▨ 出土陶片等物的废窑层

◪ 褐色生土层，无陶片或其他任何人工痕迹

March 7, 1934.

no 31
32
In square 5 R 4, at the depth of six feet and five inches we secured two pieces of porcelain.

This is very near the spot where the other piece of porcelain was found. This spot gives evidence of recent digging or filling, more recent than that of the rest of the trench. useless.

no 33　A fine piece of crackle ware porcelain. Square 5 R 4, depth 6 ft 7 inches. In a recent layer, little manchu and useless.

no 34-5　coarse pieces of red pottery from the same place, same depth.

no 36　At the depth of six feet six inches in square 5 R 4, a coarse red shard with scratches inside ////// going downward. This is not the ancient pu-hia stratum - but mixed.

The porcelain sherds are all from 5 R 4, near the farthest end from the center of the excavation. It seems more recent than the rest at this depth.

no 37　Bottom fragment of a very coarse piece of pottery. Upside up. Depth 6 feet seven, square 5 R 3, near the 20 foot line

no 38　a large stone implement from square 5 L 2 near the surface. Probably dug up from the large ditch and thrown out here - a large sledge hammer, maybe

no 39　a coarse shard marked by coarse parallel lines 5 R 2, depth six ft six inches

no 40　a flat stone apparently used as a rubbing stone or otherwise. Square 5 R 3, depth 6 feet 9 inches.

no 41　at 6 ft 11 inches depth, square 5 L 3, a round shard. It looks like a funnel. Black earthenware

第31—32号：在5R4探方6英尺5英寸深处，我们找到了两件瓷器。距离发现另一件瓷器的地方很近。这处地方有较新的挖掘或填埋痕迹，其年代比探沟其余地方更晚近。无用。

第33号：一件精美的裂纹瓷器，在5R4探方6英尺8英寸深处。出自晚近地层，晚清时期，无用。

第34—35号：粗糙的红色陶器碎片，来自同一地方同一深度。

第36号：在5R4探方6英尺6英寸深处，粗糙的红色碎陶片，内壁有向下的划痕。这并非古代废窑层，而是扰乱层。瓷器碎片都来自离发掘中心最远的5R4探方附近。它似乎比这个深度的其余部分更晚近。

第37号：一件非常粗糙的陶器底部的构件，顶端朝上。在5R3探方6英尺7英寸深处，接近十英尺线。

第38号：在5R4探方靠近地表处，出土一件大型石器——也许是一把大锤。可能源自灌渠，是被渠水冲到这里的。

第39号：一块粗陶碎片，上面有粗糙的平行线条。5R2探方6英尺6英寸深处。

第40号：一块扁平的石头，显然用作磨石或其他用途。5R3探方6英尺9英寸深处。

第41号：在5L3探方6英尺11英寸深处，一块圆形陶片，看起来像漏斗，黑陶。……

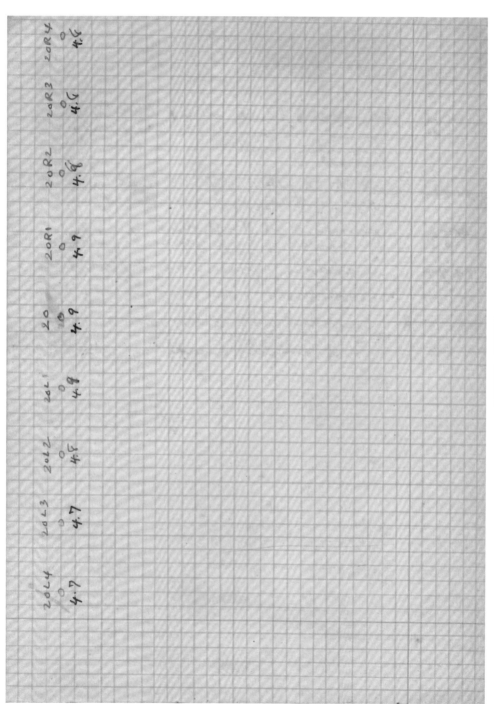

二十英尺线地层剖面表

20L4	20L3	20L2	20L1	20	20R1	20R2	20R3	20R4
0	0	0	0	0	0	0	0	0
4.7	4.7	4.8	4.8	4.9	4.9	4.8	4.8	4.8

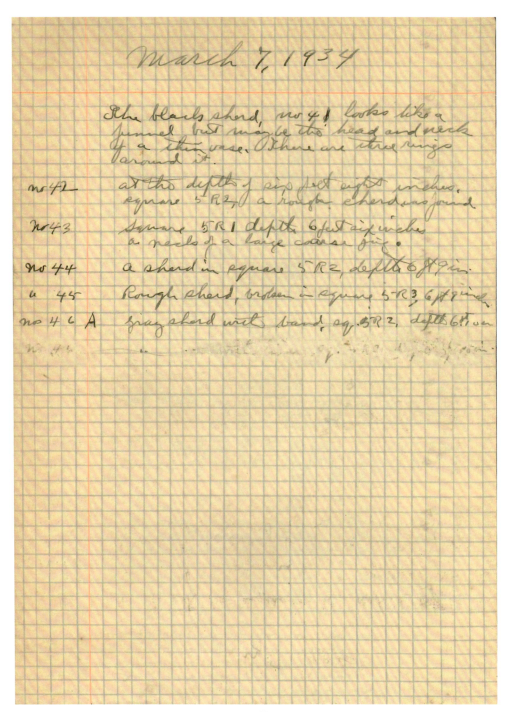

March 7, 1934

The black shard, no 41 looks like a funnel but may be the head and neck of a thin vase. There are three rings around it.

no 42　　　at the depth of six feet eight inches, square 5 R2, a rough sherd was found

no 43　　　Square 5 R1 depth 6 feet six inches a neck of a large coarse jug.

no 44　　　a sherd in square 5 R2, depth 6 ft 9 in.

" 45　　　Rough sherd, broken in square 5 R3 6 ft 8 inch

no 46 A　　gray sherd with band, sq. 5 R2, depth 6 ft 1 in

no 47　　　" " " " " sq. 5 R2, depth 6 ft 9 in

第41号：这件黑陶看起来像漏斗，但也可能是一个细口瓶的口部和颈部。器身有三周弦纹。

第42号：在5R2探方6英尺8英寸深处，发现了一块粗糙的残片。

第43号：在5R1探方6英尺6英寸深处，大型粗陶罐的器颈。

第44号：一块陶片，在5R2探方6英尺9英寸深处。

第45号：粗糙的陶片，在5R3探方6英尺9英寸深处。

第46A号：篓纹灰陶片，在5R2探方6英尺10英寸深处。

March 8, 1934

no 46 B   A sherd in square 5, depth 6 ft, 10 in.

no 47   a sherd in square 5 L 1, depth 6 ft 10 inches

no 48   charred piece of bamboo, depth 7 feet one inch, square 5, near ten foot line.

no 49   a sherd, reddish, with decoration, in square 5 R 1. depth 6 feet 10 inches

" 50-   Two sherds, same level, same place.
" 51

no 52   a remnant of a vessell with a (sq. 5 R 4) long round leg. mouth not open 7 ft 1 in.

nos 53-   leg found in same spot

" 54   sherd, sq. 5 R 2, depth 6 ft 10 in very hard.

no 55   sherd with band, gray sq 5 R 2, depth 6 ft 10 in.

" 56   sherd with lines, gray, sq 5 R 2, depth 6 ft 10 in.

" 57   " ", sand tempered, coarse, sq. 5 R 2, depth 6 ft 10 inches, parts of a large vessel.

" 58   sample of stone fragment, sq. 5, depth 6 ft 7 inches.

" 59   sherd with parallel lines, square 5, depth 7 ft gray, hard.

" 60   fragment of stone square 5 R 4, depth 6 feet 10 in

" 61   sherd square 5 L 1, depth 7 ft 2 inches gray, part of vessel with broad rim.

" 62   coarse sherd with incised marks. tempered with coarse white sand

---

第46B号：一块陶片，在5号探方6英尺10英寸深处。

第47号：一块陶片，在5L1探方6英尺10英寸深处。

第48号：一块竹炭，在5号探方7英尺1英寸深处，靠近十英尺线。

第49号：一块带有纹饰的淡红色陶片，在5R1探方6英尺10英寸深处。

第50—51号：两块陶片，位于同一地点同一层位。

第52号：带长柱形足的陶器残件，器口封闭。在5R4探方7英尺1英寸深处。

第53号：在同一地点发现的器足。

第54号：陶片，十分坚硬。在5R2探方6英尺10英寸深处。

第55号：宽带纹陶片，灰色。在5R2探方6英尺10英寸深处。

第56号：线纹陶片，灰色。在5R2探方6英尺10英寸深处。

第57号：陶片，夹砂，质地粗糙，为一件大型容器的残片。在5R2探方6英尺10英寸深处。

第58号：石头样本，残件。在5号探方6英尺4英寸深处。

第59号：带平行线纹的陶片，灰色，坚硬。在5号探方7英尺深处。

第60号：石器残件，在5R4探方6英尺6英寸深处。

第61号：陶片，灰色，宽沿容器残片。在5L1探方7英尺2英寸深处。

第62号：带刻纹的粗陶片。羼杂白色粗砂烧制。

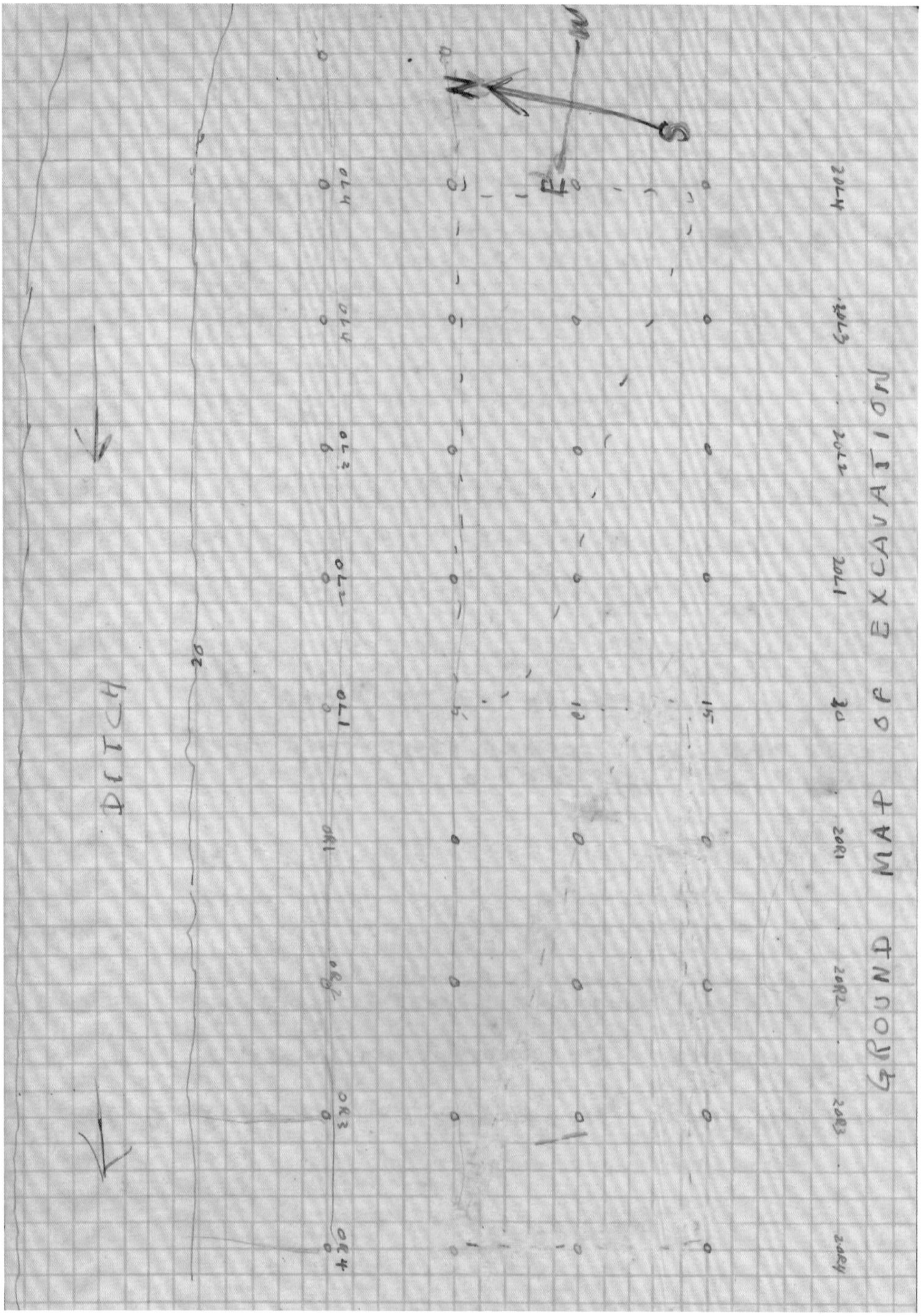

（方格纸，第18页）

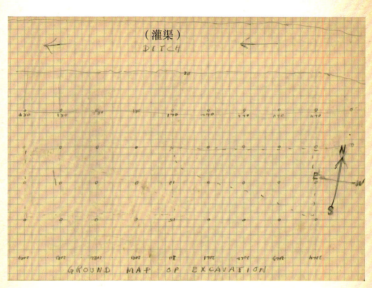

发掘平面图

March 8, 1934

no 63.   at the depth of seven feet three inches, in square 5 L 1, the neck of a large bottle was found. Black inside, reddish outside, colored black. Diameter about 2 inches.

at the depth of seven feet, in squares 5 L 1 and 5 L 2, there was a reddish layer about 2½ inches thick, varying in thickness, apparently the broken brick from a kiln.

no 64   Small rubbing stone, square 5 R 3, depth 7 feet

65   Sherd, end of leg, Square 5 L 2, 7 ft 2 inches deep

66-7   Sherds, sq. 5 R 1, depth 7 ft 1 inch

68   a dark sherd ornamented by rows of three lines. square 5 R 2, depth 7 feet 1 inch

no 69-71   sherds from square 5 R 3, depth 7 ft 5 inches

no 72   Part of a gray pot, depth 7 feet 4 inches Square 5 R 2 many pieces.

no 73   depth about 6 feet four inches, square uncertain

no 74   very thin cord-marked sherd. sq 5 R 2, 7 ft 3 in deep

no 75   Rising pottery painted black, sq 5 R 2, 7 ft 3 in deep.

no 76   fragments of coarse grit tempered pottery Square 5 L 1, depth 7 ft 6 inches Part of a very large bowl.

no 77   Similar sherds from same square, 5 R 2 1 5½ feet away. Similar depth

no 78   Black fragment of bamboo. square 5, depth six feet 10 inches. This seems to have been blackened with age just like so much.

(方格纸，第19页)

第63号：在5L1探方7英尺3英寸深处，发现一个大陶瓶的颈部。内壁为黑色，外壁为浅红色，涂有黑色。直径约2英寸。在5L1和5L2探方7英尺深处，有一红色层，约2.5英寸厚，但厚薄不一，显然是窑里的碎砖。

第64号：小块磨石，在5R3探方7英尺深处。

第65号：器足末端的残片，在5L2探方7英尺2英寸深处。

第66—67号：陶片，在5R1探方7英尺1英寸深处。

第68号：黑色陶片，带有三线纹饰。在5R2探方7英尺1英寸深处。

第69—71号：陶片，出自5R3探方7英尺5英寸深处。

第72号：灰陶罐残片，在5R3探方7英尺4英寸深处。

第73号：位于6英尺4英寸深处，探方号不确定。

第74号：非常薄的绳纹陶片，在5R2探方7英尺3英寸深处。

第75号：被涂黑的陶器口沿，在5R2探方7英尺3英寸深处。

第76号：夹砂粗陶器残件，在5L1探方7英尺6英寸深处。

第77号：类似的陶片，出自15.5英尺外的5R2探方，深度相同。

第78号：黑色竹片，在5号探方6英尺10英寸深处。它似乎是因年代久远而变黑的。

March b. 8 1934

no 7 9   Depth, 7ft 9 inches sq. 5 R1 sherd
"   80-82   Three sherds at 7ft 8 inches, Square 5 R1
"   83   Two sherds, depth 8 feet 3 inches sq 10 L3 coarse
"   84   One sherd, sq 7 R1, depth 7 ft 11 inches.
"   85   Bottom of pot, 7 ft 11 inches, sq. 5 R1
                gray pottery
" 86-7   sherds from the same spot.

     87   Bottom of bowl, 7 ft 9 inches, sq 5 R4 cushend
     88   at the depth of eight feet four inches
                in square 5 R2 (5 R2 a gray broken
                earthen ware vessel was found. of it has
                many of its pieces and can be
                partially restored. with it were
                many other sherds.
     no 89   at the depth of 7 ft ten inches in
                square 5 L1 very coarse sherds.
                grit tempered, with cord marks
                ware found.

     no 90-93   with this were sherds 90-91-92, 93.
                from different vessels.
     no 94   a rubbing stone 8 feet deep. sq 5 R3
     no 95   sherd with decoration sq 5 R3 depth 7 ft 10 in.
     no 96   Broken sherd bottom sq 5 R3 depth 7 ft 10 inches
     no 97   very stony sherd 5 R2 depth 8 feet
                gray color
"   98   Reddish sherd same spot as above

第79号：在5R1探方7英尺9英寸深处。

第80—82号：三块陶片，在5R1探方7英尺8英寸深处。

第83号：两块陶片，在10L3探方8英尺3英寸深处，质地粗糙。

第84号：一块陶片，在7R1探方7英尺11英寸深处。

第85号：陶罐底部，灰陶。在5R1探方7英尺11英寸深处。

第86号：出自同一位置的陶片。

第87号：陶碗底部，在5R1东筛探方7英尺9英寸深处。

第88号：在5R2探方8英尺4英寸深处，发现了一个碎成了许多片的灰色陶罐，只能部分修复。旁边还有很多其他的碎片。

第89号：在5L1探方7英尺10英寸深处，发现了一些非常粗糙、带有绳纹的夹砂陶片。

第90—93号：四块陶片，与第89号陶片同时出土，来自不同陶器。

第94号：一块磨石，在5R3探方8英尺深处。

第95号：带纹饰的陶片，在5R3探方7英尺10英寸深处。

第96号：陶器底部残片，在5R3探方7英尺10英寸深处。

第97号：非常坚固的灰色陶片，在5R2探方8英尺深处。

第98号：红色陶片，与上一件位置相同。

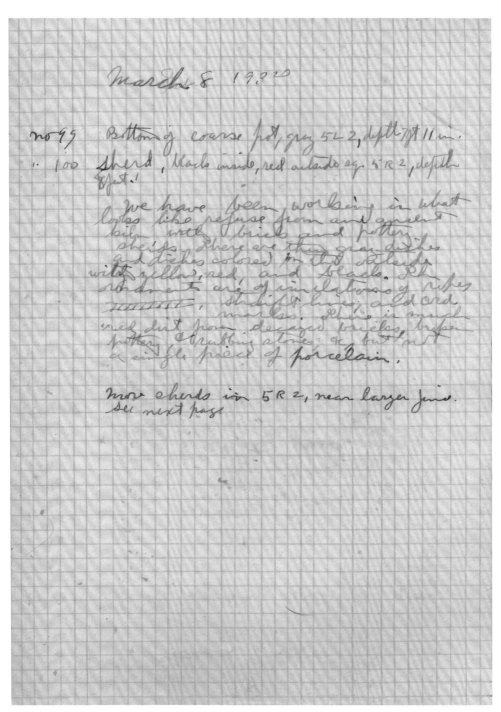

March 8 1932

no 99　Bottom of coarse pot, grey 5 L 2, depth 7 ft 11 in.
· 100　Sherd, black inside, red outside eg. 5 R 2, depth 8 feet.

We have been working in what looks like refuse from an ancient kiln with bricks and pottery sherds. There are thin grey dishes and dishes colored on the outside with yellow, red, and black. The ornaments are of imitations of ropes, straight lines, and card marks. There is much red dirt from decayed bricks, broken pottery & rubbing stones &c but not a single piece of porcelain.

More sherds in 5 R 2, near larger jars. See next page

第99号：灰色粗陶罐底部，在5L2探方7英尺11英寸深处。

第100号：陶片，内黑外红，位于5R2探方8英尺深处。我们一直在清理的地方，看起来像是古代陶窑的废弃堆积，里面有很多砖和陶器碎片。还有一些灰色薄盘，以及一些内壁为黄、红、黑色的盘子。边沿纹饰有绳纹①、直线纹和一些奇怪的纹路。还有大量红色泥土，来自朽烂的砖块、破碎的陶器、磨石等，但一件瓷器也没有。

在5R2大宗发现附近还有更多陶片。见下页。

①　原文为"rim of ropes"。——译者注

March 9, 1934

No 101   Sherd, Sq. 5 L 1, depth 8 feet, gray
" 102   "   "   5 L 2   "   8 " 6 inches
" 103   "   "   5 R 2   "   8 " 2 inches
" 104   "   "   5 L 2   "   8 " 2 "
                  Painted black
" 105   sherds " 5 R 2,   8 feet
rim coarse grit - tempered. Acts as if the
near yesterday's find one has
inside has a coating of grease.
" 106   sherd with decoration square 5 R 3, 8 feet 2
          like a chain
" 107   Sample of burnt red clay
          square 5 R 2, depth 8 feet, typical of
          the site.
" 108   gray sherd, sq 5 R 2, depth 8 ft 2 inches
" 109   Broken pot, squares 5 R 2, 10 R 2, depth 6 ft 3 inches
          Painted black   buff color.
" 110   Broken stone implement 5 R 2 - 10 R 2 line "   "   "
" 111   Broken jade circle   "   "   "   "   "
          found inside 109
" 112   In square 5 L 3, depth 8 ft 6 inches, a sherd
          clearly painted red inside
" 113   Sherd, blacker than usual, depth 8 feet, sq 5 R 3
" 114   "   one inch below the above, same spot
" 115   "   depth 8 ft 3 in, sq. 5 R 3.
" 116   "   "   8 " 5 — "   5 R 4
" 117   "   "   8 " 4   "   5 L 1
" 118   "   "   8 " 5   "   5 R 4

(方格纸，第22页)

第101号：灰色陶片，在5L1探方8英尺深处。

第102号：陶片，在5L2探方8英尺6英寸深处。

第103号：陶片，在5R2探方8英尺2英寸深处。

第104号：涂成黑色的陶片，在5L1探方8英尺2英寸深处。

第105号：在昨天5R2探方8英尺深处发现陶片的附近，还有几件陶片。一件为口沿，夹粗砂。内壁像是涂了一层油脂。

第106号：带拱形纹饰的陶片，在5R3探方8英尺2英寸深处。像一条链子。

第107号：红烧土样本，在5R2探方8英尺深处。现场的典型土样。

第108号：灰陶残片，在5R2探方8英尺2英寸深处。

第109号：涂有黑红两种颜色的残陶罐，在5R2、10R2探方6英尺3英寸深处。

第110号：残破石器，在5R2线至10R2线之间的6英尺3英寸深处。

第111号：残破玉璧，在5R2线至10R2线之间的6英尺3英寸深处。

第112号：陶片，在5L3探方8英尺6英寸深处，内壁明显涂红。

第113号：陶片，比常见的更黑，在5R3探方8英尺深处。

第114号：陶片，在第113号器物出土点的1英尺以下。

第115号：陶片，在5R3探方8英尺3英寸深处。

第116号：陶片，在5R4探方8英尺5英寸深处。

第117号：陶片，在5L1探方8英尺4英寸深处。

第118号：陶片，在5R4探方8英尺5英寸深处。

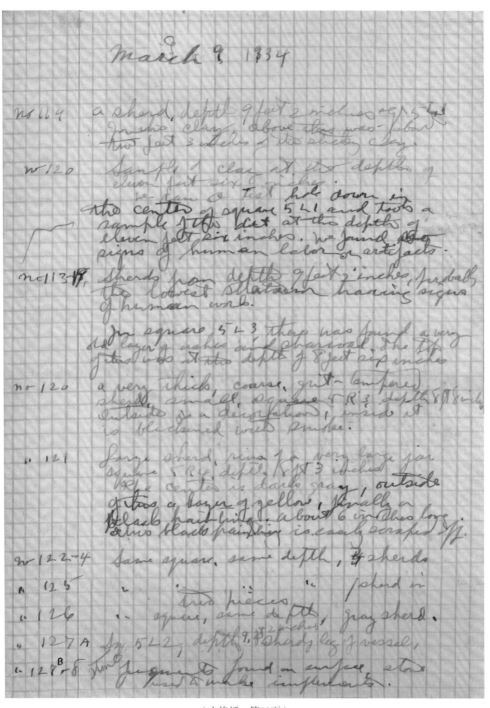

March 9 1934

no 119   a sherd, depth 9 feet 2 inches in 5 4 1, in the clay. above this was about two feet 3 inches of the sticky clay.

no 120   Sample of clay at the depth of eleven feet six inches.

we ran a test hole down in the center of square 5 4 1 and took a sample of the clay at the depth of eleven feet six inches. we found no signs of human labor or artifacts.

no 113   sherds from depth 9 feet 2 inches, probably the lowest stratum having signs of human work.

In square 5 4 3 there was found a very old layer of ashes and charcoal. The top of this was at the depth of 8 feet six inches.

no 120   a very thick, coarse, grit-tempered sherd, small, square 5 R 3 depth 8 ft 8 inch. outside is a decoration, inside it is blackened with smoke.

" 121   large sherd, rim of a very large jar square 5 R 3, depth 8 ft 3 inches. The center is dark gray, outside of this a layer of yellow, finally a black painting. about 6 inches long. This black painting is easily scraped off.

no 122-4   Same square, same depth, 4 sherds

" 125   "   "   "   sherd in two pieces

" 126   " square, same depth, gray sherd.

" 127 A   sq 5 4 2, depth 9 ft 2 inches sherd leg of vessel,

" 128 B   Four fragments found on surface, stone used to make implements.

(方格纸，第23页)

第119号：一块陶片，在5L1探方9英尺2英寸深处的黏土中。黏土层上有一层约2英尺3英寸厚的黏稠淤泥。

第120号：11英尺6英寸深处的土壤样本。

第113—119[1]号：我们在5L1探方中心钻了一个探洞，并在11英尺6英寸深处采集了泥土样本。我们未发现任何人类活动的迹象或人工制品。出土陶片的最深处为9英尺2英寸，这可能是有人类活动的最下层。在5L3探方中，发现了一层灰烬和木炭，年代极为久远。其顶部在8英尺6英寸深处。

第120[2]号：一小块非常厚的夹砂粗陶片，在5R3探方8英尺8英寸深处。外壁有纹饰，内壁被烟熏黑。

第121号：大陶片，为一件大陶罐的口沿部分，在5R4探方8英尺3英寸深处。陶胎为深灰色，外壁为黄色，涂有大约6英寸长的黑色画痕，黑色画痕很容易被刮掉。

第122—124号：同一探方同一深度，三块陶片。

第125号：同一探方同一深度，碎成两块的陶片。

第126号：同一探方同一深度，灰色陶片。

第127A号：在5L2探方9英尺2英寸深处，器足碎片。

第127B—128号：在表层发现的残石块。该石块是用于制作工具的。

---

[1] 此项是对第113—119号器物的总结性描述。——译者注

[2] 原文如此，疑为重复编号。——译者注

March. 9. 1934

no 129   a fine stone implement at the depth of
6 ft 6, square, o R 4, in this bank thrown
up from the ditch. It has been smoothed
off on top and is evidently an axe.
It is too coarse for a ceremonial instrument
and may indicate we are in neolithic
materials.
            We found not iron a copper-brass

no 130   sherd in sq 5 R 3, depth 8 ft 3 inches.

no 131   a coarse grit tempered sherd was found
at the depth of 9 ft 7 inches in square 5 R 1
in the gray clay stratum. The outside
of this is definitely smoked black.

" 132   sherd, depth 9 ft 6 ins, in same stratum sq 5 R 1

" 133   sherd, depth 8 ft 4 in square 5 R 3.

" 134   "   "   8 ft 4 in.   "   "

" 135   Sample of a coal clinker from square 5 R 4. near
it is a great deal of coal clinkers, coarse pottery
(scarce), fragments of burnt brick, clay burnt red &c.
These furnish evidence that there was a kiln
quite near. depth 8 ft 9 in

no 136–42   sherds from same spot and level 8 ft 9 inches

no 143,   Three sherds in sq. 5 R 2 depth 9 ft 6 inches.
one is gray and has 4 parallel lines

no 144   a dull-colored sherd from the same spot

" 145   a sherd, same spot. painted red inside,
cloth marks outside

" 146   Rough sherd painted black

（方格纸，第24页）

第129号：一件完好的石器，在OR4探方6英尺6英寸深处，发现于从渠中抛至岸上的土堆中。其顶部被磨平了，显然是一把斧头——太过粗糙，不适合作礼器，表明我们面对的可能是新石器时代的材料。我们没有发现铁、铜或黄铜制品。

第130号：陶片，在5R3探方8英尺3英寸深处。

第131号：一块夹粗砂陶片，发现于5R1探方9英尺7英寸深处的灰土层。陶片外面明显被烟熏黑。

第132号：陶片，在5R1探方9英尺6英寸深处的同一土层中。

第133号：陶片，在5R3探方8英尺4英寸深处。

第134号：陶片，在5R3探方8英尺4英寸深处。

第135号：一块炭渣样本，出自5R4探方8英尺9英寸深处。其附近有大量炭渣、粗陶器（罕见的）、烧砖的残块、红烧土等。这些证据表明，附近有一个窑炉。

第136—142号：陶片，出自同一地点的8英尺9英寸深处。

第143号：一块陶片，位于5L2探方9英尺5英寸深处。灰色，刻有4条平行线。

第144号：出自同一地点的一块深色陶片。

第145号：同一地点的一块陶片，内壁涂红，外壁饰布纹。

第146号：粗糙陶片，涂黑。

march. 9. 1934

no 147   Fragment of a jade ornstrioment
reddish, colored by age found in dirt
strewn upon the ditch

no 148   fragment of pottery depth 9ft 8 inches square 5L2

nos 149-50   sherds with parallel lines, sq 5R4,
depth 9ft 5 inches

" 151-2   Two time potsherds in sq 5R1. depth 9ft 8 in
this is a very rough sherd far below the
top of the sterile stratum (about 3 feet)

no 153   Sq. 5R4, depth 9ft 1 inch. sherd.

no 154   sherd, sq. 5R4, depth 8ft 9 inches gray, nice
decoration

no 155   Red sherd, sq 5L2, depth 9ft 10 inches

" 156   gray sherd sq 5L2 " 9ft 6 inches.

near the center of square 5L3
I dug down a posthole to the depth
of thirteen feet one inch below the
datum plane. after about 5 ft 2 inches
there was a yellow undesturbed stratum
of dark yellow clay. we are well below
any stratum where any human
artifacts are to be found.

nos 157   a stone hammer stone of large
size, like the first one found was
dug up in square 5L4 in dirt dug out
of the irrigating ditch where the jade
implements were formerly found.

a test pit was sun down at the
center of square 5R3 (nearer the water)
to the depth of 12 feet 2 inches. the last
few feet had only the dark brown.
undisturbed clay, the same as in
the other two test pits.

(方格纸，第25页)

第147号：玉器残片，因年代久远而泛红。发现于从渠中抛出的沙土中。

第148号：陶器残片，在5L2探方9英尺8英寸深处。

第149—150号：带平行线纹的陶片，在5R4探方9英尺5英寸深处。

第151—152号：两块很小的陶罐碎片，在5R1探方9英尺8英寸深处。陶片非常粗糙，位于生土层顶部以下很深处（约3英尺）。

第153号：陶片，在5R4探方9英尺1英寸深处。

第154号：陶片，在5R4探方8英尺9英寸深处。灰色，纹饰精美。

第155号：红色陶片，在5L2探方9英尺10英寸深处。

第156号：灰色陶片，在5L2探方9英尺6英寸深处。

在5L3探方的中心附近，我向下挖了一个探洞，深至基准面以下13英尺1英寸。大约挖到8英尺3英寸深时，发现了一层未受扰动的深黄色黏土层。我们挖出的深度远深于任何可以发现人工制品的地层。

第157号：一件石锤，很大，好像是所发现器物中最大的。出自5L4探方，位于之前发现玉器的灌渠中挖出的沙土中。在5R3探方的中心（靠近西端）向下挖了一个探坑，深至12英尺2英寸处。与其他两个探坑一样，最后几英尺只有未受扰动的深褐色黏土。

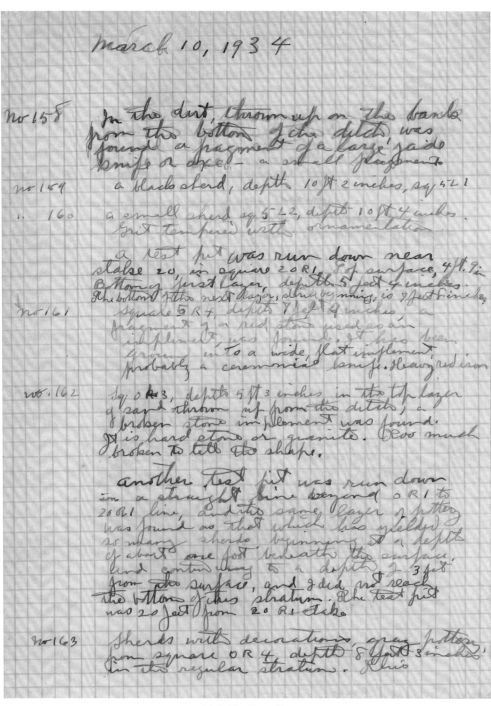

March 10, 1934

no 158　In the dirt, thrown up on the bank from the bottom of the ditch, was found a fragment of a large jade knife or axe — a small fragment.

no 159　a black sherd, depth 10 ft 2 inches, sq 5 L 1

" 160　a small sherd sq 5 L 2, depth 10 ft 4 inches. Grit tempered with ornamentation.

a test pit was run down near stake 20, in square 20 R 1. Top of surface, 4 ft 9 in. Bottom of first layer, depth 5 feet 4 inches. The bottom of the next layer, where beginning, is 7 feet 5 inches.

no 161　square 5 R 4, depth 7 ft 9 inches, a fragment of a red stone used as an implement, was found. It has been ground into a wide, flat implement, probably a ceremonial knife. Heavy red iron

nos. 162　Sq O R 3, depth 5 ft 3 inches in the top layer of sand thrown up from the ditch, a broken stone implement was found. It is hard stone or granite. Too much broken to tell the shape.

another test pit was run down in a straight line beyond O R 1 to 20 R 1 line, and the same layer of pottery was found as that which has yielded so many sherds beginning at a depth of about one foot beneath the surface, and continuing to a depth of 3 feet from the surface, and I did not reach the bottom of this stratum. The test pit was 20 feet from 20 R 1 stake.

no 163　Sherds with decorations, grey pottery, from square O R 4, depth 8 feet 3 inches, in the regular stratum. This

第158号：在从渠底抛至岸上的泥土中，发现了一小块残片——源自一柄大玉刀或玉斧。

第159号：一块黑陶片，在5L1探方10英尺2英寸深处。

第160号：一小块陶片，在5L2探方10英尺4英寸深处。夹砂，带纹饰。在20R1探方的20号标桩附近向下挖了一个探坑。第一层的顶部深4英尺9英寸，底部深5英尺4英寸。其下一层的底部深7英尺8英寸，以下是生土层。

第161号：在5R4探方7英尺9英寸深处，发现了一块红色石器的残片。应是作为工具使用的。该器具被磨得宽而扁平，可能是一把仪式用刀。深铁红色。

第162号：在0L3探方5英尺3英寸深处，在从渠里抛出来的沙土顶层，发现了一件破碎的石器，石质为硬石或花岗岩，碎得太厉害了，分辨不出形状。在0R1线至20R1线之间竖直向下挖了另一个探坑。发现了同样的陶器层。当挖到地表以下约1英尺深时，开始出现大量陶片。继续挖至地表以下3英尺深时，仍未探到这一地层的底部。探坑距离20R1标桩20英尺。

第163号：带纹饰的灰色陶器碎片，出自0R4探方8英尺3英寸深处的普通地层[1]。该陶片内壁涂黄，外壁有刻纹。[2]

---

① 此处原文为"regular stratum"，之所以称该地层为"普通的"（regular），当是相对于"从渠里抛出来的沙土"而言的。——译者注
② 该条原有部分语句位于下一页，为便于阅读，已归置本页。——译者注

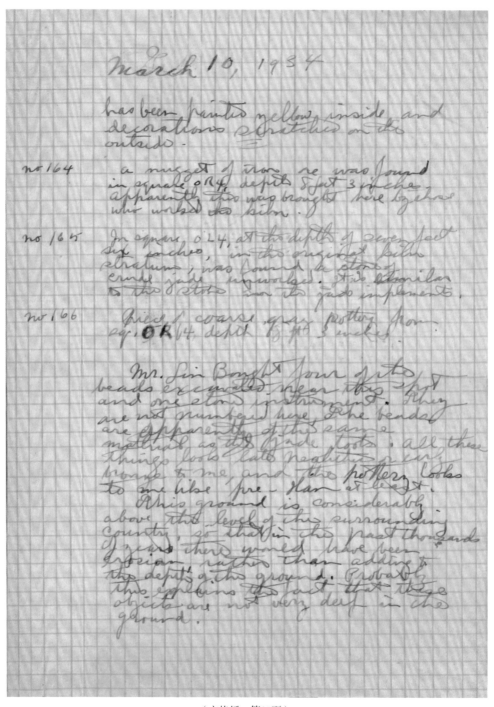

March 10, 1934

has been painted yellow inside and decorations scratched on the outside.

no 164   a nugget of iron ore was found in square OR4, depth 8 feet 3 inches, apparently this was brought here by those who worked the kiln.

no 165   In square O24, at the depth of seven feet six inches, in the original kiln stratum, was found a stone of crude jade unworked. It is similar to the stone in the jade implements.

no 166   Piece of coarse gray pottery from sq. OR4 depth of 8 feet 3 inches.

     Mr. Lin bought four of the beads excavated near this spot and one stone instrument. They are not numbered here. The beads are apparently of the same material as the jade tools. All these things look late neolithic or early bronze to me, and the pottery looks to me like pre-Han at least.
     This ground is considerably above the level of the surrounding country, so that in the past thousands of years there would have been erosion rather than adding to the depth of the ground. Probably this explains the fact that these objects are not very deep in the ground.

第164号：在OR4探方8英尺3英寸深处，发现了一块铁矿石。显然是在窑场工作的人带来此处的。

第165号：在OL4探方7英尺6英寸深处的原生废窑层，发现了一块未经加工的玉石原石。与玉器所用的材质类似。

第166号：一件粗糙的灰色陶器，出自OR3探方8英尺3英寸深处。

林先生买到的四颗珠子和一件石器即在此处附近被挖出。在此未对其加以编号。珠子和玉器显然为同一材质。我认为，这些看起来都像是新石器时代晚期或青铜时代早期的器物。在我看来，陶器至少属于汉代以前。

这块地面比周边地区高出很多，因此在过去的几千年里，其土壤厚度非但没有增加，反而还受到了侵蚀。这也许就是这些物品并未深埋于地下的原因。

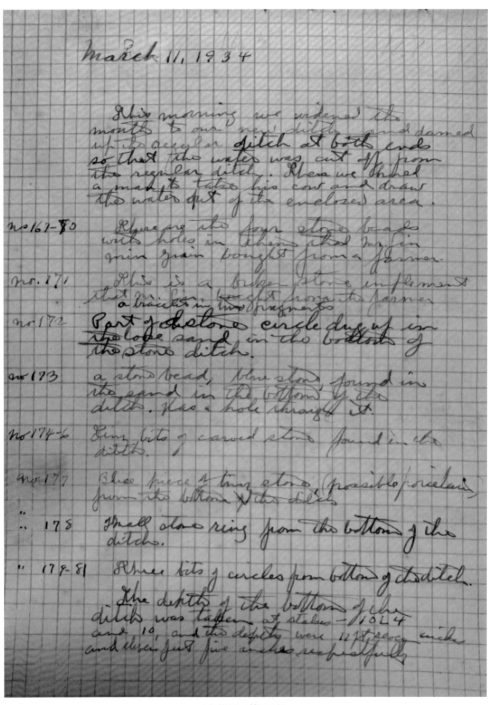

March 11, 1934

This morning we widened the mouth to our new ditch and damned up the regular ditch at both ends so that the water was cut off from the regular ditch. Then we hired a man to take his cow and draw the water out of the enclosed area.

no 167-70 These are the four stone beads with holes in them that Mr. Lin min zuin bought from a farmer.

no. 171 This is a broken stone implement that Mr. Lin bought from the farmer. a bracelet in two fragments

no 172 Part of a stone circle dug up in the loose sand in the bottom of the stone ditch.

no 173 a stone bead, blue stone, found in the sand in the bottom of the ditch. Has a hole through it.

no 174-6 Tiny bits of carved stone found in the ditch.

no 177 Blue piece of tiny stone (possible porcelain) from the bottom of the ditch.

" 178 Small stone ring from the bottom of the ditch.

" 179-81 Three bits of circles from bottom of the ditch.

The depths of the bottom of the ditch was taken at stakes — 1024 and 10, and the depths were 12½ seven inches and eleven just five inches respectfully

(方格纸，第28页)

1934年3月11日

今天早上，我们拓宽了新沟渠的入口，并在灌渠两端筑起堤坝，从而将水从其通常流经的水道中截断。接着，我们雇了一个人用牛把封闭区域的水车出来。[1]

第167—170号：四颗有孔石珠，由林名均先生从一位农民手中购得。

第171号：残石器，是一个断成两截的手镯。由林名均先生从一位农民手中购得。

第172号：石璧残件，在灌渠底部疏松的沙中挖出。

第173号：一颗蓝色穿孔石珠，在灌渠底部的沙土中发现。

第174—176号：经雕刻的石质小残片，在灌渠中发现。

第177号：一块蓝色的小石头，可能是瓷器，出自灌渠底部。

第178号：小石环[2]，出自灌渠底部。

第179—181号：这些石璧小残块出自灌渠底部。在10L4和10[3]处对渠底深度进行了测量，分别为12英尺7英寸和11英尺5英寸。

---

① 指用牛驱动水车将水车出。——编者注

② 原文为“stone ring”。——译者注

③ 可能是指10L4探桩和10号探桩。——编者注

March 11, 1934

no 182-3   Broken stone circles, in bottom of large ditch

no 184-7   Bits of blue stone or jade, same place or porcelain

no 188
196   "   "   "   "   -   "   -   "   -   "

197   2 Pieces of a stone circle, Bought from Mr. Yen.

we found in the ditch a very thin layer of sand above the brown clay that we elsewhere found just under the layer of shards, decayed or decomposed bricks etc. But we found the pit where Mr. Yen & found all his stone implements. Its lowest depth was twelve feet and nine inches below the datum plane. It was eleven feet or just a little over, and three feet wide. In it we found beads and small pieces of greenish stone, very small.

we completed the work in the ditch, and let the water back into the main ditch. In the new ditch the water was washing away the clay and undermining the dirt.

There was such a flood of fragments and beads etc that we could not record them all in this book.

There are sixty soldiers responsible for my safety. There are brigands that capture fat pigs. my escort therefore moves to a new and secret place each night.

The pit is certainly as grave older than its lowest oldest. Things look late nevertheless to me

(方格纸，第29页)

第182—183号：残破石璧，位于灌渠底部。

第184—187号：蓝色的石质或玉质小残块，同一地点，或为陶瓷。

第188—196号：蓝色的石质或玉质小残块，同一地点，或为陶瓷。

第197号：一块石璧的两个残件，从燕先生处购得。

我们在灌渠中发现了一层非常薄的沙土，位于褐色黏土之上。而在其余位置，我们只在含有陶片、碎砖石等物的地层下发现过沙土。但我们找到了燕先生发现全部石器的那个坑，其最深处在基准面以下12英尺9英寸处，长7英尺或更长一些，宽3英尺。我们在其中发现了一些珠子和绿石片，非常小。

灌渠中的工作完成后，我们将水导回宝渠。在新沟渠里，水冲走了黏土，并冲散了沙土。那里有大量的碎片和珠子，我们无法将其一一记录在册。

有80名士兵负责我的安全。会有土匪来抓"肥猪"，因此我每天晚上都会被护送到一个新的藏身之地。

该坑肯定是一个坟墓，年代在汉代以前。在我看来，这些东西像是新石器时代晚期的。

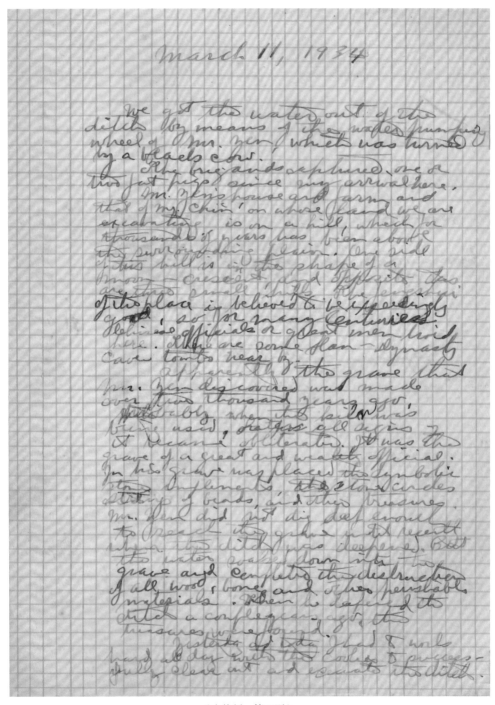

March 11, 1934

We got the water out of the ditch by means of the water pump wheel of Mr. Yen, which was turned by a black cow.

The brigands captured one a two fat pigs since my arrival here.

Mr. Yen's house and farm and that of my chin on whose land we are excavating is on a hill, which for thousands of years has been above the surrounding plain. One side of this hill is in the shape of a moon - crescent. And opposite there are two small hills. The crest of this place is believed to be exceedingly good, so in many centuries Chinese officials & great men lived here. There are some Han-Dynasty cave tombs near by.

Apparently the grave that Mr. Yen discovered was made over three thousand years ago. Probably when the hill was being used, ages all ages it became obliterated. It was the grave of a great and wealthy official. In his grave was placed the symbolic stone implements, the stone circles string of beads, and other treasures. Mr. Yen did not dig deep enough to reach the grave until recently when his ditch was deepened. But the water soaked down into the grave and completed the destruction of all wood, bones, and other perishable materials. When he deepened the ditch a confusion of the treasures were found.

Instead of today I had to work hard all day with the coolies to successfully clear out and excavate this ditch.

我们用燕先生的水车把水从灌渠中抽出来。水车由一头黑牛拉动。

自我抵达这里以后，土匪已经抓了一两个"肥猪"。

燕先生的房子和田地以及我们正在挖掘的秦先生的土地都在一座山上，高出周围的平原已有数千年。该山一侧呈新月形，其对面还有一些小山包。据说这个地方的风水极佳，所以好几个世纪以来，中国的官员或大人物都住在这里。附近还有一些汉代的洞穴墓。

燕先生发现的坟墓显然是两千多年前建造的。那也可能是陶窑的使用时间。后来，所有的痕迹都消失了。这是一个富有资财的大官之墓。墓中放置着象征性的石质器具（含石璧）、串珠和其他宝物。燕先生之前一直挖得不够深，直到最近对灌渠深挖时才探察到该墓。但水浸到了墓里，木头、骨头和其他易腐烂的物质全都被毁。他是在几年前拓深灌渠时发现宝物的。

昨天和今天，我不得不和苦力们一起整天辛苦工作，将灌渠清理干净并进行发掘。

March 11, 1934

no 198   Large broken circle found in the
          pit of its grave.

no 199   Broken point of a large stone axe or
          hoe. found in its ditch near the pit
          but not in it.

no 200   Heavy red iron stone. found in the
          red stratum, 5 R 3, depth about 6 feet

no 206   Stone that has been worked and discarded

202   Fragment of a stone implement
          from its ditch

203   Discarded fragment of the stone

204   a Broken piece of a stone axe
          from the pit. show marking.

205-16   Parts of stone circles from the pit.
          in the ditch

212   Fragment of a jade ceremonial
          knife, fine material and workmanship
          from the pit in the ditch

213   Fragment of a round blue stone
          implement from the pit

214   Similar fragment

215-   Fragments of stone circles from the
278   pit in the ditch

no 239   Long fragment of a stone knife.

no 240   Small hatchet - like stone implement
          probably hafted. about 3 inches long
          and 2 3 inches wide.

第198号：在墓坑里发现了一块残损的大石璧。

第199号：大石斧或锄头的刃部，是在灌渠中发现的，靠近墓坑，但不在坑内。

第200号：沉重的红色铁矿石，在5R3探方约6英尺深处的红色地层中发现。

第201号：经过加工但被丢弃的石头。

第202号：石器残块，出自灌渠。

第203号：被丢弃的残石块。

第204号：出自墓坑的一块残石璧。赠予南京。

第205—211号：石璧的局部，出自灌渠中的墓坑。

第212号：仪式用玉刀残件，材质精良、做工精湛，出自灌渠中的墓坑。

第213号：蓝色的圆形石器残块，出自墓坑。

第214号：类似残块。

第215—238号：石璧残块，出自灌渠中的墓坑。

第239号：石刀小残片。

第240号：可能是小型石斧，约3英寸长，2.5英寸宽。

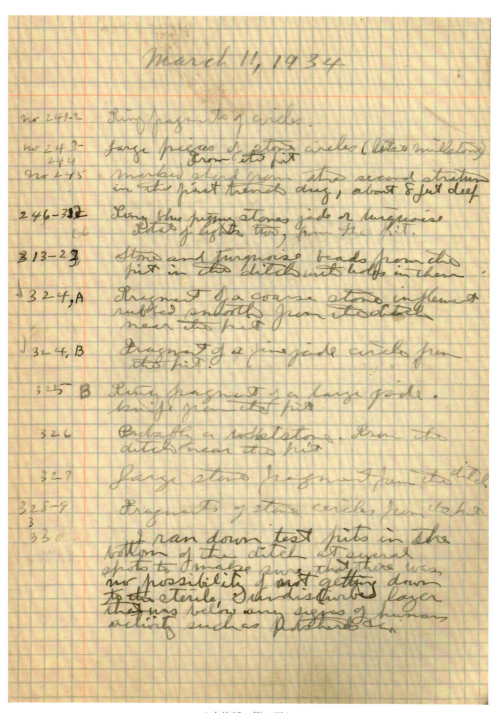

March 11, 1934

no 241-2   Ring fragments of circles.

no 243-244   large pieces of stone circles (like a millstone) from the pit

no 245   marked stone from stone second stratum in this first trench dug, about 8 feet deep.

246-312   King blue pigmy stones jade or turquoise
66   Total of eighty two, from the pit.

313-23   Stone and turquoise beads from the pit in the ditch with holes in them

324, A   Fragment of a coarse stone implement rubbed smooth from the ditch near the pit

324, B   Fragment of a fine jade circle from the pit.

325 B   Ring fragment of a large jade knife from the pit

326   Probably a rubstone. From the ditch near the pit

327   large stone fragment from the ditch

328-9   Fragments of stone circles from the ditch

330   I ran down test pits in the bottom of the ditch at several spots to make sure that there was no possibility of not getting down to the sterile, undisturbed layer that was below any signs of human activity such as potsherds etc.

(方格纸，第32页)

第241—242号：石璧小残块。

第243—244号：大块石璧（傈磨石），出自墓坑。

第245号：带纹路的陶片，出自所挖第一条探沟中的第二层约8英尺深处。

第246—312号：极小的蓝色石片、玉片（或是绿松石片），共计82件，出自墓坑。

第313—323号：有孔石珠和绿松石珠，出自灌渠中的墓坑。

第324A号：磨光的粗制石器残件，出自灌渠中的墓坑附近。

第324B号：一块精美玉璧的残片，出自墓坑。

第325B号：大玉刀的小残件，出自墓坑。

第326号：可能是一块磨石，出自渠中靠近墓坑的地方。

第327号：较大的残破石块，出自灌渠。

第328—329号：石璧残件，出自墓坑。我在灌渠底部的几处地方向下挖了探坑，以确保尽可能挖至有人类活动遗迹（诸如陶片等）的地层以下或未受扰动的生土层。

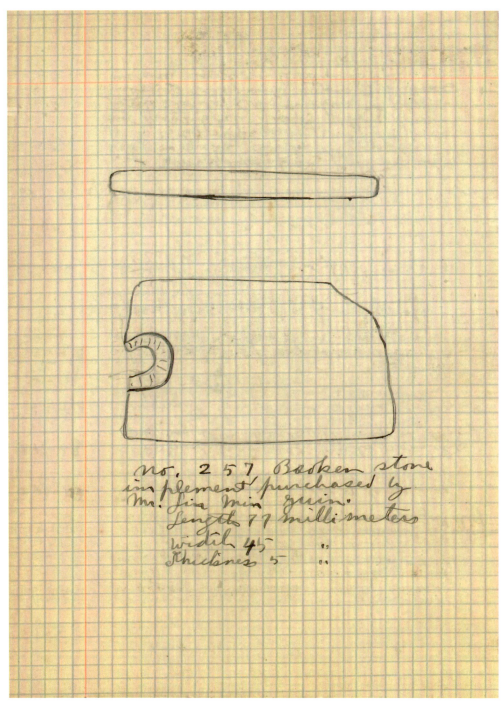

no, 2 5 7 Broken stone
implement purchased by
Mr: Jin Min quin.
Length 77 milli meters
width 45 "
thickness 5 "

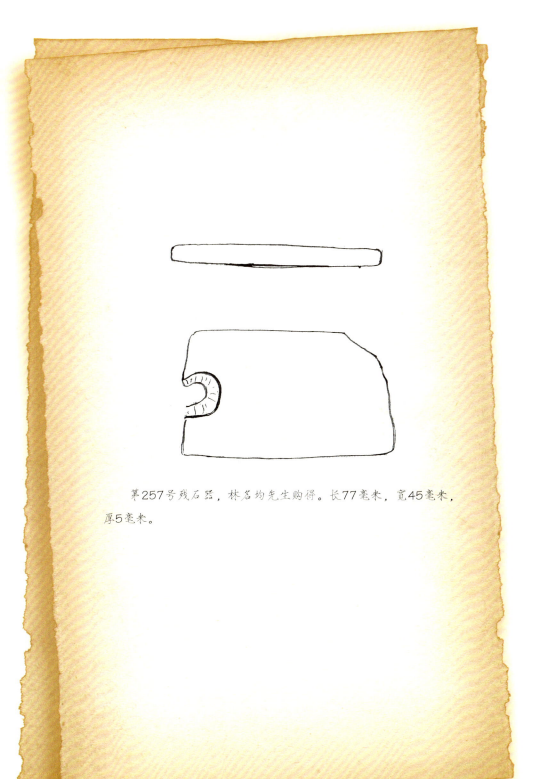

第257号残石器，林名均先生购得。长77毫米，宽45毫米，厚5毫米。

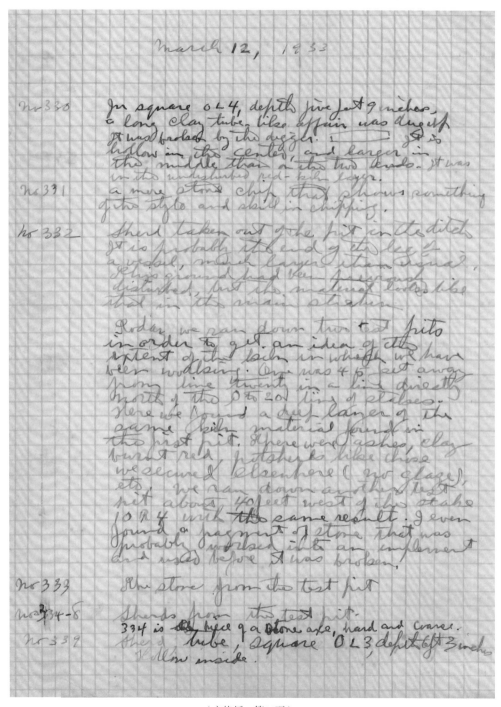

March 12, 1933

No. 330   In square o L 4, depth five feet 9 inches, a long clay tube like affair was dug up. It was broken by the digger. It is hollow in the center, and larger in the middle than at the two ends. It was in the undisturbed red-kiln layer.

No. 331   A mere stone chip that shows something of the style and skill in chipping.

No. 332   Sherd taken out of the pit in the ditch. It is probably the end of the leg of a vessel, much larger than usual. This ground had been tremendously disturbed, but the material looks like that in the main station.

Today we ran down two test pits in order to get an idea of the extent of the kiln in which we have been working. One was 45 feet away from line twenty in a line directly north of the 0 to 20 line of stakes. Here we found a deep layer of the same kiln material found in the first pit. There were ashes, clay burnt red, potsherds like those we secured elsewhere (no glaze), etc. We ran down another test pit about 40 feet west of the stake J0 R 4 with the same result. I even found a fragment of stone that was probably worked into an implement and used before it was broken.

No. 333   The stone from the test pit.

Nos. 334-8   Sherds from the test pit. 334 is the type of a stone axe, hard and coarse.

No. 339   Sherd tube, square O L 3 depth 6 ft 3 inches. Hollow inside.

(方格纸，第34页)

第330号：在OL4探方5英尺9英寸深处挖出一件类似长陶管的东西，但被挖掘者弄破了。它的中心是空的，中间比两头大，位于原生的红色废窑层中。

第331号：一小块石片，显示出某些剥片的风格和技巧。

第332号：陶片，出自灌渠中的墓坑。可能是一件容器的器足底构，比通常所见的要大得多。这块地以前被扰动过，但其中的东西看起来与主要地层所出器物类似。今天我们向下挖了两个探坑，以弄清我们一直在挖掘的陶窑层的范围。其中一个探坑距离二十英尺线45英尺，就在0号标桩到20号标桩一线的正北。我们在此发现了一层较厚的地层，其中有与第一个坑所出陶窑堆积相同的东西。有灰烬、红烧土、陶片（无釉）等，与我们在别处发现的那些类似。我们在10R4号标桩以西40英尺的地方向下挖了另一个探坑，得到了同样的结果。我甚至发现了一块石头残片，它可能被加工成工具，并在损坏前被使用过。

第333号：出自探坑的石头。

第334—338号：出自探坑的陶片。第334号为石斧残片，质地坚硬又粗糙。

第339号：残陶管，在OL3探方6英尺3英寸深处。内壁为黄色。

March 12, 1934

no 340　a long stone bead square OL , depth 5 ft 9 in
a hole bored through its center.
This was in the creek sand and might
not be very old. It can not be
certainly identified as the same age.
a different kind of stone probably a later age.

no 341　a sherd from the bottom of a
mound detected. Probably old , grit
tempered , end marked.

no 342-6　Sherds from sq. 10L1 , depth 5 ft 8 inches.

no 347　Broken piece of stone implement 10L1 depth
5 ft 8 inches. a part of a 'circle'

no 348　Specimen of copper ore same spot animalite
and unfurnished fragment like the iron ores.

no 349　Smoothed stone, five feet, 11 inches
dept 5 feet 11 inches. Has been rubbed
or carved smooth and shows age sq. 10L1

no 350　Thick coarse sherd, L sq. 10L1, depth
5 feet 8 inches.

351　Round tube, sherd. kiln stratum

348 is entirely disintegrated

no 352　Sherd sq. 10L1, depth 5 ft 8 inches
Red on one side, black on the other.

no 353　a conical sherd found in square
OR2, depth 5 feet ten inches;
coarse earthen ware, probably foot
to a vessel.

no 354　Coarse sherd square 18, depth 5 feet 5 inches

no 355　Sherd painted with yellow clay sq. 10, depth
5 feet 8 inches

（方格纸，第35页）

第340页：一颗中心穿孔的长石珠，在OL探方5英尺7英寸深处。这件东西出自灌渠的泥沙中，可能不那么古老。不能确定是否为相同年代。[①]石材种类不同，年代可能较晚。

第341号：一块可能较为古老的绳纹夹砂陶片，出自主灌渠底部。

第342—346号：陶片，出自10L1探方5英尺8英寸深处。

第347号：石器碎片，出自10L1探方4英尺8英寸深处，属于某块石壁。

第348号：铜矿石标本，同一地点。一块既未熔炼又未捣碎的类似铁矿石的残块。

第349号：光滑的石头，出自10L1探方5英尺11英寸深处，被打磨或雕琢得光滑，看起来年代久远。

第350号：厚实的粗陶片，在10L1探方5英尺8英寸深处。

第351号：圆管碎片，废窑层。第348号完全碎裂。

第352号：陶片，在10L1探方5英尺8英寸深处。一面红色，另一面黑色。

第353号：圆锥形陶片，发现于OR2探方5英尺10英寸深处。可能是一件粗制陶器的器足。

第354号：粗陶片，在15号探方5英尺8英寸深处。

第355号：涂有黄色黏土的陶片，在10号探方5英尺8英寸深处。

---

① 此石珠亦是在渠底泥沙中发现的，但并不在墓坑内；因此此处应是与渠底墓坑出土器物的年代进行比较。——译者注

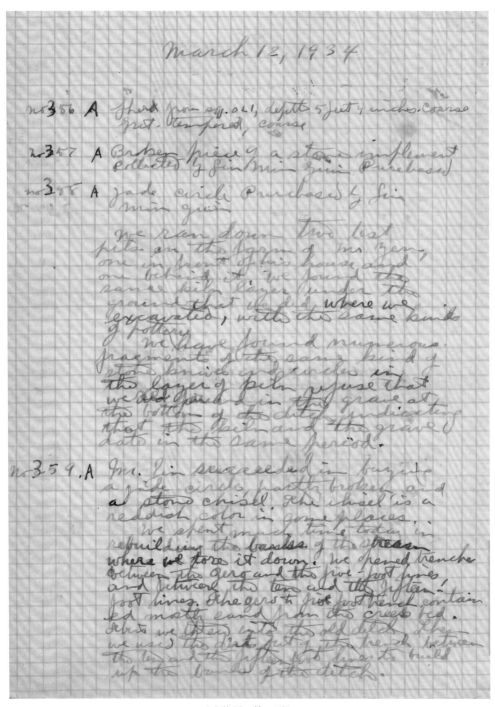

March 12, 1934

no 356 A   Sherd from sq. o21, depth 5 feet 4 inches. coarse
grit. tempered, coarse

no 357 A   Broken piece of a stone implement
collected by Sin Min gwin Purchased

no 358 A   jade circle Purchased by Sin
min gwin

We ran down two test
pits on the farm of Mr. Yen,
one in front of his house and
one behind it. We found the
same kiln layer under the
ground that we did where we
excavated, with the same kinds
of pottery.

We have found numerous
fragments of the same kind of
stone knives and circles in
the layer of kiln refuse that
we also found in the grave at
the bottom of the ditch, indicating
that the kiln and the grave
date in the same period.

no 359. A   Mr. Sin succeeded in buying
a jade circle partly broken and
a stone chisel. The chisel is a
reddish color in some places.

We spent much time today in
rebuilding the banks of the stream
where we tore it down. We opened trenches
between the zero and the five-foot lines
and between the ten and the fifteen-
foot lines. The zero to five-foot trench contain-
ed mostly sand from the creek bed.
This we threw into the old ditch. Then
we used the dirt just taken from between
the ten and the fifteen-foot lines to build
up the banks of the ditch.

（方格纸，第36页）

第356A号：夹砂粗陶片，质地粗糙，出自OL1探方5英尺4英寸深处。

第357A号：一件残石器，由林名均购得。

第358A号：玉环，由林名均购得。

我们在燕先生的田地里向下挖了两个探坑。一个在他家房前，一个则在房后。我们在地下也发现了陶窑的遗迹层，与我们在挖掘地点发现的相同，也含有同种类的陶器。

我们在陶窑废弃堆积中还发现了大量石刀和石璧的残片，与我们在渠底墓坑中发现的类型相同，这表明陶窑和坟墓的年代在同一时期。

第359A号：林先生成功购入一块局部破损的玉璧和一把石凿。石凿局部呈红色。

我们今天花了很多时间重建之前被破坏的渠岸。我们在零基准线和五英尺线之间以及十英尺线和十五英尺线之间各开了一条探沟。零基准线到五英尺线之间的探沟中的大部分沙土来自河床。我们将这些沙土抛入旧灌渠。然后，我们用十英尺线到十五英尺线之间那条探沟的沙土来修筑渠岸。

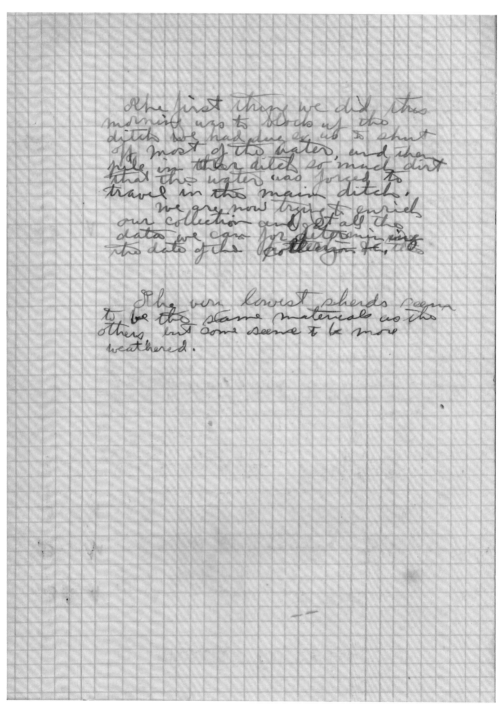

The first thing we did this morning was to block up the ditch we had dug as to shut off most of the water, and then pile in that ditch so much dirt that the water was forced to travel in the main ditch.

We are now trying to enrich our collection and get all the data we can for determining the date of the collection etc, etc

The very lowest sherds seem to be the same materials as the others but some seem to be more weathered.

（方格纸，第37页）

今天早上我们做的第一件事就是堵住我们挖的那条沟，或者说截住大部分的水，然后在沟里堆入大量沙土，从而迫使水进入主渠。我们现在要尽力使我们的收藏品更为丰富，并尽可能地获取能得到的信息，以便确定收藏品的年代。最底层的陶片与其余陶片似乎使用了相同材料，只是有些陶片看起来风化程度较高。

March 13, 1934

no. 360 A Mr. Lin bought a stone chisel of fine workmanship

no. 361-2 A Sherds from zero square, depth 6 ft. 4 inches

no. 363 A Sherd, sq 10 R1, depth 6 feet 1 inch $\frac{a}{85-75}$

no. 364 A Sherd, Sq 10 R2, depth 6 ft 2 in.

no. 365 A Fragment of a stone knife in square 10L3 depth 6 feet 2 inches. It is a hard white stone. This is one of the many evidences that we have found that the stone knives and axes and circles are part of the same culture as the potsherds. Also that many kinds of stone were used to make the stone implements. It was in undisturbed kiln deposit

no. 366 A Worked stone implement two inches by a half inch. Scratches on one side. Square 10 R2, depth 6 ft 2 inches

no. 367 A Large sherd. Same place and depth coarse. Includes rim. Decorated with lines or scratches.

no. 368 A In square 0 R2, depth six feet six inches, a piece of a broken flat stone implement was found. Probably is grass fine sandstone.

369 A In square 10 R4, near stake 15 R4 was a pile of shards. There was a whole pot. The cattle ruined the bottom but the other fragments have been gathered. I hope to restore this pot depth 6 feet. Parts of several other pots were found here

第360 A号：林先生买了一把做工精细的石凿。

第361—362 A号：陶片，出自0号探方6英尺4英寸深处。

第363 A号：陶片，出自10R1探方6英尺1英寸深处。

第364 A号：陶片，出自10R2探方6英尺2英寸深处。

第365 A号：石刀残件，在10L3探方6英尺2英寸深处，为无装饰的白石。

这是我们发现的能够证明石刀、石斧和石璧与陶片属于同一文化的众多证据之一。其还证明很多种石头都被用来制作石器。它被发现于原生的陶窑废弃堆积中。

第366 A号：加工过的石器，2英寸×0.5英寸，一侧有刻纹，出自10R2探方6英尺2英寸深处。

第367 A号：大陶片，同样的地点和深度。口沿粗糙，带线条或刻纹装饰。

第368 A号：在0R2探方6英尺6英寸深处，发现了一件破碎的扁平石器。可能是粗糙的细砂岩。

第369 A号：在10R4探方靠近标桩15R4的6英尺深处，有一堆陶片。还有一个完整的陶罐。苦力弄坏了底部，但那些残片已被收集到一起。我希望能修复此罐。在这里还发现了其他几个陶罐的残件。

march m3, 1924

no 370 A   at the depth of 6 ft ten inches in square OL1 this very coarse grit or sand tempered sherds were found

371 A   Square 10 R 4, depth 6 ft 2 inches near 270 and 272, the handle of a lid

372 A   The neck of a bottle from the same spot, same square same depth as 271

no 373 A   Broken stone implement, small, may be a chisel OL 2, depth 7 feet 4 inches.

no 374 A   Broken bits of a small black bowl from square 10 R 4 depth 6 ft 2 inches

no 375 A   Bits of a larger coarser bowl same spot and depth

376 A   Broken stone implement square 10, depth 6 ft 1 inch

no 377 A   Sherd sq 10, depth 6 ft 1 inch marked by lines, gray inside.

no 378 A   Sherd where a leg connected with it, Sq. 10 R 4, depth 6 feet 3 inches

no 379 A   Long earthenware leg, same spot same depth as 278.

no 380 A   worked chip of stone from square 10 R2, depth 6 ft 1 inch

no 381-3A   Sherds from Square 10 R2, depth 6 ft 2 in

384 A   Broken piece of a stone implement square 10 R2, depth 4 feet 3 inches

no 385 A   Broken piece of a stone implement square 10 R1 depth 5 ft 11 inches.

（方格纸，第39页）

第370A号：在OL1探方6英尺10英寸深处，发现了两块非常粗糙的夹粗砂或夹细砂陶片。

第371A号：在10R4探方6英尺2英寸深处，有一个盖钮，在第270、272号附近。

第372A号：瓶颈，与第271号出自同样的地点、探方和深度。

第373A号：残石器，小，可能是石凿，出自OL2探方7英尺4英寸深处。

第374A号：一个黑陶小碗的若干小碎片，出自10R4探方6英尺2英寸深处。

第375A号：一个粗陶大碗的若干小碎片，相同的出土地点和深度。

第376A号：残石器，出自10号探方6英尺1英寸深处。

第377A号：陶片，出自10号探方6英尺1英寸深处。线纹，内壁为灰色。

第378A号：连接着器足的陶片，出自10R4探方6英尺3英寸深处。

第379A号：长陶足，与第275号的出土地点和深度相同。

第380A号：加工过的石片，出自10R2探方6英尺1英寸深处。

第381—383A号：陶片，出自10R2探方6英尺2英寸深处。

第384A号：残石器，出自10R2探方6英尺3英寸深处。

第385A号：残石器，出自10R2探方5英尺11英寸深处。

March 13. 1934

no 386 A Broken piece of stone implement
sq. 10 R 3. depth 6 feet

3 87 A Sherd same spt as 286

no 388 A a funnel shaped sherd was found
in square O R1, depth 6 ft 4 inches.
Dark gray inside, yellow coating
outside.

no 389-91 A Shell sherds from square 10 R 2, depth
6 feet 1 inch. In the kiln layer.

no 392 A fline green flake found in the kiln
layer, square 10 R 2, depth 6 ft. 1 inch.

no 393 A In square O R 3, depth 7 feet 6 inches
in sand strown up from the ditch
was found a piece of a flat stone knife.

no 394 A In square 10, depth 6 ft 2 inches was found
a piece of a flat stone implement, of
white stone.

no 395-a A One rim sherd from the same spot
same depth.

no 356 B Round neck sherd 10 R 4. depth 5 ft 4 in

no 357 B Small blue square, sq 10 R 3, depth 6 feet.

no 358 B large hollow round sherd, sq. O R 2,
depth 6 ft 10 inches.

no 359 B Black sherd. 10 R 3, depth 6 ft 4 inches

no 360 B Black sherd, depth 7 ft 7 inches sq. O R 2.
Rare ornamentation inside gray, then yellow
outside black

no 361 B Rule shaped sherd, broken. sq 10 R 2, 6 ft 4 in.

第386A号：残石器，出自10R3探方6英尺深处。

第387A号：陶片，与第286号的出土地点相同。

第388A号：漏斗形陶片，发现于OR1探方6英尺7英寸深处。内壁为深灰色，外壁涂有黄色。

第389—391A号：这些陶片出自10R2探方6英尺1英寸深处。位于废窑层。

第392A号：在废窑层发现极小的绿色石片，出自10R2探方6英尺1英寸深处。

第393A号：在OR3探方7英尺6英寸深处，于灌渠中抛出的沙土中发现了一把扁平石刀。

第394A号：在10号探方6英尺2英寸深处，发现了一件白石制成的扁平石器。

第395—396A号：一件陶器口沿碎片，出自相同的地点和深度。

第356B号：圆颈碎片，出自10R4探方5英尺11英寸深处。

第357B号：蓝色小方块，10R3探方6英尺深处。

第358B号：大块中空的圆形陶片，OR2探方6英尺10英寸深处。

第359B号：黑色陶片，10R3探方6英尺4英寸深处。

第360B号：黑色陶片，OR2探方7英尺7英寸深处。纹饰罕见，内壁为灰色，涂有黄色，外壁为黑色。

第361B号：破损的管状陶片，10R2探方6英尺4英寸深处。

March 13, 1934

no 362 B Broken point of a stone axe picked up on the surface, not on the site by Mr. Lin

no 363 B a T ube found on the surface away from the site by Mr. Lin

no 364 B a stone implement (fragment of) (flat) Bought by Mr. Lin, on surface, not on the site.

no 365 B Sherd 7 ft deep sq @ R1, marked with parallel lines

no 366 B in square 10 L 3 a small flat stone hatchet or gouge. Depth 6 ft 7 inches.

no 367 B Red sherd at O. Depth 7 ft 6 inches

no 368 B Square 10 L 3 Depth 6 ft 7 inches a sherd Black on one side.

no 369 B Sherd Black on both sides, same depth and square.

370 B B Sherd, gray, imitation rope decoration sq @ R1 Depth 7 ft 1 inch.

no 371-3 B sherds from the same pit sq 10 R4, depth 6 ft. no 273 is not of the same pit

no 374, B sherds of a round tube, large say O, depth 7 ft 5 inches

no 375-7 B at the depth of six feet 9 inches in square 10 L 3, 3 sherds were found

no. 378 B sq. O Depth six feet 5 inches a rim mer sherd.

no 379 B Square sherd at depth 6 ft 2 in, square 10 R2

第362B号：石斧刃部，林先生在现场以外的地上拾得。

第363B号：陶管，林先生在远离现场的地上拾得。

第364B号：一件石器（残件？）。由林先生购得，出自发掘现场以外的地表。

第365B号：陶片，OR1探方7英尺深处。带有平行线纹。

第366B号：在10L3探方6英尺7英寸深处，一把扁平小石凿。

第367B号：红色陶片，0号探方7英尺6英寸深处。

第368B号：10L3探方6英尺7英寸深处，单面为黑色的陶片。

第369B号：双面皆为黑色的陶片，相同的出土地点和深度。

第370B号：灰色陶片，饰绳纹，OR1探方7英尺1英寸深处。

第371—373B号：陶片，除第373B号外，皆出自10R4探方6英尺深处。

第374B号：大型圆管碎片，在0号探方7英尺5英寸深处。

第375—377B号：在10L2探方发现了3块陶片。

第378B号：0号探方6英尺5英寸深处，一件口沿陶片。

第379B号：方形陶片，在10R2探方6英尺2英寸深处。

March 13, 1934

no 380-384 B depth 6 ft 5 inches, square 10 Sherds

no 385, B depth 6 ft 10 inches, square 10 L3, a thin sherd black inside cord-marked on its outside

no 386 B same: 6 ft inches, sq. 10 L3, handle of earthenware lid.

no 387-8 Glass rim sherds, depth 6 ft 3 inches sq. 10 R 2.

no 388-90 B sherds from sq 10 R 4, depth 5 ft 11 inches

no 391, B fragment from a stone implement

no 392 B sherd, Sq 10 R1, depth 6 ft 4 in

no 393 B   10,   .. 6 ft 3 in

Charcoal and ashes have been frequently found throughout the kiln layer of the excavation

no. 394 B at the depth of 6 ft and 5 inches, a crude sherd was found in square 10. wide rim

no. 395 B a hollow clay tube, sq 10 L1, depth 6 ft 5 in

no 396 B depth 6 ft 3 inches, sq 10 a fragment of a jade stone implement

no 397 B sherd, sq 10 R2, depth 6 ft 4 inches

no 398 Stone fragment of stone implement, probably coarse jade, sq 10 R2 depth 6 ft 2 inches

no 399 B Stone implement used jade, part of a circle square 10 R3, depth 6 ft 6 inches.

no 400 clay circle or hollow tube sq 10 L3, depth 7 feet 6 inches. Rim holes

(方格纸，第42页)

1934年3月13日

第380—384B号：在10号探方6英尺5英寸深处，陶片。

第385B号：在10L3探方6英尺10英寸深处，薄陶片，内壁为黑色，外壁饰有绳纹。

第386B号：同样在10L3探方6英尺10英寸深处，陶盖钮。

第387B号：口沿陶片，在10R2探方6英尺3英寸深处。

第388—390B号：陶片，出自10R4探方5英尺11英寸深处。

第391B号：石器残件。

第392B号：陶片，在10R1探方6英尺4英寸深处。

第393B号：陶片，在10R1探方6英尺3英寸深处。在发掘废窑层的整个过程中，木炭和灰烬均很常见。

第394B号：在10号探方6英尺5英寸深处，一件宽沿陶片，制作粗糙。

第395B号：中空陶管，在10L1探方6英尺5英寸深处。

第396B号：在10号探方6英尺3英寸深处，玉石器残件。

第397号：陶片，在10R2探方6英尺4英寸深处。

第398号：石器残件，或为粗糙的玉器，在10R2探方6英尺4英寸深处。

第399号：石器或老旧的玉环残件，在10R3探方6英尺6英寸深处。

第400号：陶环或空心陶管，在10L3探方7英尺6英寸深处。西藏。

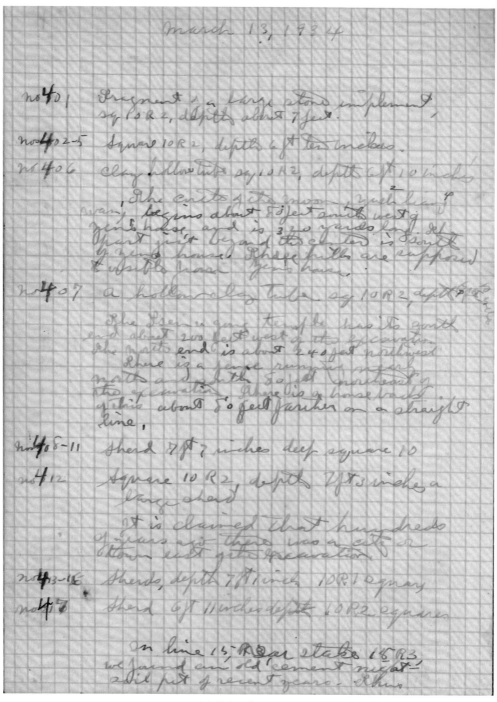

March 13, 1934

no 401　Fragment is a large stone implement, sq 10 R 2, depth about 7 feet.

nos 402-5　Square 10 R 2, depth 6 ft ten inches.

no 406　Clay hollow tube sq 10 R 2, depth 6 ft 10 inches away. The cinto of the moon (yüeh liang) begins about 50 feet south west of Yin's house, and is 3½ yards long. Its part just beyond this cluster is south of Yin's house. These hills are supposed to visible from Yin's house.

no 407　a hollow clay tube, sq 10 R 2, depth 6 ft 4. The Iser in good temple line its south end about 200 feet west of the excavation. The north end is about 240 feet northwest. There is a fence running into north and south about 80 feet northeast of the excavation. There is a house back of this about 50 feet farther on a straight line.

nos 408-11　Sherd 7 ft 7 inches deep square 10

no 412　Square 10 R 2, depth 7 ft 3 inches a large sherd

It is claimed that hundreds of years ago there was a city or town east of the excavation.

nos 413-16　Sherds, depth 7 ft 1 inch 10 R 2 square

no 417　Sherd 6 ft 11 inches depth 10 R 2 square

On line 15, R 2 at stake 15 R 3 we found an old cement night-soil pit of recent years. Thus

第401号：大型石器残件，在10R2探方7英尺深处。

第402—405号：在10R2探方6英尺10英寸深处。

第406号：中空陶管，在10R2探方6英尺10英寸深处。

月亮湾从燕宅以西约80英尺处起，长320码[①]。其中心以外不远处就是燕宅的南面。从燕宅应该可以看到这些小山。

第407号：中空陶管，在10R2探方6英尺10英寸深处。

真武宫（寺庙）的南端在发掘点以西约200英尺处，北端在西北方向约240英尺处。

在发掘点东北方向80英尺处，有一堵大致南北向的围墙。墙后直线距离约80英尺处有所房子。

第408—411号：陶片，在10号探方7英尺7英寸深处。

第412号：大陶片，在10R2探方7英尺3英寸深处。

据说，几百年前，在发掘点东边有一座城镇。

第413—416号：陶片，在10R1探方7英尺1英寸深处。

第417号：陶片，在10R2探方6英尺11英寸深处。

在十五英尺线15R3号标框附近，我们发现了一个近些年用水泥糊的粪坑。此坑……

---

① 1码约合0.9144米。——译者注

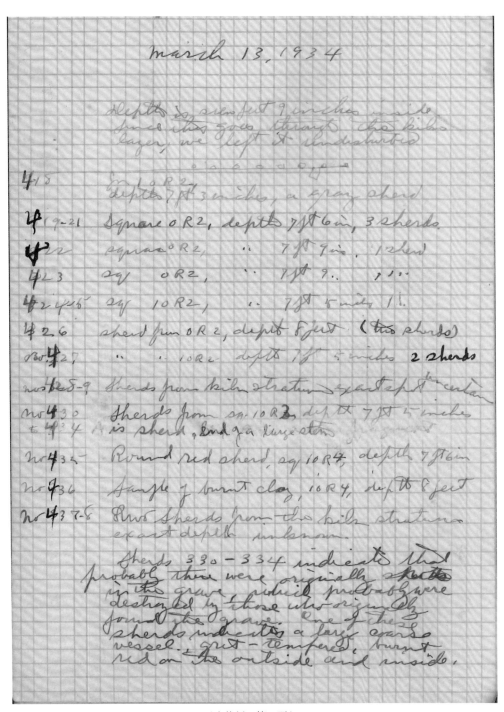

march 13, 1934

depth is seven feet 9 inches inside. Since this goes through the kiln layer, we left it undisturbed.

418   sq OR2, depth 7 ft 3 inches, a gray sherd

419-21   Square OR2, depth 7 ft 6 in, 3 sherds

422   square OR2,   "   7 ft 9 in,   1 sherd

423   sq   OR2,   "   7 ft 9..   1..

424 425   sq   10R2,   "   7 ft 5 inches 1..

426   sherd from OR2, depth 8 feet (two sherds)

no427   "   " 10R2   depth 7 ft 5 inches   **2 sherds**

nos428-9   sherds from kiln stratum exact depth uncertain

no430   Sherds from sq.10R2, depth 7 ft 5 inches

to 434   A is sherd, and g a large stone fragment

no435   Round red sherd, sq 10R4, depth 7 ft 6in

no436   Sample of burnt clay, 10R4, depth 8 feet

no437-8   Two sherds from the kiln stratum exact depth unknown.

Sherds 330-334 indicate that probably there were originally sherds in the grave which probably were destroyed by those who originally found the grave. One of these sherds indicates a large coarse vessel, grit-tempered, burnt red on the outside and inside.

……内部深度为7英尺9英寸。由于此坑穿过了废窑层，所以我们并未动它。

第418号：灰陶片，在10R2探方7英尺3英寸深处。

第419—421号：3块陶片，在10R2探方7英尺6英寸深处。

第422号：陶片，在OR2探方7英尺9英寸深处。

第423号：陶片，在OR2探方7英尺9英寸深处。

第424—425号：陶片，在10R2探方7英尺5英寸深处。

第426号：陶片，出自OR2探方8英尺深处（2块陶片）。

第427号：陶片，出自10R2探方7英尺5英寸深处。2块陶片。

第428—429号：陶片，出自废窑层，具体位置不详。

第430—434号：陶片，出自10R2探方7英尺5英寸深处。

第435号：红色圆形陶片，在10R4探方7英尺6英寸深处。

第436号：在10R4探方8英尺深处。

第437—438号：2块陶片，出自废窑层，具体深度不详。

第330—334号：这些陶片表明，墓中原本可能是有陶器的，或许被原先发现墓葬的那些人破坏了。其中一块陶片像是来自一件粗糙的大陶罐，夹粗砂，内外都烧成红色。

March 14, 1934

no 426-33　Sherds from sq. 10 R 2　depth 7 ft 6 inches

no 434　Sherd from sq. 0 R 2, depth 8 feet

no 435　Fine saucer fragment, sq. 15 R 4, depth 8 feet 2 inches.

no 436-452　Sherds, sq. 20 R 4, depth 8 ft two 6 inches

no 453-6　Sherds, sq. 10 R 5 depth 7 ft 6 inches

This morning we completed the excavation, going everywhere into the undisturbed clay. We left the cement water closet pit undisturbed, as in digging this the masons dug to the bottom of the kiln layer, and the farmer might want to use it again. The workers put the soil into the pit, returning the materials as far as possible so as to restore the land to its original shape and condition. We dug test pits to make certain we had gone deep enough.

This afternoon the dirt was carried back into its original place.

We took data so we could draw a map showing the locality of the excavation. We purposely did not exhaust this deposit, but left plenty for future archaeologists to excavate.

On March 15 we moved into Kwanghan, where we turned over three boxes of specimens to the magistrate. I was most admirably entertained at the home of its committees.

（方格纸，第45页）

第426—433号：陶片，出自10R2探方7英尺6英寸深处。

第434号：陶片，出自0R2探方8英尺深处。

第435号：精美的陶碟残件，在15R4探方8英尺2英寸深处。

第436—452号：陶片，在10R4探方8英尺6英寸深处。

第453—456号：陶片，在10R3探方7英尺6英寸深处。

今天上午，我们完成了发掘，所有地方都挖至生土层。我们没有破坏泥粪坑，因为工匠在挖凿该坑时已经挖至废窑层底部，而且农民可能还想用它。我们让工人们把土壤回填到探坑里，尽可能地将材料归于原处，以使土地恢复原状。我们挖了几个探坑，以确保挖得够深。

今天下午，沙土被运回了原地。

我们收集了数据，以便能够绘制一张反映发掘区位的地图。

我们有意识地没有穷尽该遗迹层，而是留给未来的考古学家去发掘。

3月15日，我们前往广汉县城，将三箱标本交给了县长。我在董宜笃家中受到了最盛情的款待。

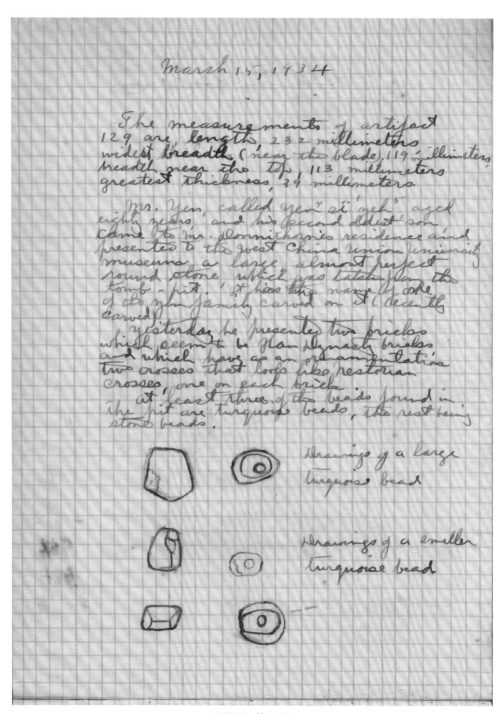

March 15, 1934

The measurements of artifact 129 are length, 232 millimeters widest breadth (near the blade), 119 millimeters, breadth near the top, 113 millimeters greatest thickness, 39 millimeters.

Mr. Yen, called Yen⁴ si' neh⁵ aged eighty years, and his second oldest son came to Mr. Donnithorne's residence and presented to the West China Union University museum a large, almost perfect round stone, which was taken from the tomb-pit. It has the name of one of the Yen family carved on it (recently carved).

Yesterday he presented two bricks which seem to be Han Dynasty bricks and which have as an ornamentation two crosses that look like Nestorian crosses, one on each brick.

At least three of the beads found in the pit are turquoise beads, the rest being stone beads.

Drawings of a large turquoise bead

Drawings of a smaller turquoise bead

（方格纸，第46页）

- -

　　第129号器物的尺寸为：长232毫米，最宽处（近刃部）为119毫米，顶帝附近宽度为113毫米，最大厚度为39毫米。

　　燕先生，人称燕师爷，80岁。他的二儿子来到董宜笃先生的住所，向华大博物馆赠送了一块几乎完好的圆形大石器——得自墓坑中，上面刻有一位燕家人的名字（最近所刻）。

　　昨天，他赠送了两块砖，看起来为汉砖——饰有"十"字纹，看起来像聂斯托利十字架，每块砖上各有一个。

　　在坑中发现的珠子至少有三颗是绿松石珠，其余的是石珠。

大绿松石珠线图　　　　　　　　　小绿松石珠线图

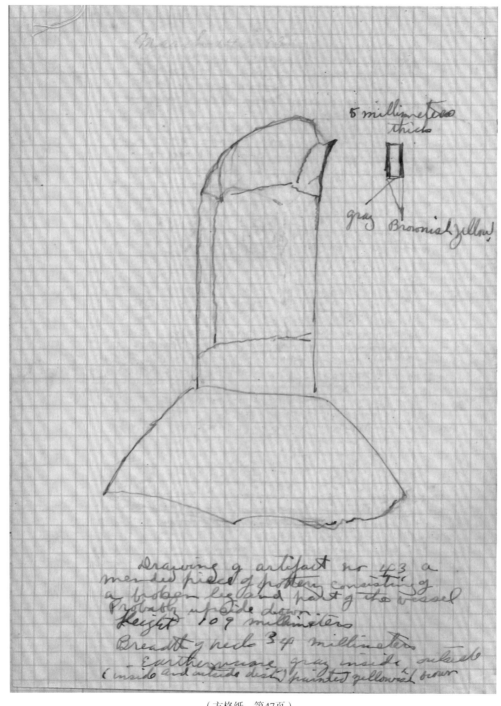

（方格纸，第47页）

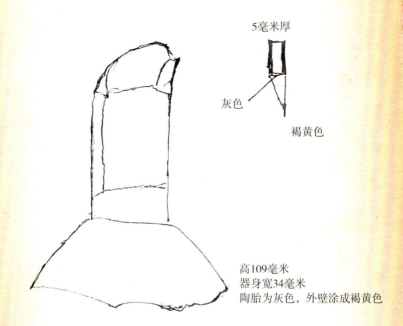

5毫米厚

灰色

褐黄色

高109毫米
器身宽34毫米
陶胎为灰色，外壁涂成褐黄色

　　第43号器物的线图，一件修补过的陶器，包括一只残缺的器足和部分器身。上下可能颠倒了。

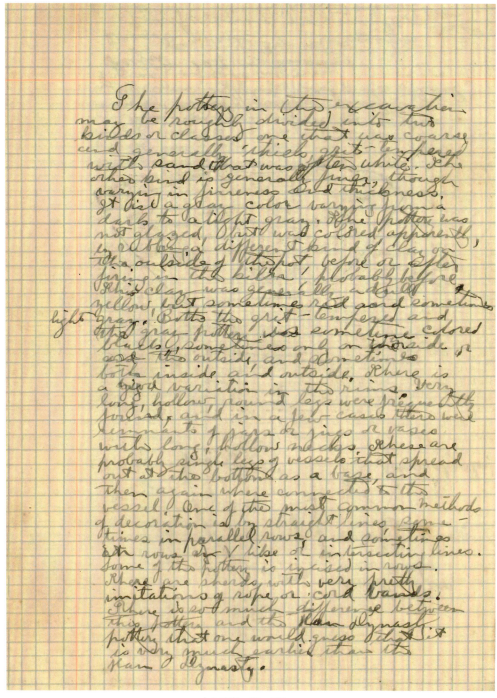

The pottery in the excavation may be roughly divided into two kinds or classes, one that was coarse and generally thick, grit-tempered with sand that was often white. The other kind is generally finer, though varying in fineness and thickness. It is a gray color varying from a dark to a light gray. The pottery was not glazed, but was colored apparently by rubbing a different kind of clay on the outside of the pot, before or after firing in the kiln, probably before. This clay was generally a dull yellow, but sometimes red and sometimes light gray. Both the grit-tempered and the gray pottery was sometimes colored black, sometimes only on inside or the outside, and sometimes both inside and outside. There is a good variation in the rims. Very long, hollow, round legs were frequently found, and in a few cases there were remnants of pipes or jugs or vases with long, hollow necks. These are probably single legs of vessels that spread out at the bottom as a base, and then again where connected to the vessel. One of the most common methods of decoration is by straight lines, sometimes in parallel rows, and sometimes other rows X like or intersecting lines. Some of the pottery is incised in rows. There are sherds with very pretty imitations of rope or cord bands. There is not much difference between this pottery and the Han dynasty pottery that one would guess that it is very much earlier than the Han dynasty.

发掘出的陶器大致可分为两类，一类是粗糙的夹砂陶，通常较厚，所羼砂粒常为白色。另一类通常更精细，但其在精细度和厚度上存在差异。这种陶器是灰色的，从深灰到浅灰不等。陶器没有上釉，但显然有上色。上色施之于进窑烧制之前或之后，方法是在陶器表面刷上另一种黏土，施之于烧制前的可能性更大。这种黏土通常为暗黄色，但有时为红色或浅灰色。有部分夹砂陶和灰陶会被涂黑，有时只涂内壁或外壁，有时内外两壁都涂。口沿样式不一。很长的中空圆形足比较多，还有少量带中空长颈的陶罐、陶壶或陶瓶的残件。这些器足可能是陶器的单足，其底部展开以作支撑，然后再与器腹相连。最常见的纹饰是直线纹，偶尔也有平行线纹、"V"形线纹或交叉线纹。有的陶器为刻线纹。有一些陶片上有非常漂亮的绳纹或带纹。这种陶器迥异于汉代陶器，因此其年代应该远在汉代以前。

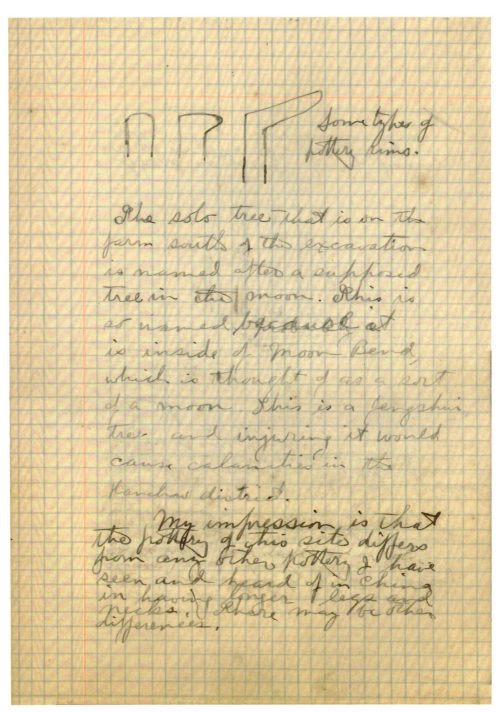

Some types of pottery rims.

The solo tree that is on the farm south of the excavation is named after a supposed tree in the moon. This is so named because it is inside of moon Bend, which is thought of as a sort of a moon. This is a fengshui tree and injuring it would cause calamities in the Kwanhow district.

My impression is that the pottery of this site differs from any other pottery I have seen and heard of in China in having longer legs and necks. There may be other differences,

（方格纸，第49页）

陶器的口沿类型

　　位于发掘点以南农田上的那棵孤树，被称为月宫神树。其恰好位于"月亮湾"（该湾形同弯月）内，故此得名。它是一棵风水树，[当地人认为] 损害它会在广汉地区造成灾难。

　　我的印象是，这个遗址的陶器与我在中国见闻过的其他任何陶器都不同，其器足和器颈都更长。或许还存在其他差异。

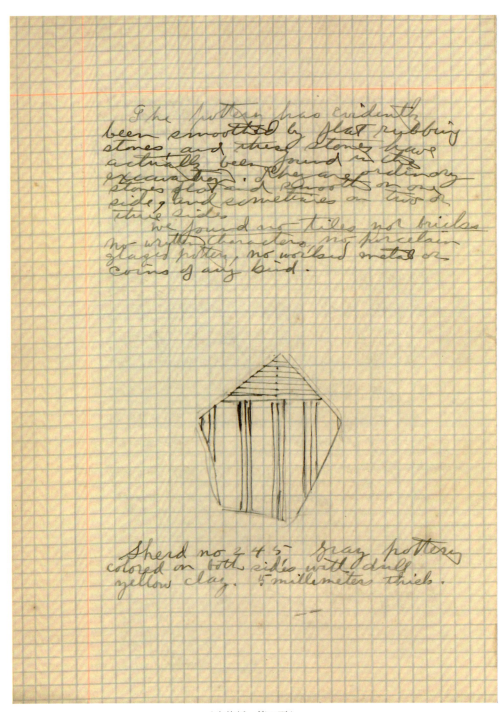

The pottery has evidently
been smoothed by flat rubbing
stones, and these stones have
actually been found in the
excavation. They are ordinary
stones flat and smooth on one
side, and sometimes on two or
three sides.

We found no tiles, no bricks,
no written characters, no porcelain
glazed pottery, no worked metal or
coins of any kind.

Sherd no 245 gray pottery
colored on both sides with dull
yellow clay. 5 millimeters thick.

（方格纸，第50页）

这件陶器显然曾经用一块扁平磨石打磨过。在发掘中确实发现了一些磨石。它们都是普通的石头，有一面平坦而光滑，间或有两三面。

　　我们没有发现瓦片、砖块、文字、玻璃陶瓷器皿、加工过的金属或任何种类的钱币。

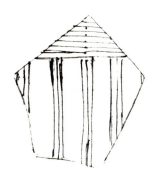

　　陶片第245号，灰色陶器，内外两壁均涂有暗黄色黏土，厚5毫米

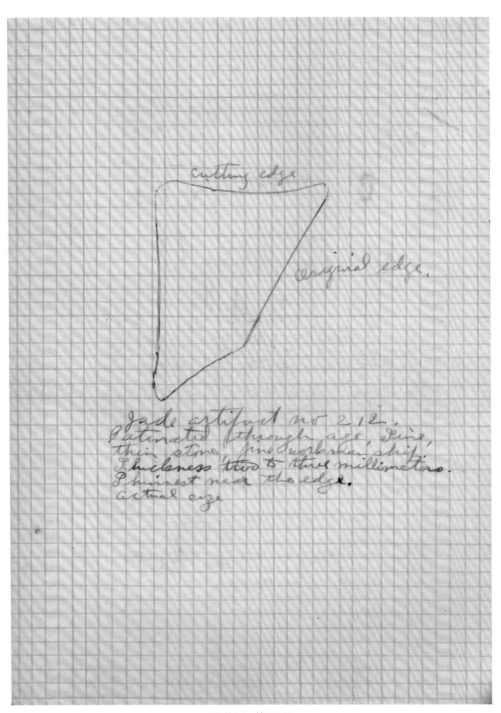

（方格纸，第51页）

切割出的边缘

原始边缘

　　玉器，第212号，因年久而生沁斑，玉石细薄，做工精细。厚2—3毫米。边缘附近最薄。

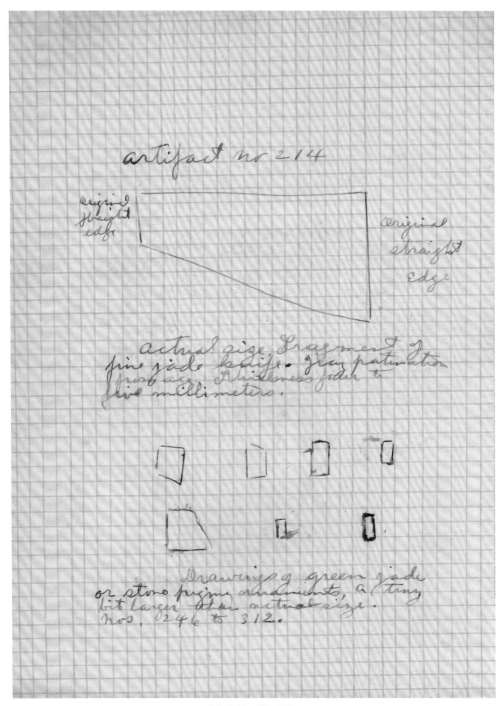

artifact nr 214

original straight edge

original straight edge

actual size fragment of fine jade knife. gray patination here and there. Thickness four to five millimeters.

Drawings of green jade or stone pijme ornaments, a tiny bit larger than actual size. nos. 0246 to 312.

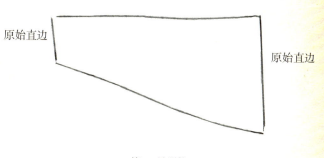

原始直边 ⟶ ⟵ 原始直边

第214号器物

精致玉刀残片。因年久而生灰色沁斑。器物尺寸：厚4—5
毫米。

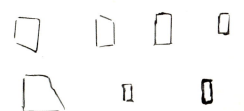

绿色玉/石小饰片线图，较实际尺寸略大。第246—312号。

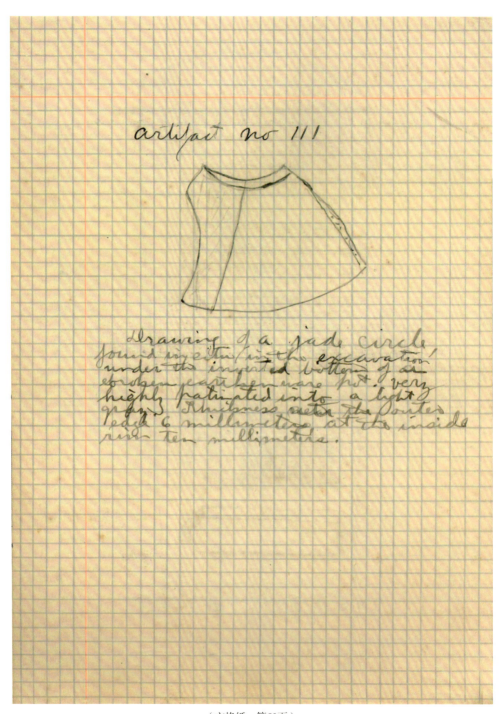

artifact no 111

drawing of a jade circle,
found in situ in the excavation,
under the inverted bottom of a
broken earthen ware pot. very
highly patinated into a light
gray. Thickness near the outer
edge 6 millimeters, at the inside
run ten millimeters.

第111号器物

    玉璧线图，在发掘现场一个倒置的碎陶罐底下发现的。沁蚀严重，呈浅灰色。外缘厚6毫米，内缘厚10毫米。

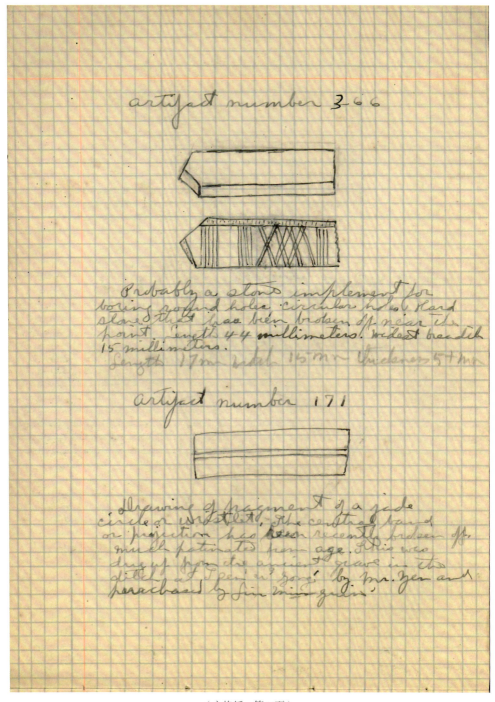

artifact number 3·6·6

Probably a stone implement for
boring round holes, circular holes. Hard
stone that has been broken off near the
point. Length 44 millimeters. widest breadth
15 millimeters.
Length 17m, width 145 m, thickness 5+ m

artifact number 171

Drawing of fragment of a jade
circle or wristlet. The central band
or projection has been recently broken off,
much patinated from age. This was
dug up from the ancient grave in the
ditch at Tsen'a gong' by Mr. Yen and
purchased by Sin min gulin.

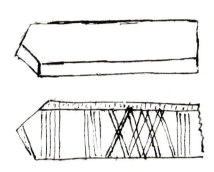

第366号器物

可能是一件用来钻圆形或环形孔洞的石器。石材坚硬，尖端处被折断。最长处为44毫米，最宽处为15毫米。长17毫米，宽15毫米，厚5毫米以上。

第171号器物

玉环或玉镯残件线图。中央有带状凸起，新近断裂。因年久而严重受沁。该器物由燕先生在真武宫附近的灌渠下的古墓中挖出，并由林名均先生购得。

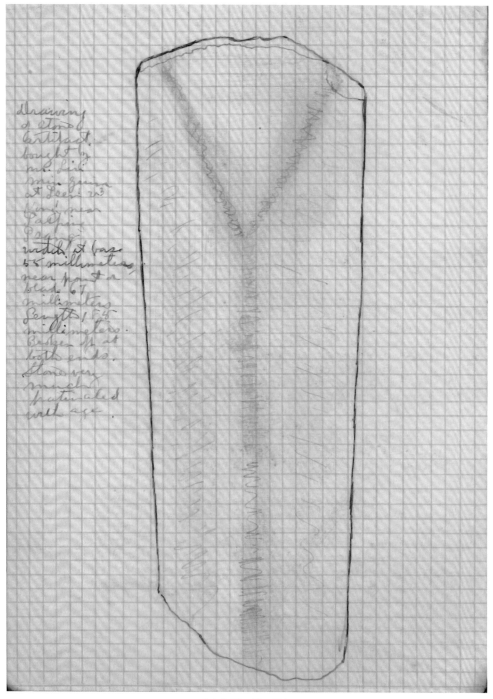

drawing
of stone
artifact.
bought by
mr. Liu
 Min gpuing
at Deer no
Kind near
LaShin
Pa no 8
width at base
55 millimeters,
near point of
blad. 67
millimeters
Length 145
millimeters.
Broke off at
both ends.
Stone very
much
patinated
with age.

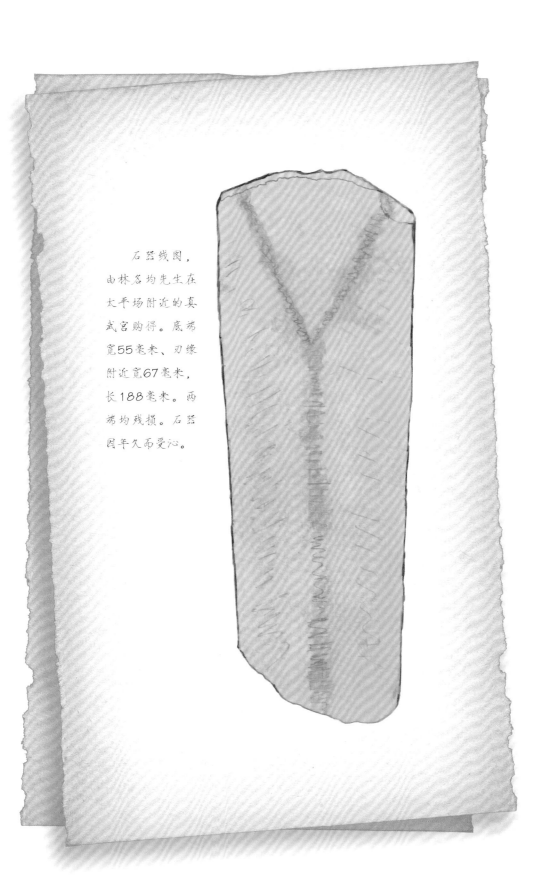

石器线图，由林名均先生在太平场附近的真武宫购得。底部宽55毫米、刃缘附近宽67毫米，长188毫米。两端均残损。石器因年久而受沁。

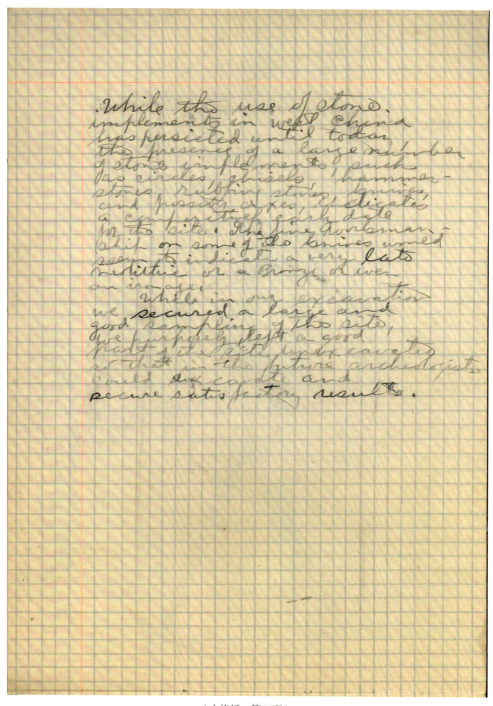

While the use of stone implements in west China has persisted until today the presence of a large number of stone implements, such as circles, chisels, hammer-stones, rubbing stones, knives, and possibly axes, indicates a comparatively early date for the site. The fine workman-ship on some of the knives would seem to indicate a very late neolithic or a Bronze age or an iron age.

While in our excavation we secured a large and good sampling of the site, we purposely left a good part of the site unexcavated so that in the future archeologists could excavate and secure satisfactory results.

虽然石器在中国西部的使用一直持续到现在，但石璧、石凿、石锤、磨石、石刀（或许还有石斧）等大量石器的存在，表明该遗址的年代相对较早。某些石刀的精美做工，似乎表明其年代应为新石器时代晚期或青铜时代，甚或是铁器时代。

　　在发掘中，我们从该遗址获得了大量优选标本。但我们特意留下了很大一部分遗址未加发掘，以便考古学家在未来的发掘中取得令人满意的成果。

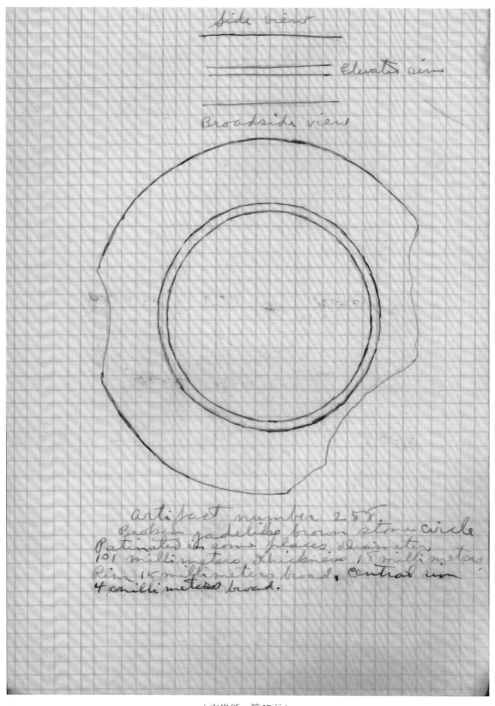

(方格纸，第57页)

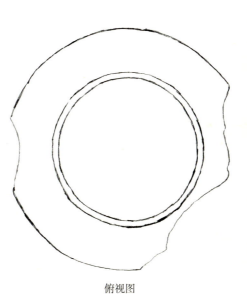

凸起的领边

侧视图

俯视图

　　第258号器物，近似玉质的褐色石环，残，局部有沁斑。直径
101毫米，厚18毫米，外缘宽15毫米。中间的领部厚4毫米。

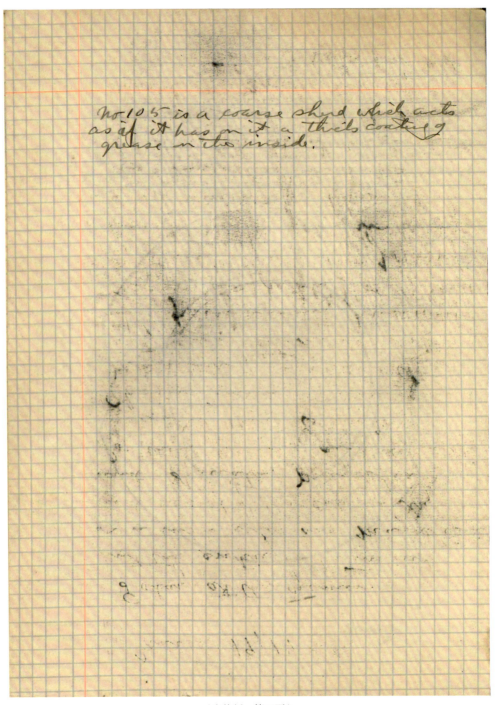

No. 105 is a coarse sherd which acts
as if it has on it a thick coating g
grease on its inside.

第105号，一块粗陶片，里面好像涂有一层厚厚的油脂。

March 19, 1934

Today at the yamen I put the entire collection out on a table before the magistrate and several of the city gentry and officials. Magistrate Lo then formally and definitely presented them to the West China Union University Museum of archaeology, art, and Ethnology, to be permanently preserved — they for the people of West China. I, David Graham, formally accepted the gift in behalf of the University, thanked the magistrate and the local people, and said that the University and the museum would endeavor to carefully preserve these for the people of West China.

今天，我在县署把收集到的器物全部拿出来，放到县长和城中几位士绅及官员面前的桌上。随后，罗县长正式确定将其赠给华大博物馆，由华大博物馆为华西民众永久保存。

我，葛维汉，代表学校正式接受了馈赠，对县长和当地人民表示了感谢，并表示学校和博物馆会尽力为华西民众仔细保存这些文物。

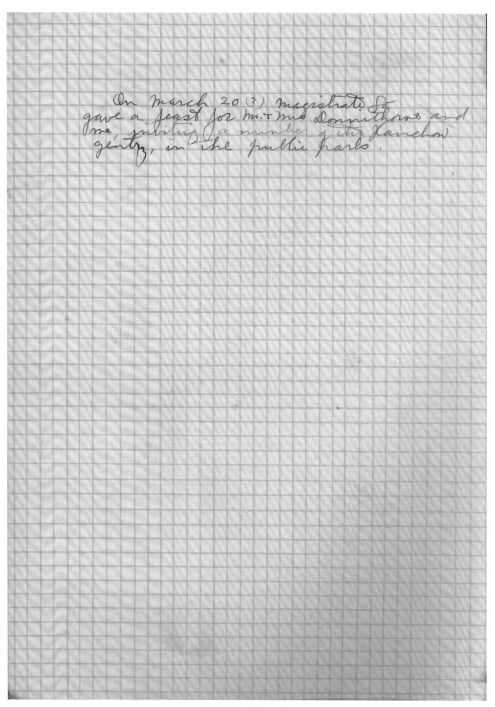

On March 20 (3) magistrate So gave a feast for Mr. + Mrs. Donnithorne and me, inviting a number of the Kanchow gentry, in the public parls.

3月20日（？），罗县长在公园内宴请董宜笃夫妇和我，还请了很多广汉士绅。

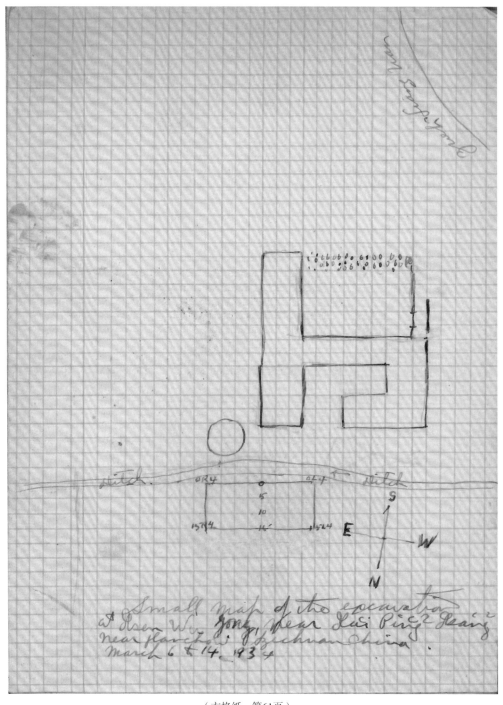

（方格纸，第61页）

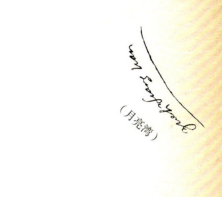

（月亮湾）

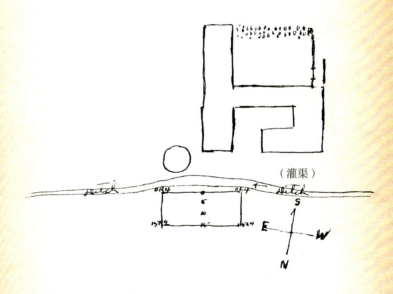

（灌渠）

真武宫发掘区示意图
（中国四川广汉太平场附近，1934年3月6日至14日）

附：其他相关档案资料

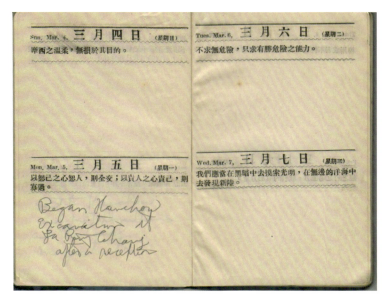

葛维汉日记·3月1日/DCG-Diary-06-p040
（到广汉会见董宜笃和罗县长）

葛维汉日记·3月5日/DCG-Diary-06-p041
（设宴之后开始广汉太平场发掘）

葛维汉日记·5月5日、5月6日/DCG-Diary-06-p050

（5月5日，博物馆工作……协助绘制广汉陶器图；5月6日，近500人到省城参观博物馆）

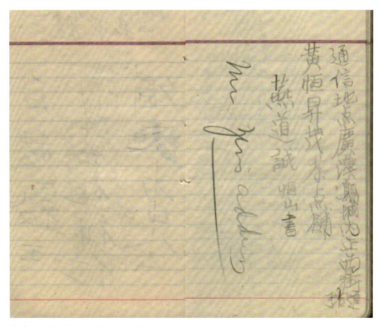

燕先生地址/DCG-Diary-11-p10

（通信地点广汉县城内正西街□□黄恒升茂茶点铺　燕道诚□山书）

汉州发掘简报

葛维汉/著　蒋庆华/译　代丽鹃/校

　　译者按：《汉州发掘简报》原文为英文，1934年发表于《华西边疆研究学会杂志》第6卷（D.C.Graham, A Preliminary Report of the Hanchow Excavation, in *Journal of West China Border Research Society*，Vol.6（1933-1934），pp.114-131）。原文刊发时共有72页，其中文本页18页（标有页码，含正文17页和参考文献1页），即该刊的第114—131页，另有图版页54页（未编入页码），包括地图、照片、发掘现场考古绘图和器物考古绘图。器物考古绘图统一附于正文之后，其余图片则穿插在正文中间。图版页详情如下：（1）地图页2页，每页1幅地图，共2幅地图。（2）照片页18页，共计21张照片。其中人物及场景照片3页，每页2张照片，共6张照片；展柜照片1页；器物照片14页，每页1张器物照片。（3）发掘现场考古绘图和器物考古绘图页34页，考古绘图有统一编号。其中发掘现场绘图5页，共5张图，器物考古绘图29页，共71张图。为便于呈现，将部分图片附入正文，部分图片编于文后。

　　沈允宁曾将该文译为中文，收录于2004年出版的《葛维汉民族学考古学论著》（葛维汉：《汉州发掘简报》，沈允宁译，陈宗祥校，载李绍明、周蜀蓉选编：《葛维汉民族学考古学论著》，巴蜀书社，2004年，第176—198页）。但沈译本仅节译了文本页，图版页则付之阙如。此外，对于文本翻译，译者也有很多不同的看法和理解。故而此次不但将图版页录入（位置有所调整），还在参考沈译本的基础上进行了重译。

　　译者还参考了林名均的广汉发掘报告（林名均：《广汉古代遗物之发现及其发掘》，《说文月刊》1942年第3卷第7期，第93—101页）。林名均与葛维汉一起在1934年进行了太平场发掘，他的报告发表于葛氏报告之后，并自称"乃根据平时参加发掘经验及个人研究所得，并参考葛氏报告，草成此篇"。值得注意的是，他认为葛氏报告"颇有可商榷之处"，因此提出了一些不同的见解。因此，译者以林氏报告为参考，对两份报告进行了一些比对，并在译注中加以说明。

　　翻译时还参考了原华西协合大学博物馆（今四川大学博物馆）的广汉文物登记卡和郑德坤关于广汉文化的论述以及其他有关三星堆文化的论著，必要时则将相关信息注于译注中。这些卡片记有器物名称、采集地和馆藏位置及其他采集信息和备注信息。卡片内容为英文打印，当出自葛维汉之手，部分条目注有中文，应是由林名均翻译并手写的。卡片样式如下：

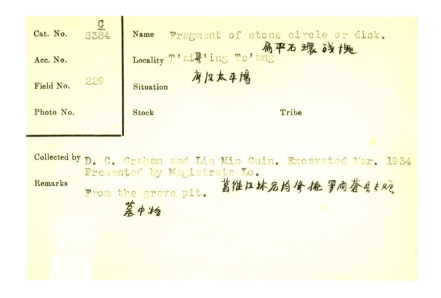

Cat. No.	$\frac{C}{8384}$	Name	Fragment of stone circle or disk. 扁平石環残塊
Acc. No.		Locality	T'ai P'ing Ts'ang
Field No.	229	Situation	广汉太平场
Photo No.		Stock	Tribe

Collected by D. C. Graham and Lin Min Guin. Excavated Mar. 1934
Presented by Magistrate Lo.
Remarks From the grave pit. 葛維口林名均等掘 罗而簪贈专攻
墓中物

原华大博物馆广汉文物
登记卡C/8384

　　关于器物名称的翻译，本文采用了直译。需要说明的是，对于出土的环璧形玉石器，葛氏在报告中所用名称有"ring""disk（disc）""circle"三种。"ring"主要在引用董宜笃所述时使用。葛氏本人偏好使用后两个单词，且常交替使用二者指代同一类甚至同一件器物。这一点在广汉文物登记卡的英文内容中体现得尤为明显，如上文提及的C/8384号卡片，英文名称记为"Fragment of stone circle or disk"，对应的中译名为"扁平石环残块"。英文名称记为"disc or circle"的卡片并不多，其中译名通常为"扁平环"，但也有直接译为"环"的，如C/8396—C/8414号卡片，英文名称记为"Pieces of broken stone circles or disks"，中译名为"破残石环"。单独记为"circle"的卡片数量很多，中译名则有"环"和"璧"两种，如C8293号卡片，其英文名称记为"Brown jade circle"，中译名为"棕色璧"，而在C/8369号卡片中，其英文名称记为"Broken stone circle"，中译名则为"破石环"。译者在翻译时，为对"ring""disk（disc）""circle"加以区分，将"ring"译为"环"，"disk（disc）"译为"璧"，"circle"译为"环"或"璧"（后者为少数）。并在将"ring"译为"环"和将"circle"译为"璧"的地方，加以注释说明。主要器物名称的中英文对照如下：

英文名称	中文译名
ring	环
square	方或琮
knife	刀
disk（disc）	璧
circle	环或璧
chisel	凿
sword	剑

1931年春，四川广汉的董宜笃（V.H. Donnithorne）牧师获悉，一位富裕的燕姓农民①在疏浚一条古老的灌渠②时发现了许多环形、方形和刀形的玉石器③。董宜笃意识到它们具有重大的科学价值，于是试图将其永久保存下来，以免散失。以下为董宜笃所述。

---

① 即燕道诚。——译者注
② 林名均称之为"小溪"，例如"燕宅之旁有小溪，传为明代所掘凿"（详见林名均：《广汉古代遗物之发现及其发掘》）。——译者注
③ 原文为"stone and jade rings, squares, and knives"，沈允宁译为"石器、玉环、方玉和玉刀"，但译者认为此处的"环形、方形和刀形"（rings, squares, and knives）器物均有玉和石（stone and jade）两种材质。——译者注

　　我最初于1931年早春听闻附近挖出了石刀和石环。据说，一位农民在挖水坑时发现了很多这样的物品，还将其送给了一些妇女、苦力等各色人等。我深知不便由一个外国人出面来获取这些东西，须通过当地的中国官员办理，因此我和陶旅长①（现为将军）谈了谈，敦促他调查并设法保存这些东西。陶旅长当时是本地的县长，他答应我去打听一下，并承诺尽可能带一些石器来给我看看。没过几天，他带来了现在放在博物馆②里的五件石器③。他说，这是在一位富绅的土地上发现的，但此人不愿放弃这些石器，也不愿将它们卖出。陶旅长虽然向他借到了这五件石器，但还是得还回去。我得到许可，可以保留一段时间。第二天我就乘车去了成都，把它们交给戴谦和（D.S.Dye）先生保管。几天后，我又见到了陶旅长，就请他尽力为博物馆争取到这些东西。没过多久，他就来了，并带来了燕先生——就是发现石器的那位老先生。后者显然充满疑虑，不知道我要这些石器做什么。陶旅长也对这次发现非常感兴趣，并希望将这些石器妥善存放在大学博物馆里。最终，燕先生同意把这五件石器给陶旅长，陶旅长又将其作为礼物留在了大学博物馆。后来，我们在六月进行了一次考察，前往距此约十八里的太平场，对器物发现地点进行了调查和拍摄。参与调查者有陶旅长和他的六名侍卫、戴谦和、大学摄影师晋先生和我。

---

① 即国民革命军第28军的陶宗伯，时驻广汉。——编者注
② 指华大博物馆，下同。文中提及的大学均指华西协合大学。——编者注
③ 实际上是玉器。——编者注

陶将军送给华大博物馆的五件玉器，是其向燕先生购买所得。燕先生本人则另向博物馆赠送了一件玉刀和一件大石璧。1934年，燕先生又送给博物馆两件大石环，一件碎成两半，另一件保存完好。

1933年秋，笔者写信给董宜笃牧师，希望获得更多有关华大博物馆所藏玉器的信息。随着通信的开始，我们最终逐渐形成一项计划，即前往发现玉器的出土点进行发掘，以期找到更多类似的物品和更多的信息，从而更准确地判断其年代和所属文化。我们及时获得了四川省教育厅与四川省政府的批准和发掘执照。

1934年3月1日，笔者前往广汉，与当地官员就发掘事宜做最后的安排。令人吃惊的是，就在当天，已经有一队人开始发掘这个地方了。在罗县长了解到不科学的发掘会造成无法弥补的损失后，他下令停止了发掘，并邀请笔者带上发掘工具来督导该项工作。发掘工作由罗县长主持，但发掘方法则由笔者全权决定。[①]

3月5日，笔者再赴广汉，这次做好了充分的准备。当天下午和晚上在董宜笃家中受到男女主人的款待。罗县长打电话来讨论发掘计划。翌日早晨，董宜笃、罗县长派来的两名官员和笔者一起前往太平场附近的发掘地点。在距太平场约二里处，有一队士兵敬礼恭迎，随后护送我们一行进村。我们在村中受到了款待，用过茶点后才被护送到燕先生家中。

在燕家享用了一顿丰盛的晚餐后，我们将行李搬到附近

---

① 林名均记之为："二十三年春，罗县长以好古心切，邀葛氏从速办理。葛氏以此项发掘非以现代科学方法，不能辨明其层位而求得其时代之价值。然此事在蜀尚属创举，以西人主持其事，恐引起不必要之误会与纠纷，乃改用县政府名义，由罗氏出面主办，而以发掘工作归由葛氏负责指导进行。"（参见林名均：《广汉古代遗物之发现及其发掘》）——译者注

寺庙的一间净室。然后，我们开启了发掘的准备工作，也就
是用木桩打围发掘地——由于地面凹凸不平，这项工作相当
困难。次日早晨，发掘工作正式开始。①

发掘的那段时间，太平场附近的乡间不大太平。一大
群盗匪偶尔会发起夜袭，目的是抓富人当"肥猪"，以勒索
赎金。发掘期间，我们便接到了两次这样的夜袭报告。罗县
长得知这一危险后，就派了80名士兵来保护我们。为了加强
防范，负责的军官让我们几乎每晚都睡在不同的房屋内。白
天，士兵们在工地四周设置警戒，外人不得靠近。包括当地
官长黎先生在内，有六名官员受到了罗县长的委派，负责在
需要时为我们提供帮助。

发掘地点所在的太平场，距广汉约十八里。它位于一
座土坡②的顶上，比周围平原高出四五十英尺。平原相当平
坦，灌渠从灌县带来的泥沙以每千年约六英尺的速度逐渐在
此堆积。此外，这座土坡和附近的其他几座土坡一样，正在

---

① 据葛氏日记，立桩布方应是在3月6日，当天下午发掘工作正式开始。——
译者注

② 原文为"hill"，直译为"小山"，林名均记之为"高平原"："广汉……
西北十八里，沿江一小镇，名太平场，去场二里许，有小庙曰真武宫，位
于一高平原之上。"（参见林名均：《广汉古代遗物之发现及其发掘》）
而郑德坤在《四川古代文化史》中称之为"土坡"："四川广汉文化遗址
位于县西北十八里之太平场。去场二里许有小庙曰真武宫，位于土坡之
上，土坡高出周围平原约四五十尺。"（郑德坤：《四川古代文化史》，
巴蜀书社，2004年，第45页）而《文物》1961年第11期刊载的《广汉中兴
公社古遗址调查简报》指出："遗址所在的台地为一三级台地，高出河面
约20余米，但二、三两级已为自然力或人工所破坏……在台地一级部分未
发现文化层，三级部分发现文化层的也仅有月亮湾一处，在二级部分差不
多都有文化层发现……遗址中心可能是在月亮湾、真武宫南面附近一带，
过去最早发现大批玉器的地点，就是在这一地段上的燕家院子门前。"综
合以上诸家的描述及葛维汉原意，这里采纳郑氏之说，将遗址所在的台地
译为"土坡"。——译者注

遭受侵蚀，这就解释了为何古代废窑层①会如此接近地表。

最初发现的环形、方形和刀形玉石器，出自燕家田地里一条古老灌渠的底部。据当地史料记载，该渠开挖于明代。灌渠每年都要用公费清理。地势较高的地方得用牛力水车车水灌溉。燕先生的稻草棚下就有一台这样的水车，他正是在淘浚沟渠以使水车有效运作时，有了这一惊人的发现。

他在渠底发现了一个近乎东西向的深坑，长七英尺，宽三英尺，深约三英尺。该坑顶部覆盖着平放的石璧。这些石璧总共约有二十件，从大到小依次排列。坑顶平铺了一层石璧，两侧则竖立着两列较小的石璧。②坑内，在平铺层下方发现了精致的玉器。起初，燕先生并未意识到它们的价值，就送了一些给友人。

在离燕家不远的土坡旁，有一大弯道，呈半圆形，看起来很像月亮，此处因而得名月亮湾。附近有间农舍，院子里有棵孤树，被当作风水树。人们相信月亮上也是如此，中有独木，世界上有很多类似的地方。它们都被视为风水树，充满着神秘的风水力量。再往南有一小丘，上有三个小土堆，

---

① 原文为"kiln stratum"，直译为"窑层"。葛维汉用以指称此次发掘的器物出土层。林名均称此地层为"瓦砾层"："第一坑……其地表面为近代之黑土层……其次即瓦砾层……其中所含陶片及破损陶器，最为丰富……吾人发掘所得皆在此层之内。"但林氏紧接着又道："以其土质多变为红色，故葛氏疑其为古代之一陶窑。"（参见林名均：《广汉古代遗物之发现及其发掘》）由林氏的描述可知，葛维汉是倾向于将该器物出土层视为一陶窑废弃层的。故而，此处遵从葛氏原意将"kiln stratum"译为"废窑层"。以下皆同，概不赘述。——译者注

② 林名均对此有不同记载："民国二十年春，因溪底淤塞，溉田不便，燕氏乃将水车干，施以淘浚，忽于溪底发现璧形石圈数十，小大不等，叠置如笋，横卧泥中。"随即附注："此系事后随戴谦和先生赴遗址考察之摄影员晋君闻诸燕师爷之子转告于我者，据云燕氏以事关风水，记忆甚确，与葛氏报告书中所言之排列方法不同。"（参见林名均：《广汉古代遗物之发现及其发掘》）——译者注

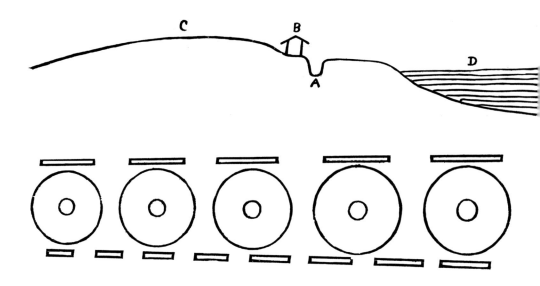

被视作星星——这个小丘就被称为三星堆。土堆、孤树、月亮湾和附近的其他地形特征相结合，使得人们认为燕家附近是块风水宝地，是广汉的风水中心。据说这里的风水极佳，若能勘破其玄机并顺势而行，将十分有益。因此，此处可能长期都是重要人物的居所。如果做错了事，风水也可能会对人造成很大的伤害。燕先生的一个儿子给我看了一个深约七英尺的坑。他说，因为这个坑挖得太深，导致他和父亲都病了，差点就死了。他还说，如果再挖下去，广汉就会暴发严重的瘟疫。

燕家往东不远，在同一座山上，据说还有一座古城遗址。在山上的某些地方还可以找到汉代的砖。传闻山上曾住过一位宰相⋯⋯

这次发掘使用的工具有测量仪、平板仪、洋铲、中外锄头、泥铲和钝刀、代替橙色标杆的竹竿或竹签、打孔器、硬刷和软刷、钢卷尺、测量杆、松脂、绘图工具、指南针、柯达相机等。我们的目标是仔细区分地层，确切地记录每件值

发掘现场地形图（上）（由董宜笃牧师绘制A：发现器物的灌渠；B：水车棚；C：高出平原的小山；D：平坦的平原，由山上的泥沙逐渐淤积而成）

古墓被发现时的原貌（下）（顶部覆盖着石璧，由大到小水平放置，两侧石璧由大到小依次竖立排放，每件石璧中心均有一个孔。由董宜笃牧师绘制）

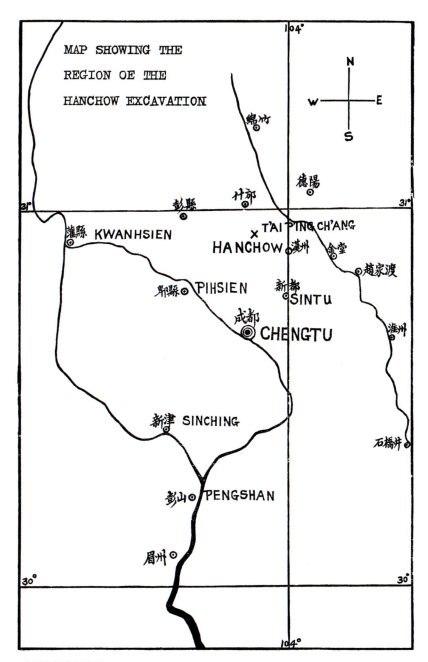

MAP SHOWING THE
REGION OE THE
HANCHOW EXCAVATION

广汉发掘点区位图

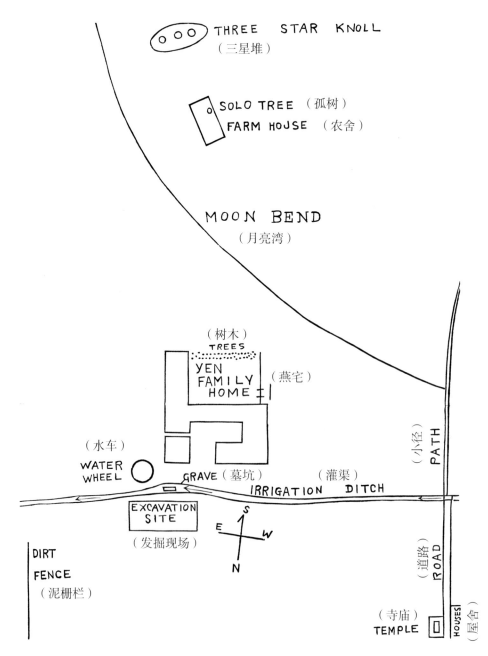

1934年3月6日至14日太平场发掘区示意图

得保存的器物的出土位置和深度，完整而详细地记录所有工作，以便尽可能多地揭示出该地的历史和隐匿的文化。

我们首先在要发掘的地面用标桩划出一些五英尺见方的探方。每根标桩上都有一个编号，每个探方的编号即其右下角标桩的编号。出土的每件器物都要编号，并登记在田野记录本上。我们在记录本中仔细地记录了每件器物的出土深度和平面坐标及其他有价值的信息。我们还绘制了平面图和地图各一幅，并留有完整的工作记录。为保证深度测量和分层的准确性，我们确定了一个理想的基准面。测量仪被固定在三根木桩上，木桩则被牢牢地打入地下。所有的深度测量都以这个理想基准面为参考。这条灌渠从西北靠向燕家，接近水车时拐了个急弯，随后几乎笔直地向东流去。燕家的房屋位于灌渠南侧。由于房子离沟渠很近，渠岸又很陡，以至在灌渠南侧靠近古墓的地方进行发掘几乎是不可能的。因此，我们决定在灌渠北侧发掘。我们首先在零基准线与五英尺线之间挖了一条长40英尺、宽5英尺的探沟，探沟深至碎陶器出土地层或其他有人类活动痕迹的地层以下几英尺。然后，我们又打了好几个还要深几英尺的探洞，以保证发掘深度。

玉石器和其他器物是在灌渠底部发现的，而沟里满是流水。为了尽可能弄清该坑到底是人类墓葬还是别的什么，我们在灌渠的两端筑起堤坝，使渠水改道经新挖的探沟流出，然后用水车把渠水抽干。仔细淘筛完所有沙土后，我们往下一直挖到生土层，接着又向下打了一些探洞。我们找到了出土玉石器的那个坑，并仔细淘筛坑中沙土，希望找到当地人遗漏的器物。我们从中找到近百件石环和玉石刀的残件、15件绿松石珠或绿色玉珠、80余件方形或长方形的小玉片，以及一些陶器碎片。

接着将水导回灌渠，并在第一条探沟的两侧各挖了一条

新探沟，均为40英尺长、5英尺宽。三条探沟中均有一未经
扰乱的地层，那是一个古代陶窑的废弃堆积。该地层最浅处
离地面仅一英尺多点，有的地方深达四五英尺。在这一地层
中发现了数百件陶器碎片、大量破碎的玉石器残块以及少量
保存完好的器物、三颗珠子和三件小玉片。我们在墓葬中发
现了更多的类似玉片。①发掘结束后，所有的沙土都被回填
到沟里，地面也被仔细平整。农民因允许发掘和庄稼受损而
获得了补偿。我们在发掘点四周都打了探洞，向北延伸约50
英尺，向西延伸约50英尺，向东延伸约100英尺，向南延伸
约200英尺。无论在哪里，在地表之下都发现了古窑址的堆
积层。我们并没有完全发掘这个遗址，将来的考古学家纵使
不能在此发现新的墓葬，也可找到成千上万的陶器碎片和大
量的玉石器残件。②

　　发掘工作由罗县长主持，我们受他委托确保发掘工作的
科学性。因此，我们把发掘的器物全部带至县署，让罗县长
过目。他看过之后说："这批器物具有重要的科学价值，我
把它们赠给华西协合大学考古博物馆。"我对他和广汉人民

---

① 关于两条新探沟的出土器物，林名均记之如下："溪底工作既毕，更紧接
　第一坑之南开第二坑，同时依其北开第三坑，长宽均同第一坑。第三坑土
　层与第一坑相同，在第二层中亦掘得若干陶片与石器残块。第二坑半属溪
　岸，较田坝约高一英尺余，上二层泥土，系后人堆积，杂有近代陶瓷残
　片，无何等价值。下第三层，与第一、第三两坑之瓦砾层同，所得亦相
　似。再下即为未曾翻动之黄土层矣。"（参见林名均：《广汉古代遗物之
　发现及其发掘》）——译者注
② 林名均记之为："遗物散布之区域，甚为广大，若能用长时间而作大规模
　之发掘，成绩必更有可观；唯因种种限制，吾人不得不暂行结束，将所掘
　之坑，用泥土补填复原，并给地主以相当酬报，赔补其损失。"（参见林
　名均：《广汉古代遗物之发现及其发掘》）——译者注

的深情厚谊表达了谢意，并代表博物馆接受了馈赠。[①]在我返回成都前，广汉县教育局的李先生在商会宴请董宜笃等先生和我，罗县长则在城市公园[②]的一座建筑里宴请了我们。

对于研究古代东方文化和历史的学者来说，这批器物至少有三个方面值得关注。第一，随葬器物可揭示出古代丧葬习俗和社会、宗教习俗。第二，玉石器及其纹饰将引起考古学家的兴趣。第三，出土的大量陶器碎片，为研究四川上古时期的陶器奠定了基础。

我们已经指出，这些惊人发现是在一个坑中获得的。该坑长7英尺、高3英尺，大小相当于一个普通坟墓。玉刀（玉凿、玉剑）、玉琮和玉璧等礼器是中国周朝时期常用的随葬品——珠子也很可能是和死者一起入葬的。这极可能是一座古代墓葬；如果这一假设是正确的，那就意味着我们在这批器物中发现了四川地区最古老的随葬品——其年代比已知的随葬品要早约1000年。

三、青石和绿松石珠
（出土于四川广汉附近太□场的周代墓葬。大多外□粗糙且不规整。最大者□40毫米，厚12毫米。现□于华大博物馆）

墓坑出土器物有绿松石和绿色的石珠或玉珠，珠上有粗糙的穿孔。这些孔是从珠子的两端对钻的，靠近中心的地方孔径较小。还有八十多件绿色的小玉片，它们没有可供串

---

① 林名均记之为："综计此次发掘所获，玉器、石器、陶器、陶片等物，共有六百余件，分置六箱。吾人所应特别申谢者，为罗县长以此有关文化之古物分散以后，不便研究整理，乃将全部移赠华西大学博物馆保存。惜燕氏私藏数器，几经交涉，未能购致，仅摄影以作参考而已。"（参见林名均：《广汉古代遗物之发现及其发掘》）——译者注
② 应是房湖公园，建于唐代名相房琯贬居汉州时的宅邸旧址。——译者注

缝的孔洞，应该是粘于木制或皮革物上的装饰品。玉剑、玉刀和玉凿显然是祭祀用品。在周代的天地崇拜中，玉琮象征地，玉璧象征天。墓里原本有陶器，但显然被最初开启墓葬的人打碎并扔掉了。两把玉剑的剑柄附近有许多凹缺，这是战争的象征。博物馆根据发现于墓坑的长玉剑制作了一件复制品，但没能还原出那些凹缺。两件玉琮颇像劳费尔（B.Laufer）[①]在他那部讨论玉器的大作[②]中描述的玉管，他认为它们是"地"的象征。广汉出土的玉环酷似周代玉璧，或许这些石环或石璧也用于象征"天"，但它们太大了，不可能是玉制的。

在原生废窑层[③]中，除了上面提到的三颗珠子和三块小玉片，我们还发现了大量的玉或石制的刀、剑、凿和环的碎片，它们与墓里发现的玉石器不仅用料相同，形状也极为相似。通过对这些器物和墓葬出土器物进行整理和研究，我们不难得出结论：该废窑层和墓葬属于同一时代、同一文化。

华西协合大学的地质学教授戴谦和仔细地研究了一些玉器和石器后，做了如下记录：

[①]　劳费尔（Berthold Laufer, 1874—1934），又译为洛佛尔、劳弗尔，美国汉学先驱、亚洲文化研究的开创者。他被公认为知识渊博、成果非常丰硕的西方汉学家。从1908年起，劳费尔为芝加哥菲尔德自然历史博物馆收集藏品，并于1908—1934年担任亚洲人类学的策展人。主要作品有《中国古玉考》（1912）、《中国伊朗编》（1919）等。——译者注

[②]　此处系指劳费尔所著 *Jade-A Study In Chinese Archaeology And Religion* 一书，初版1912年由菲尔德自然历史博物馆在芝加哥出版。本文参考文献中所列正是此版。此书名直译为《玉：中国考古学与宗教的研究》，也有译为《翡翠》、《中国玉器考》《中国古玉考》的。鉴于论述广汉出土玉器的学者多将此书称为《中国古玉考》，故而本文采用了这一译名。——译者注

[③]　原文为"undisturbed kiln stratum"，直译为"未经扰动的窑层"。原华大博物馆广汉文物登记卡（C/8425-30）记之为"未翻动之陶窑"。这里所言之"undisturbed"系相较于从渠里抛出来的废窑层堆积而言，前者是原生的，后者是次生的，故而将本文中的"undisturbed kiln stratum"均译为"原生废窑层"。——译者注

　　本研究十分有限，我仅用卡尺在低倍率透镜下检视了器物硬度和肉眼可见的纹饰。绿色小玉片的硬度经检测为5，比重为5.3。其经磨制成型，没有使用线锯，由多变的磨痕方向可知磨具未经固定。由于玉片都太小，为了更好地测定其比重，需将其集为一打。这些玉片没有孔，因此可能是粘在某些器物表面的；通常宽4毫米，长10毫米，厚0.5毫米。

　　C/8450是一件残片，硬度为6。显然，它先是被锯成了一块两边厚度不等的厚板，接着有人用线锯在其中一面锯出菱形图案（由交叉的两对平行线构成）。随后，其纵向边缘得到了修整，一边单向锯割，另一边双向锯割（分别向上和向下）。用于锯交叉线的线锯直径在0.5毫米以下，但最后用于修整的线锯直径有1毫米。菱形图案的纹路非常浅，且边缘纹路并不比中间纹路更深，因此可以断定，该图案是在纵向锯割前制作的。该器较阔端的一侧有两个斜角，对侧也有一个斜角，已残缺。从其斜角和硬度来看，它可能是一件钻孔器。不过，即便修复破损的斜角后，该器仍是个偏心的钻孔器（此次发掘的所有器物的穿孔工艺都非常粗糙，世界上较大的博物馆展出的所有类似器物几乎都是如此）。该器较窄端残缺。需要注意的是，这些线纹从表面上看是光滑平直的，交叉线纹紧密而匀称，但若用显微镜观察就能发现其不太规则，因此这些线纹是用线锯分段磨切而成的。这件残片的工艺与两把大玉刀的工艺不相上下。残片复原后的尺寸为：长4.5厘米，阔端宽1.53厘米、厚5.5毫米，窄端宽1.32厘米、厚3.2毫米。这件残片非常有趣。

　　C/8417是一件重型工具的残块，不易复原，硬度为

6。它的外观有点像斧头，上下边缘被磨圆，未见锯切痕迹，侧面和斜面有锯切痕迹，但没有琢磨痕迹。如果其侧面和斜面曾经琢磨抛光，那么当时势必要有工具将其固定，否则不能确保其如此平直光滑。侧面和斜面笔直的边缘，也表明其未经琢磨。由于残缺，已很难推测它的用途。

大铲刀似乎是一种带柄工具，特定的一端为斜面，叉形一端有一较长尖头，刀柄与刀刃呈一定角度。这一切都表明，这些器物是在特定情形下用于祭祀的，使用者以特定方式持握这些器物。至于使用者用的是右手还是双手，已经难以说明了。写及此处时，我想到了形状与其相似的铲币和刀币。这些铲币、刀币的制作工艺是该类器物中最为出色的。

这些刀被磨出不同的角度或斜面。仪式用刀只有一面磨出类似凿的斜面。线纹由线锯制成，既起到装饰作用，也可以防止打滑，以便持握。

C/4866是件扁平的玉剑或玉刀，两面都有刻纹。刻纹是从两边向中间刻画的，但未能完全对齐，边缘处存在凹槽。离刀柄稍远的位置，边缘被锯下一小块。为了便于安装，刀柄角度有所调整，如此设计还可避免切割时损坏器物。扁平玉刀（剑）的线条和工艺都极具美感和艺术性。器物上的刻纹显然是在强压下通过紧绷的线锯锯出的，否则线纹会有些弧度——实际上所有的线纹都是笔直的，边缘几乎没有弧度。这些器物都很匀称，不仅实用，还有优美的曲线和精巧的刀柄设计。在那个时代能有此等艺术性，着实令人惊叹！

在《华西边疆研究学会杂志》第4卷中，戴谦和教授对陶将军和燕先生最初送给博物馆的两件玉刀（剑）和三件玉斧（凿）作了详细的描述。它们可能是祭祀用品。劳费尔在《中国古玉考》中，把这类器物称为剑状武器，将其视作战争的象征。他还指出，器身的"V"形或齿形纹在周代象征着战争。这两件剑形器的颜色从深青灰到浅中性灰不等。C/4866较为完好，其尺寸为：长391毫米，宽103毫米，厚5毫米。每件器物的手柄上都有一个孔，孔径一面大一面小。

C/4867、C/4863和C/4869系三件斧（凿），质地粗糙，均为单刃，一面平直，一面倾斜。C/4867刃部一侧有凹陷。它们可能是祭器，但也可能是养器。

墓坑中发现的小珠子与中国北方沙锅屯遗址出土的珠子相似，但多呈方形或长方形。其中至少有两颗是用绿松石制成的。珠子的颜色从蓝绿色、深紫灰色到非常浅的蓝绿色不等。

C/8452是一颗又大又圆的珠子，珠径比这次收集到的其他珠子要长很多。从珠子两端往里钻孔，愈往中心孔径愈小。颜色从浅冷灰色到深冷灰色不等。

小玉片的颜色从深蓝绿色到浅绿色不等。这些玉片没有可以串缝的孔洞，显然是粘于皮革或木制品上用作装饰的。

C/2095是一件玉琮，劳费尔称之为玉管。远古时期，天地崇拜在中国宗教中占有重要地位，彼时它被视作地的象征。这件玉琮是陶将军送给博物馆的。

C/8934是件更大的玉琮。颜色从浅灰色到橄榄褐色不等，间有暗绿色的斑点。侧面有水平的凹槽和几个小圆圈，每种尺寸的圆圈至少要刻两个。在中国古代，玉琮常作为死者的随葬品。这件精美玉器原属于董宜笃牧师，曾有人出价30英镑购买，但他却将其送给了华大博物馆。

C/8298是在墓葬中发现的一件玉璧。它很薄，在主环周围有一圈轮边，与主环成直角。①主环的宽度为16毫米，轮边的宽度也为16毫米。它的厚度从3毫米至5毫米不等，颜色为深橙黄色，有两处阴影。这种类型的玉璧是用来象征天神的。

C/8368是在原生废窑层中发现的一件玉璧残片。器物呈扁平状，中心有一孔，两面孔径大小不一。器形与大石璧非常相似。颜色为深中灰，带浅灰色斑纹。这是证明墓葬与废窑层属于同一时代和同种文化的众多证据之一。

C/8362是一件在墓葬中发现的残损玉璧，从燕先生处购得。其颜色呈浅绿灰色。

C/8451是件小翡翠凿或玉凿。其做工精细，刃部微凹，形状和用途与大玉凿基本相同，可能是用来在木头上刻槽的。器物颜色由深橙色到淡黄橙色不等。长71毫米，宽16毫米，厚6毫米。该器物是从一位农民手中购得，据说是在墓中找到的。

C/8349是一块玉或翡翠的原石，出土于原生废窑层，可能是因为不能制成有用器物而被丢弃的。

C/8292是件又大又重的锋利石斧。石斧顶部附近有一些碎裂，两侧平直，可能是被锯开的，侧面与刃部通过精细打磨而成形。石料本身有许多缺陷，以致石斧表面有凹坑。颜色由冷峻的深灰色到中性的浅灰色不等。这把石斧可能是用于实际生产，而不是祭祀。

C/8367是一件尚未完成的玉器残片。很明显，它原本是要被制成一件类似长剑的器物。在距离器身一边一英寸左右的地方钻有几个孔，呈直线排列。这件长条玉材可能是准备用于切割打磨成剑或凿的，但其顶部裂了，碎掉了一大块。

---

① 这是一件有领玉璧，参见本书第141页。——译者注

这些孔应是用金属钻头或硬石钻头钻成的。

C/8374是一件以火成岩制成的小石斧。顶部和侧面各有一处凹陷，应是用来作抓手的。长76毫米，宽55毫米，厚9毫米。颜色为深冷灰色。

C/8291和C/8493是两件大型重锤。它们出土于掏挖灌渠时被翻上来的废窑层中。两侧已被磨平，边缘被磨成方形或压扁。它们是用火成岩制作的，每个都有几磅重。较大的那件颜色从冷深灰色到浅黄灰色不等，小的那件为冷深灰色，带有浅橙黄色斑点。

C/8370是件以云母石制成的大锤碎片。它的底部比顶部宽得多。颜色为浅黄橙色，带锈红色阴影。厚32毫米。

C/8463是件小杵，两面平整，两边棱平。杵的一端被很好地磨成一个小半圆，另一端破损。长71毫米，宽36毫米，厚14毫米。

C/8465是件以砂岩制作的石剑或石刀残片。侧面与边缘均被磨得平整光滑。器物已变成褐色，两端破损。它可能是件礼器，但也可能是养器。宽76毫米，厚10毫米。

C/8450是件非常有趣的工具，戴谦和教授曾描述过它。其由硬砂岩制成，显然是一个椗钻或钻头，颜色为浅中性灰色。

C/8430和C/8426是在原生废窑层中发现的磨石。由火成岩鹅卵石制成，有几处地方已经被磨平了。它们显然是用于打磨抛光陶器表面。这种磨石在四川古窑址堆积中常有发现。

C/8375是块深红色的铁矿石，从未被锤打或熔化过。它是在废窑层中发现的。C/8290是某件精美的剑或刀的残片，是由未经锤打或熔化过的，与C/8375类似的铁矿石制成的。废窑层中有一小块铜矿石，但没有铜器、青铜器或铁器。

C/3547和C/8477是两件用砂岩制成的大石璧，由燕先生送给博物馆。石璧两面都是平的，中间都有一个大孔，孔径一面大一面小。颜色为中性浅灰色，带有暖深灰色的斑纹。它们是用上等砂岩制成的。大的直径705毫米、厚68毫米、最大孔径190毫米，小的直径511毫米、厚43毫米、最大孔径140毫米。

还有许多石刀、石凿和石剑残片以及残石璧没有描述，它们的形状和材料均与C/3547、C/8477相似。在广汉的墓葬和废窑层中发现的大量石器和石器残片表明，这次发掘所发现的文化正处于石器使用的繁荣时期，金属仍然非常稀缺。还表明华北和中原地区对四川有着重要的影响。

陶器很令人关注。在原生废窑层中，没有出土任何瓷器。所出土的陶器制作精良，器形和陶色具有显著特色。

这些陶器大致可分为两类。一类是粗糙的夹砂陶，常饰有绳纹，胎心通常为深灰色，内外壁呈砖红色。另一类通常由较细的黏土制成，多呈浅灰色。里层有时会因羼杂木炭而变黑，表层有时会通过刷上彩色黏土或其他染料来着色。有证据表明，这些土陶罐制作时会被浸入另一种颜色的黏土中，直至器表粘上一层有色黏土，最后经阳光晒干或置于温度适宜的窑炉中烤干。[①]

这些陶器明显为轮制，但也有一些是手制的，形状不太

---

① 关于这批陶器的陶质陶色，林名均有较详细的说明："由陶器所用之质料，吾人可分之为粗陶、细陶二种：粗陶内杂沙粒甚多，故所作成之器物，多粗而较厚；细陶则用黏土作成，不含沙粒，间有含木炭所捣成之细灰者，故所作成之器多薄而精细。""陶之颜色……有纯为灰色者，分深灰与浅灰二种。有纯为砖红色者，因土内含有铁质，经火烧养化，故变为红色。有纯为黑色者，以其含有木炭也。……其中有以不同之泥土涂于陶器外面者，有一陶片尚有刷痕可见，此广汉陶器之一特点也。"（参见林名均：《广汉古代遗物之发现及其发掘》）——译者注

规则。有些器物表面用磨石研磨光滑。器足或器柄非常长，有些比已发现的汉代陶器还长。有一件器柄的长度差不多有一英尺。这些长而中空的器足或器柄在废窑层中很常见，其中有几件内外壁均有彩色涂层，明显是浸入有色土形成的。

有些陶器的表面饰有用一齿至四齿的梳子刮出来的花纹。这些陶器都是单色的——表面仅有一种颜色，也没有彩绘的花纹或其他彩色纹饰。

华大的化学教授柯利尔（H.B.Collier）博士对广汉陶片进行了非常仔细的分析。他的报告如下：

广汉的陶片颇为奇特，陶片样本的颜色各异。它们大多数都有清晰的颜色分层，研判这一特征究竟是陶工有意为之，还是因烧制和风化而偶然形成，是很重要的问题。为了搞清楚这一点，我们做了如下研究。

根据外观，这些陶片可大致分为两类。一类是粗糙厚重的夹砂陶片，外层多呈砖红色，里层为黄色或灰色。第二类陶器里层大多为灰色或黑色，外层为黄色。这些样品的颜色分层非常明显。

加热。由于陶器颜色的变化有可能与窑内烧制温度有关。为进一步研究加热的效果，我们将一些小陶片在开放的（有氧）本生灯火焰中加热，直至其变红。

样本1：一件夹砂粗陶片。外层为砖红色，厚约2毫米；中间是较薄的一层灰色。红色似乎向内渗透了一定距离，在该件的较薄处，内外两面的红色层出现了交汇。风化的茬口呈均匀的褐色，但新茬口则能看到颜色分层。加热后，颜色分层不再像原先那样清晰可见，灰色变成褐色，与红色融为一体。因此，该件原来的颜色分层似乎最初是因烧制及表面铁化合物的氧化而产生的。

样本6：一件饰有绳纹的夹砂细陶片。总厚度为6.7毫米，中间层为灰色。内外均有一红色薄层，厚0.25—1.8毫米。颜色分层在新茬口上体现得非常明显，即使是在风化过的茬口上也能被观察到。加热后，红色层变窄，颜色分层几乎消失。由于陶片的颜色分层在加热时发生了变化，似乎因此可以断定其最初是由烧制所形成的。不过，陶片原本的颜色分层是非常清晰而一致的，这表明最初的烧制效果是非常理想的。陶片断面显现出清晰的分层，因此这种效果的形成并非出于风化或陶土的影响。

样本3：这块陶片属于第二种类型，灰色胎体外有黄色涂层。总厚度约6毫米，但黄色层非常薄。通过断面可看到灰色层；从断面可看到陶胎已变黑。加热后，外层变成褐色，可能是由于铁元素的氧化作用。加热并未影响颜色分层，事实上，各层在局部甚至产生了肉眼可见的间隔。这种类型的分层几乎可以肯定是人为的。黑色陶胎可能是在黄泥中浸泡后，再在相对较低的温度下阴干的，因为并未产生铁氧化后的颜色。

样本5：与样本3是同一类型，但其外层的黄色涂层要厚得多。在显微镜下观察，这两层结构均完好，未玻璃化，无明显差异。这类陶片外层有一层黑色厚膜，加热后会消失。因此它很可能是有机物，或是有意添加的碳，或是使用过程中形成的烟炱，又或许是从陶土中吸附的污垢。除黄色层变红外，加热对分层没有影响。这种类型的分层也可能是有意制造的。

样本4：该陶片为纯灰色，无颜色分层，是一件精美的硬陶。加热后，外表形成一层黄色薄膜。这意味着该陶器并未经由高温烧制。

样本C/8754：黑黄分层类型，外表有一层黑色薄膜。后者可以燃烧，说明是有机物。

样本C/8645：灰陶，表层呈红褐色。加热后变化很小，颜色分层仍然明显。这件陶片想必曾经高温烧制，因为铁元素已被氧化。这也表明，其他颜色较浅的陶片可能并非陶土的还原作用所致。这件陶片的红色一直保持不变。

样本C/8814：浅灰色陶片。表层为褐色，质地较软，颜色模糊不清且很容易擦掉。加热后局部分层出现了分离。

样本C/8565：这件陶片很有趣，陶胎为灰色，且粗糙多孔、厚薄非常不均。外层为黑红色，在某些地方两面外层①相接。其红色不同于其他任何一种氧化红。外层的红色层之上，另有一层灰色薄膜，似乎是涂刷上去的。加热后没有明显变化。这种分层显然是人为的，总共有五层，三层灰色，两层红色，灰色和红色层层相间。

化学分析。我们对这些陶片的不同层进行了化学分析，以期揭示出分层是否是人为的。由于许多样本有黄色或红色层，我们做了铁含量测定。然而，这些测定结果并不足以得出结论：各层铁含量无显著差异；不同样本的铁含量平均值约为3%。

然而，我们发现了一个有趣的事实。为测量铁含量，我们先将样本粉末分别用氢氟酸和硫酸进行了溶解。经此处理后，两个黑陶样本均有黑色残留物，经过

---

① 指内层和外层。——编者注

滤后确定为炭。在显微镜下，其显示出与动物碳化样本相似的外观。其中一件样本含有约13%的碳。很明显，灰色的陶土由于羼入了某种形式的含碳物质而变黑。该物质可能是煤粉、木炭或煤烟。

结论：经研究，这些陶片有两种不同的类型。第一种是厚实的夹砂粗陶。其表面为黄色或红色，中间层为灰色。陶土可能含铁，因此在烧制时形成了红色。由于烧制条件不一，各层的颜色和厚度不均匀。但也可能是因为灰色陶土表面有一层富铁陶衣，且不同层之间产生了局部混合。

第二种陶片中间层为灰色或黑色，外表为黄色。黑色的形成可能是因为羼入了含碳物质，黄色是后来涂上的。黄色涂料可能是黄色黏土，也可能是某种定色颜料。从颜色上看，未见铁元素的氧化反应，说明它可能是在相对较低的温度下晾干的。

制作这种陶器一定需要极高的技艺。制作多层次的陶器需要使用不同颜色的陶土和颜料。

华西加拿大大学校校长黄思礼（L.C.Walmsley）先生是位艺术学者，其本身也是位艺术家。他非常热心地与笔者一起对广汉的出土器物尤其是玉石器和陶器的颜色做了研究。他还借给笔者一张《勃雷德莱标准色度表》。下面给出的陶器颜色是由黄思礼先生和笔者通过《勃雷德莱标准色度表》确定的。

C/8440是一件陶盘残片，表面是均匀的浅中性灰色。浅灰色陶器通常是不夹砂的，但这件似乎夹杂了白色的细砂。

C/8690是一件三足陶器或香炉的器足。呈圆锥形，中空，末端较钝。夹砂陶，淡砖红色。

C/8672较C/8690略大，但二者形状非常相似。夹砂陶，尖端处已破损。中间层为深灰色，表面呈砖红色。外表研磨得非常光滑，并且用炭涂黑或用烟熏黑。这两件残片，尤其是C/8690，可能与河南仰韶文化发现的陶鬲（三足陶罐）是同一类型。

C/8624显然是一件附着在较大容器上的装饰。尖端弯曲，近乎圆形。带有砖红色斑点。

C/8449是一件陶纺轮。整体呈浅中灰色，但凹陷处呈红褐色，这种颜色可能是烧制而成的，亦可能是人工着色而成的。

C/8665是一件深灰色泥质陶残件，表面有一厚厚的橘黄色涂层。器形是一个圆形的大空心管，上面另有一个较小的空心管，小管上面有直线刻纹——可能是仿绳纹。

C/8520是一件碗或盘的器底残片。陶胎是橘黄色，色号为2号。内壁为浅中性灰色，可能是用刷子刷的。

C/8447残片，中间层为深中性灰色，外壁是非常浅的灰色。

C/8506残片，中间层为浅中性灰色，外壁是深砖橙色。外壁颜色要么是烧制而成的，要么是把罐子浸在红烧土中形成的。

C/8569残片，中间层为几近黑色的深灰色。内外壁均为橙黄色，色号为1号。

C/8488是一件中空的泥质陶管，可能是豆的足或柄。中段比两端大。陶胎呈浅中性灰色，内外壁均为浅橙色，色号为2号。可以肯定的是，该残件的表层颜色是通过将器物浸入淘洗细腻的泥浆中形成的。

C/8441是件近乎完全修复的碗，用很细的陶土制成，颜色为浅中性灰。

C/8456是件部分修复的碗，粗糙的夹砂陶，呈浅砖红色。

C/8459是一件小碗，只修复了部分。器身很薄，由细陶土制成。厚度为1.5毫米至4毫米不等。陶胎颜色很深，近乎黑色。内外壁都覆着一层薄薄的黄褐色，之后又因使用炭、烟或其他类似的物质加工过而变黑。表面研磨光滑。

C/8442是一件陶高柄豆的柄，圆形，中空。柄的两端外扩，但底座和豆盘已被打碎。陶胎为深灰色，内外壁都覆盖着一层浅黄灰色。这件器物是轮制的。

C/9263是一件尖底陶罐，深砖红色，束颈。器身布满席纹、绳纹和布纹，但纹路不太清晰。该罐发现时已为残片，后由林名均先生和笔者完全修复。这是目前四川发现最古老的一件完整陶器。它与河南仰韶遗址出土的一种容器非常相似，但与同等高度的仰韶器物相较，此件略宽。

C/8504是一件高柄豆或瓶。陶胎呈黑色，内外壁均为浅黄或灰色，器表用炭或类似物质涂黑。该器做工很精细，轮制。

C/8598是一件制作精细的陶片，陶胎为砖红色，内外壁均为浅暖灰色。纹饰看起来是用陶土仿制的一条能看到串线的透明珠串。在《安阳发掘简报》第一部分中，有一件三足陶器跟该器有着一模一样的饰纹，中国著名考古学家李济博士认为是仿丝带或丝绳纹。李济博士的解释可能是正确的，值得注意的是，在安阳文化和广汉文化中发现了完全相同的纹饰，而安阳文化的确切年代可追溯到公元前1400年至公元前1122年的殷商时期。

广汉器物与安特生（J.G.Andersson）博士介绍过的河南仰韶器物极为相似。两者都有大大小小的石斧、石凿、石刀、石杵、石锤及扁平的石璧，陶三足瓮、砖红色细颈绳纹尖底陶器、陶纺轮和饰绳纹与刻纹的陶碗与陶罐。两种文化中都出现了轮制陶器。两处都没有出现金属物品或任何文字。一个重要的区别是，仰韶出土有彩陶，但广汉没有。

广汉出土的器物与安特生博士认定为新石器时代的奉天沙锅屯遗址所出器物既有惊人的相似之处，也有一些不同之处。两者都有石斧和石凿、饰绳纹与刻纹的陶器，以及大大小小的石珠，尽管沙锅屯的珠子边缘更圆，但它们在形状和制作上都非常相似。此外，二者都有圆形的扁平石璧及黑色的单色陶器。

广汉出土器物的两个特征令我们将其年代定在铜石并用时代之后：一是玉刀、玉剑和玉凿上存在使用线锯的痕迹，二是玉琮、玉璧、玉剑和玉凿与周代相应的器物非常相似——但两者之间也有一个重要的差别，后者常刻有鸟兽的象征性图像，前者则没有。

华大博物馆藏有从汉代早期至清晚期的四川陶器，从中可见广汉出土陶器与汉代四川陶器差异巨大，两者之间的年代差距似乎有几个世纪那么长。此外，这些器物清楚地反映了广汉文化与中原和华北地区已知的新石器时代和铜石并用时代文化的交流与传播——要么当时居住在广汉地区的是非华夏族群，但其文化受到了中原和华北地区早期文化的极大影响；要么是华夏人及其文化进入四川地区的时间比人们认为的要早得多。

目前任何对于年代的推测都只能是一种试探性的假设。只有人们在将来通过更多的考古证据，以及对广汉出土器物与中国其他地区出土的早期器物进行更仔细的比较，方可证实或推翻这些假设。我们认为，广汉文化的年代下限不晚于周朝初期，或者说是公元前1100年左右，但进一步的证据可能会使我们将其年代推至更早的时期——其年代上限应为铜石并用时代。在这次文物发掘中，我们发现了四川最古老的墓葬、最古老的玉器和最古老的陶器。

广汉发掘完成后不久，我们收到了中国著名学者和作家郭沫若先生的来信，请求提供广汉出土器物的照片和考古器物绘图。我们欣然地给他寄去了这些资料。后来，博物馆馆长助理林名均先生收到了以下来信（以及两本郭沫若先生关于中国考古的最新著作）：

> 林名均先生:
>
> 很高兴接到你和葛维汉先生的信，谢谢你们的好意，送给我如此多的照片、图片以及戴先生发表在《华西边疆研究学会杂志》上的文章，并且告诉我有关发掘的详细情况。你们真是华西科学考古的先锋队，我希望将来你们能取得更大的成绩。研究古代的遗迹和建筑、雕刻、坟墓和洞穴，这一工作将产生丰硕的成果。与此同时，我也希望今后会有一系列的发掘以探索四川史前史，包括民族、风俗以及它们与中国其他地区相接触的历史。这些都是十分重要的问题。我很遗憾，我不能归国协助你们的发掘。
>
> 你们在广汉发现的器物，如玉璧、玉璋、玉圭均与华北、中原发现者相似。这就是古代西蜀曾与中原、华北有过文化接触的证明。"蜀"这一名称曾先发现于商代的甲骨文，当周人克商时，蜀人曾经前往相助。此外，广汉的陶器也是属于早期的类型。你们认为广汉遗址的时代大约是西周初期的推测可能是正确的。如果将来四川其他的地方尚有发掘，它们将显示出此文化分布的区域，并提供更多的可靠的证据。
>
> 根据你们的要求，我将我写的两本有关中国考古学的书送给你们，并且请书店直接将最近出版的一本送给

博物馆，另一本送给葛维汉先生。以后如有新作，我也将再送给你们。

现在我很忙，就此搁笔。

祝你们取得更大的成绩。

沫若

1934年7月9日

笔者谨向董宜笃牧师致以深切的感激和真挚的谢意，没有他的帮助，就不会有这次发掘。感谢广汉的罗县长为发掘提供了充分的庇护，并资助了部分费用（发掘是在博物馆馆长监督下，以罗县长的名义进行的），他待人礼貌周到，最终还将发掘出的全部器物捐赠给华大博物馆，为中国人民永久保存。感谢许多广汉的官员和士绅，他们为发掘提供了宝贵的帮助。感谢华大博物馆馆长助理林名均先生，他分担了发掘的责任和工作，并协助修复陶器和撰写这份发掘简报。感谢四川省政府、教育厅和四川防区驻军的官员，他们签发了发掘必要的执照，并给予必要的批准和保护。感谢黄思礼先生出借《勃雷德莱标准色度表》并协助确定颜色。感谢戴谦和教授在石器研究方面的帮助，感谢柯利尔教授对陶器做了细致的化学分析。还要感谢哈佛燕京学社为华大博物馆的建设和项目开展提供了资金支持。

附：其他照片、地层剖面图和器物绘图

广汉罗县长

（发掘由他授权，并以其名义进行。他最终将发掘所得的物品赠给华西协合大学博物馆，为华西民众永久保存）

邹臣辅和萧仲元

（他们奉罗县长之命，主要负责督办武装护卫和其余重要事务）

华大博物馆广汉文物展柜①
（在某种意义上，这是华大博物馆最有价值的展柜。这里陈放的都是采集自广汉的器物，其中包括四川最古老的陶器、玉器及其他随葬品，比目前所知的其他任何藏品还要早1000多年，其年代可追溯至公元前1000年左右——除此之外，四川迄今发现的陶器和随葬品都仅能追溯到汉代）

① 图题为译者所加。——译者注

▨ 表层黑土
▨ 灌渠沙土堆积层
▥ 另一灌渠沙土堆积层
▨ 废窑层，包含陶窑废弃堆积、灰烬、红烧土、陶片等
▨ 未经扰动的生土层
—— 基准面

零基准线地层剖面图

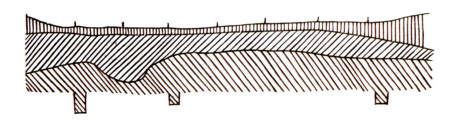

▥ 地表近代土层
▨ 出土古代陶片的地层
▨ 无陶器或其他器物的褐土层
—— 基准面

五英尺线地层剖面图

林名均（左一）与协助发掘的五位广汉乡绅

省长助理林名均（左一）、葛维汉（右一）与合作发掘的部分广汉乡绅

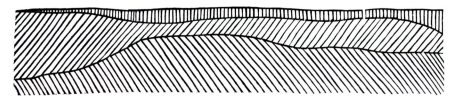

▦ 地表近代黑土层

▨ 出土古代陶片等物的地层

▧ 褐色生土层，无陶片或其他任何人工痕迹

── 基准面

十英尺线地层剖面图

第一条探沟刚挖掘过半时，民工、馆长、士兵和乡绅在现场合影

第一条探沟即将竣工。之后大灌渠中的水被抽干导入此沟

石璧

天的象征，出土于太
场周代墓葬，1934年3
发掘。现藏于华大博
馆。大石璧：最大直径
40毫米，孔径77毫米，
10—14毫米。右侧小石
：最大直径110毫米，
径40毫米，厚10毫米）

大石璧
（燕先生发现于太平场墓
葬，后赠给华大博物馆。
最大直径520毫米，孔径
130毫米）

一：浅红色玉凿
华大博物馆购于太平
。长77毫米，宽16毫
，厚8毫米）

二：残玉璧
象征天，也系购得。最
直径101毫米，厚19毫
，边缘直径61毫米）

二：玉琮
象征地，出土于太平场
葬。广汉陶将军赠予华
博物馆）

一：残玉璧
象征天，购于太平场。
14毫米，厚2毫米）

左：石斧或玉斧
（与用于砍伐的实用石斧非常相似，但可能是一把祭祀用刀斧。先被剖成两半，然后将顶部磨圆用作斧头。长229毫米，宽118毫米，厚38毫米）

右：祭祀用石刀或玉刀（斧）
（残损，与图左所示石斧一起出土于四川广汉附近的太平场。宽132毫米，厚25毫米。1934年3月发掘。现藏于华大博物馆）

太平场出土的三件陶器残件
（左：明显为一件扁平的盘，夹细砂灰陶。中：大陶碗残件，质地粗糙，呈暗淡的砖色。右：非常精细的小陶碗，器表呈黑色，残。现藏于华大博物馆）

陶片
（1934年3月6日至14日出土于四川广汉太平场附近，均发现自原生废窑层。其纹饰多样，色彩丰富。现藏于华大博物馆）

石器残片
（1934年3月6日至14日出土于四川广汉附近的太平场，均发现于原生废窑层。其在制作工艺和材质上与最初发现于古墓的刀、琮和璧相似，表明该废窑层与古墓的年代相同。现藏于华大博物馆）

两件大石硾

（出土于太平场。因其被发现的地层已被扰动，其中既有近代物品，也有周代早期的物品，故而无法确定其年代，推测可能是周代早期或周代晚期）

前两件石硾的侧视照片

（其中较大的一件长233毫米、
宽130毫米、厚58毫米，较小的
一件长190毫米、宽133毫米、
厚42毫米）

左：大玉琮

（象征地，最先由燕先生发现于周代墓葬中，后由董宜笃牧师赠给华大博物馆。最大直径75毫米，高55毫米）

右：玉琮

（四川广汉的陶将军所赠。高30毫米，直径57毫米）

高柄豆或其他单柄陶器的长柄

（此类体长、中空的陶管在发掘中频繁出现，表明周
代早期川人曾制作了大量的长柄或高柄的豆（或其他
陶器）。最长者达228毫米，直径32毫米）

两件灰陶罐

（部分修复，未施釉，出土于四川广汉附近的
太平场，其年代可追溯至公元前1000年左右的
周代早期。在1934年3月的发掘之前，四川没有
发现任何汉代以前的陶器。左手边的器物外缘
直径为255毫米。现藏于华大博物馆）

陶罐①

（这是四川省内博物馆所藏最古老的一件完整陶罐，其年代可能是公元前1000
年左右的周代初期。曾碎成许多片，其中部分已丢失，但被葛维汉博士和林名
均先生修复。该罐呈深褐色。深110毫米，宽184毫米。现藏于华大博物馆）

---

① 图名为译者所加。——译者注

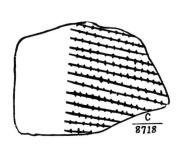

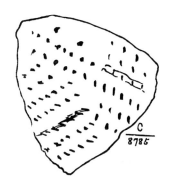

灰褐色陶片，厚5毫米，夹粗砂，绳纹

夹细砂陶片，质地粗糙，深红褐色，绳纹，厚5毫米

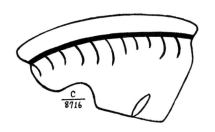

浅红褐色陶片，质地粗糙，夹粗砂或细砂

灰色陶片

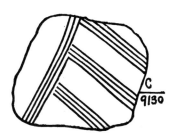

浅褐色陶片

褐色陶片，外表呈灰色，并有用四齿梳刻画面成的纹饰

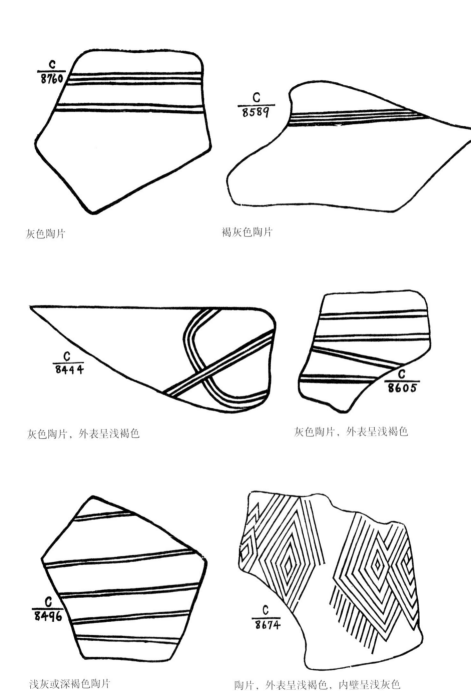

灰色陶片　　　　　　　　　　褐灰色陶片

灰色陶片，外表呈浅褐色　　　　　　灰色陶片，外表呈浅褐色

浅灰或深褐色陶片　　　　　　陶片，外表呈浅褐色，内壁呈浅灰色

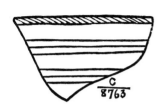

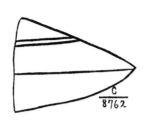

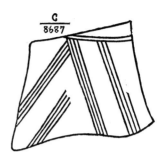

灰色陶片，内外壁皆为浅褐色，
饰线纹，每三条线为一组

灰色陶片，外表呈浅褐色

陶片，外表呈浅褐色，内壁呈灰色

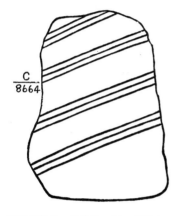

浅褐色陶片，饰线纹，每三条线为
一组

灰色陶片

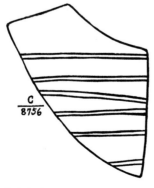

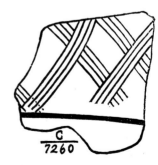

小陶片，内壁呈灰色，外壁呈
浅褐色，饰线纹，每三条线为
一组

灰色陶片

深灰色陶片，饰线纹，每四条线
为一组

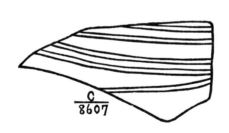

灰色陶片，饰线纹，每两条线为一组

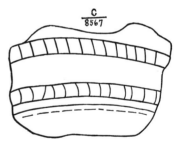

夹细砂陶片，质地粗糙，壁厚，外表
呈红褐色，饰两条粗绳纹

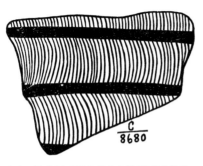

陶片，饰有用手指在黏土上按压而成的凸
棱纹及凹弦纹。灰胎，内外壁均施黄色陶
衣。内壁陶衣为浅黄色，外壁黄色陶衣上
涂有黑色

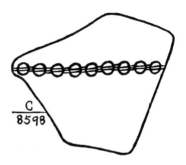

红色陶片，内外壁为灰色，纹饰精
美，呈金属链或透明串珠状

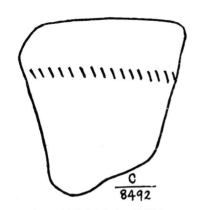

灰色陶片，外施黄色陶衣，饰绳纹

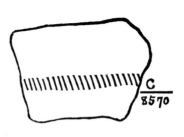

浅红色陶片，饰绳纹

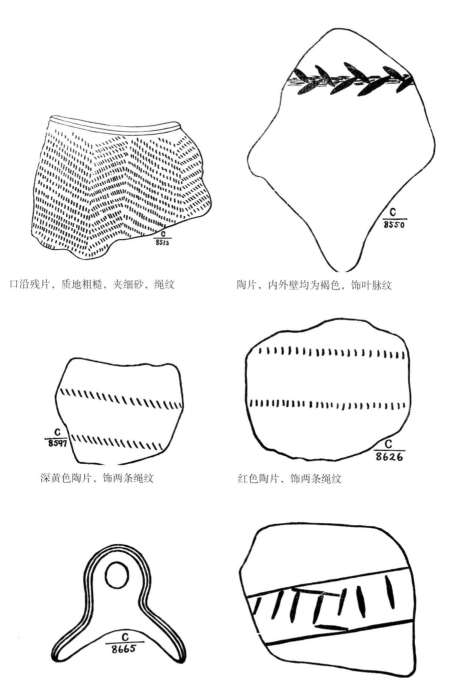

口沿残片，质地粗糙，夹细砂，绳纹

陶片，内外壁均为褐色，饰叶脉纹

深黄色陶片，饰两条绳纹

红色陶片，饰两条绳纹

左为陶片断面图，内壁为灰色，外施一层较厚的红褐色陶衣，最外层再施一层较薄的黄色陶衣。右为同一陶片的侧视图，可见凸脊处的纹饰

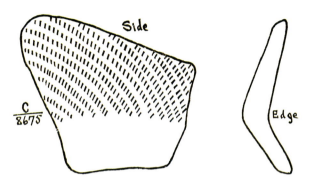

陶罐残片，灰褐色，罐底和罐身均饰有绳纹。图中所示绳纹比实物略为规整

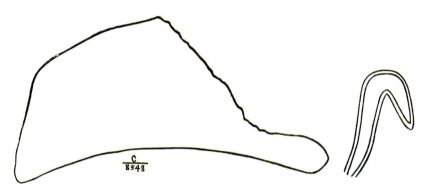

一件大口沿残件的侧视图和断面图。深灰色胎，外表施浅黄色陶衣，最后再涂上黑色。器表光滑

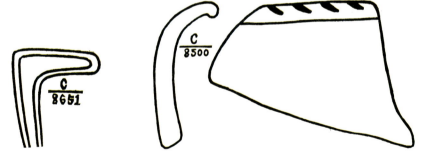

口沿残片，内壁为灰色，外施浅黄色陶衣

口沿残片的两种视图。泥质褐陶，但内外壁均施有一层厚灰泥

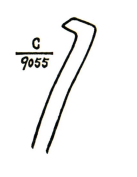

口沿残片的两种视图，厚5毫米。壁厚，质地粗糙，深褐色，夹细砂

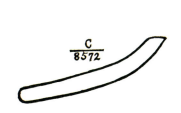

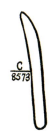

可能是陶器盖、盘或浅腹碗的口沿残片，质地粗糙，褐色，夹细砂。外表为黑色。厚5—6毫米

口沿残片，深灰色胎，外敷黄泥，器表非常平滑，最外层涂为黑色。厚3毫米

口沿残片，浅褐色，素面

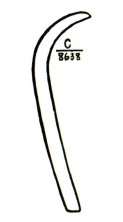

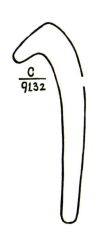

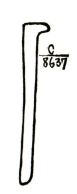

口沿残片，灰陶，厚6毫米

口沿残片，质地粗糙，夹细砂。内壁为深褐灰色，外壁为黑色。绳纹

口沿残片，质地粗糙，夹细砂

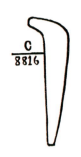

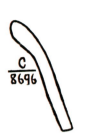

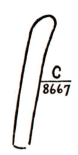

口沿残片，深砖红色，夹细砂

口沿残片，浅灰色胎，外施深褐色陶衣。厚4—5毫米

口沿残片，泥质灰陶，表面为浅褐黄色，素面

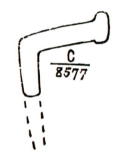

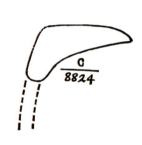

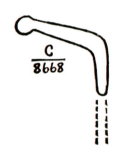

口沿残片，夹细砂，内壁为黑色，外壁为浅红色

口沿残片，内壁为深灰色，外有一层深砖红色泥土，表面再涂以黑色。红色可能系烧制形成

口沿残片，宽27毫米，厚5毫米。内壁为灰色，外壁为浅黄色

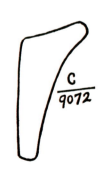

口沿残片，砖红色，夹细砂

浅砖红色陶片，质地粗糙，夹细砂。绳纹

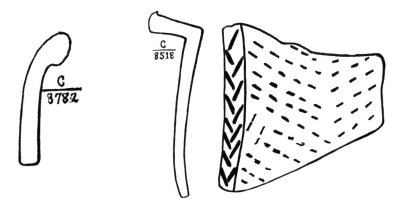

口沿残片，浅灰色，厚
5—6毫米

口沿残片，深褐色，夹细砂。外有绳纹

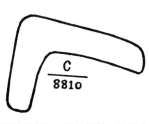

口沿残片断面，质地粗糙，夹细砂。
内壁为灰色，外壁为深红褐色

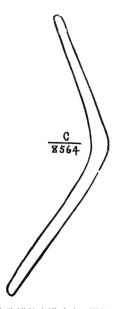

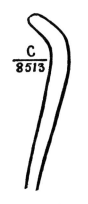

大陶罐的宽沿残片，深红
色，夹细砂。厚3—6毫米

口沿残片，凹凸不平，
质地粗糙，夹细砂。深
褐色。绳纹

口沿残片，浅灰褐色

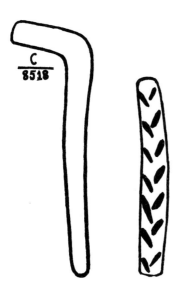

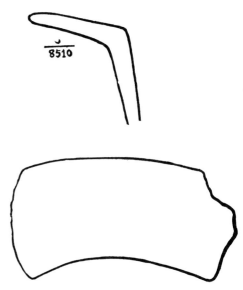

口沿残片，质地粗糙，夹细砂。表面有绳纹。唇部饰蕨类或藤蔓类植物纹样

浅灰色口沿残片的俯视图和断面图

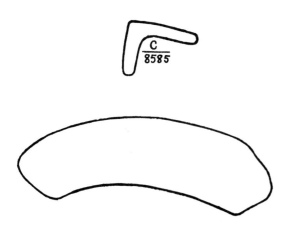

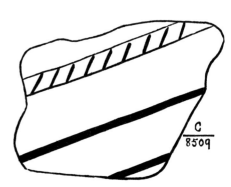

浅褐色口沿残片的俯视图和断面图

灰陶残片，内外壁均施黄色陶衣。表面有两条凸棱纹和两条凹弦纹，均系手指按压而成，其中一条凸棱纹形似绳纹

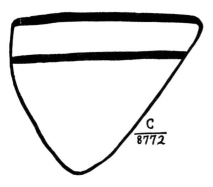

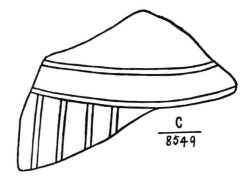

陶片，表面有两条凸棱纹和一条凹弦纹，均系手指按压而成

灰色陶片，外壁为褐色

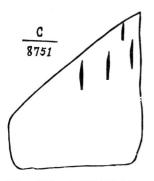

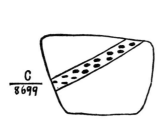

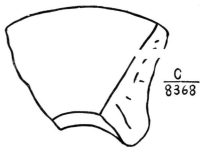

浅灰色陶片，以利器刻纹为饰

灰色陶片，绳纹或仿绳纹

深灰色玉璧残件，带淡灰色斑纹。发现于原生废窑层

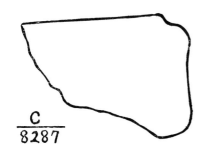

玉器残件，壁厚，两面平整，边缘光滑平直。另一端呈凹弧形。带浅灰色斑纹。发现于原生废窑层。颜色为很淡的绿黄色，带浅冷灰色斑纹

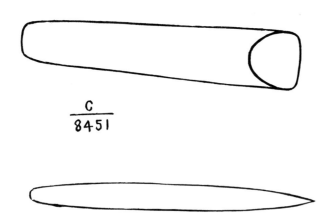

C
8451

精美的红色玉凿，据说发现于古墓中

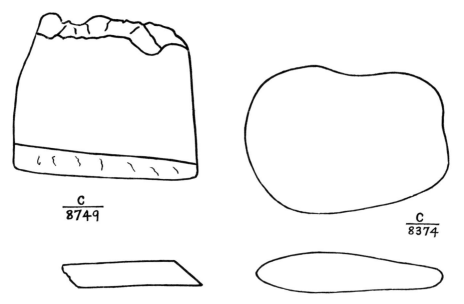

C
8749

C
8374

石刀，砂岩，出土于古废窑层。双面扁平，边缘平直光滑。颜色为深暖灰色

小块火成岩磨制的短斧。发现于墓坑中。底色为深绿灰

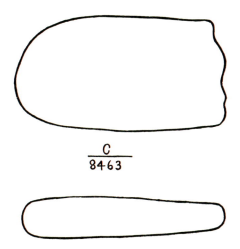

小块火成岩制成的石器，可能为石杵。两面平整，边棱被磨平。发现于古废窑层。主色为浅灰，夹杂着较深的中性灰

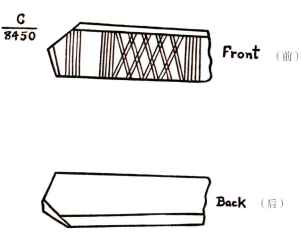

打孔石器，出土于太平场附近。发现于古废窑层。长44毫米，宽15毫米，厚5毫米以上

参考文献

1.笔者与董宜笃牧师的私下交流，1933年11月4日。

2.劳费尔：《中国古玉考》，菲尔德自然史博物馆，第154号出版物，"人类学系列"第10卷，美国芝加哥，1912年，第120—150页。

3.《初级教学标准色表》。基于《勃雷德莱标准色度表》，米尔顿·勃雷德莱公司，美国马萨诸塞州，斯普林菲尔德。

4.李济：《殷商陶器初论》，《安阳发掘报告》第1期，中央研究院，北平，1929年。

5.安特生：《中国远古之文化》，《中国地质汇报》第5号，北京，1923年。

6.安特生：《奉天锦西县沙锅屯洞穴层》，《中国古生物志》丁种第1号第1册，农商部地质调查所印行，北京，1923年。

一封关于广汉发掘的来信摘抄^①

蒋庆华/译　谌海霞/校

下述内容摘自1935年7月20日史密森学会的毕士博博士就广汉发掘（见本刊第6卷第114页）给葛维汉博士的信。

我要祝贺你和你的同事们在面对重重困难的情况下，仍出色地进行了发掘工作。对于其中的一些困难，我本人也深有体会。据我估计，你们所获得的成果对于正确理解长江上游早期文化发展是非常重要的。不知你是否收到了我发表在1934年9月《太平洋事务》（*Pacific Affairs for September*）上的那篇《中国南北起源》（*The Beginnings of North and South in China*）的副本？我在文中指出，有传统证据表明，早在周人推翻商人（周人似乎将其称为殷人）之前，周人就与四川地区有联系。由此我突然想到，你关于广汉遗存年代的推论很可能要从周初再往前推一两百年。我们知道，周人在成功发动对商人的最后进攻之前，就占领了泾河上游的甘肃

---

① 本文原载于《华西边疆研究学会杂志》1935年第7卷，第132—133页。——译者注

东部和陕西西部，因此他们也可能顺势向下推进到四川，并向东推进到河南。关于你发现的带刻纹的玉器与带有新石器时代特征的陶器和石器之间存在关联这件事，我觉得并不会带来困扰，因为我认为，很明显，大多数汉人，包括长江流域的居民，一直处于新石器时代的文化阶段，直到铁变得既丰富又便宜，可以用来代替石器。青铜一定一直都很昂贵，很难得到，普通的农民和贫穷的城市居民是买不起的。我想，这就解释了为什么我们发现的许多表示切、砍或刺的汉字在书写时都带有"石"这个形旁。你认为所发现玉器的年代并非周代晚期，而是周代早期，我觉得这是完全正确的；当然，可能还要考虑到区域差异。新石器时代或铜石并用时代的文物在这一地区的存在，并不能表明它是早期的，因为考古遗址当然要根据其出土的最晚近文物来确定年代。我认为，你所发现的文化与安阳的商代遗迹毫无关系，这一点非常清楚。正如你所说，玉璧是天神的象征，最近的研究已经证明，它并非商人崇奉的神祇。上帝被商人看作至高无上的神，但该神乃是从周人那里引入的，只是后来与商人的主神融合到了一起，就像罗马人把他们自己的神灵朱庇特与希腊的宙斯结合到一起一样。因此，我认为，此种确乎为天神象征之物的存在，让我们有充分的理由相信，你们发现的新文化是早期周人征服商人的成果。周人本来说藏缅语，但他们在征服商人后放弃了母语，对于这件事我一点也不觉得奇怪——这就像诺曼人在征服英国后把使用语言从诺曼法语换成了英语，或满族人弃满语而用汉语一样。

1933年11月17日董宜笃致葛维汉的信^①

蒋庆华/译　谌海霞/校

广汉，

四川，

华西

星期五　1933年11月17日

葛维汉先生，谢谢你的来信。

我很高兴听说你有了适合挖掘的工具。我们当然应该去一趟玉器发现之地，若要去，今年冬天就应该成行。我认为中国新年时就很合适。从正月十五日开始，我们这里要办一个为期六周的青年男子训练班，那段时间我不太可能走得开。但我也许可以在正月初一过后不久离开几天。我下周要来成都，如果能赶上公共汽车的话，估计会在周二来，到时我一定过来看你。如果方便的话，我可以周三过来吃午饭，然后去参观博物馆吗？

您的

董宜笃

① 原件藏于四川大学博物馆（档案号：P3542），扫描件附于文后。——译者注

Church Missionary Society

HANCHOW.
SZECHUEN,
WESTERN CHINA

Friday   Nov.17.1933

Dear Mr Graham,

Thank you for your letter.

I am very pleased to hear that you have brought out the proper implements for digging. We certainly ought to have a go at that place where the jade things were found, and if so it must be done this winter. I too think the Chinese New Year is the right t time. On the 15th of the first month we start here a young mens' training sch ol which will last six weeks, and it is not like ythat I shall be able to get away during that time. I might however be able to get off for some days soon after the Ist of the Ist moon.

I must come in to Changtu next week, probably on Tuesday if I can get in by bus, ajnd I will certainly come over and see you then. Can I come in to lunch on Wednesday, if convenient, and see the museum afterwards?

Yours sincerely

V. H. Donnithorne.

1934年4月11日葛维汉致徐韦曼的信[①]

蒋庆华/译　谌海霞/校

中国 四川 成都

1934年4月11日

徐韦曼博士

中央研究院自然历史博物馆

中国　南京

亲爱的先生：

感谢您1月9日的来信和寄送的出版物《中央研究院及其国立研究机构》。我们深知中央研究院和中国科学社正在进行高水平的科学工作，今后能与这些机构尽可能多地合作，我们深感荣幸。今后如能收到贵馆的出版物，我们将非常高兴，并将寄去我们所有的出版物。标本的交换对有关各方都

---

①　原件藏于四川大学博物馆（档案号：2010–253），扫描件附于文后。——译者注

有利。我们的首要任务是尽快获得博物学的类型标本，然后获得足够的副本，以交换一流的副本。我们已经收到了史密森学会赠送的三类类型标本（我的意思是三种类型的标本，即鸟类、哺乳动物类标本和昆虫类标本），预计史密森学会未来陆续还会有馈赠。当然，您可以理解，寄送带有学名的有价值的类型标本的过程相当缓慢，需要几年的时间才能完成。何教授和我现在正为您的博物馆找一些大型哺乳动物的皮。我们很乐意今后继续以这种方式提供帮助。我是华西协合大学考古艺术与民族学博物馆馆长，并希望我们的合作能延伸到该机构。我知道中央研究院做了一些非常有价值的考古工作。我在哈佛大学听说了很多关于李济博士的事。最近，受广汉县县长的委托，我和馆长助理林名均先生在广汉附近发掘了一个遗址。我们获得了大量的陶器碎片和石器，这些陶器的时代可以追溯到汉以前，最晚也可以追溯到周代。我们愿将样品或陶片寄送给您，以保存于贵博物馆中，您可与其他地方出土的陶器类型进行比较。这或许可使我们了解或推算出该遗址文物的年代。请告知您是否需要这些陶片，以及应寄送给谁。当然，您会发现它们仅是一些陶器碎片，它们的价值在于，或者归功于下述事实：它们是经科学发掘而出土的，其出土深度、地层等都得到了仔细记录。在华西协合大学博物馆委员会最近的一次会议上，我受命写信询问年费、入会费和章程等会影响我们在中央研究院和中国科学社注册的相关信息。

最后致以衷心的感谢和最美好的祝愿。

Chengtu, Szechuan, China,
April 11, 1934.

Dr. K. Weiman Hsu, Director,
    Academia Sinica Metropolitan Museum,
        Nanking, China.

Dear Sir:-
            I wish to thank you for your kindletter of Jan. 9, and for
the copy of the publication "The Academia Sinica and its National
Research Institutes." We are well aware of the high grade of scientific
work that is now being done by the Academia Sinica and by the Science
Society of China. We shall consider it an honor and a privilege to
cooperate with these institutions as much as possible in the future.
            We shall be very glad to receive copies of your publications
in the future, and will send you copies of all our publications.
            The interchange of specimens can be of mutual advantage to all
concerned. Our task is first to secure type specimens in natural history
as rapidly as possible, and them get enough duplicates so that we can
send first-class duplicatesin exchange. We have already received gifts
of type specimens three in number from the Smithsonian Institution,
(I mean three lots of specimens, birds, mammals, and insects), and expect
this to be continued by the Smithsonian Institution indefinitely. Of
course you can appreciate that the sending of valuable type specimens
with the scientific names is a rather slow process, and will take
several years for completion.
            Prof. Ho and now are getting some large mammal skins that
are apparently destines for your museum. We will gladly continue to
help in this way in the future.
            I am director of the West China Union University Museum of
Archaeology, Art, and Ethnology, and hope that our cooperation may
extend to this department. I know that the Academia Sinica hase
done some very valuable archaeological work. I heard much at Harvard
University about Dr. Li Chi.
            Recently the assistant curator, Mr. Lin Min Guin, and I
excavated a site near Hanchow. We were requested to do so by the Hanchow
magistrate. We secured a large number of potsherds and stone implements
that ate pre-Han and pre-Chinese, and at the latest would be in the
Cheo Dynasty. We would like to send you samples of the potsherds
that you could keep in your museum, and also that you could compare
to types of pottery excavated elsewhere. This might enable us to learne
or work out the date of the artifacts in this site. Kindly let me know
if this meets your approval, and to whom the sherds can be sent.
Of course you will realize that there are only fragments of pottery,
and that their value consists in the fact, or is due to the fact,
that they were scientifically excavated, with careful noting of
depths, stratification, etc.
            At a recent meeting of the University Museum Committee I was
instructed to write and ask for information as to annual dues, entrance
fees, and and the regulations that affect the the registration
of our museum in the Academia Sinica and in the Science Society of
China.
            With many thanks and best wishes,

1935年4月8日董宜笃致葛维汉的信[①]

李沛容/译　谌海霞/校

北平

1935年4月8日

亲爱的葛维汉：

我在北平发现了一两件与广汉玉器相关的玉器，我想你会感兴趣。故宫博物院有一个名为"咸福宫"的大殿，官方记载其为"乾隆珍品陈列室"。它位于蓝浦生爵士为纪念其夫人而捐款修复的大殿内。

在这批乾隆最为珍爱的玉器中，有一件象征天地的棕色玉琮，其材质、颜色和形状与广汉出土的一件玉器完全相同，只是这件相对较小一些。

它被标记为：旧玉杠头。

它的形状如下：

---

① 原件藏于四川大学博物馆（档案号：P3542、2010-0224-2、2010-0224-3），扫描件附于文后。——译者注

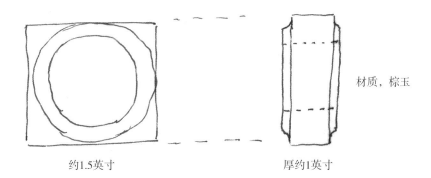

约1.5英寸   厚约1英寸

材质，棕玉

　　藏品名录中没有关于它的年代或者用途的介绍，这显然是因为他们不了解相关信息。但乾隆是一位一流的艺术品鉴赏家，藏于这座宫殿的每一件物品都是他特别看重的。该信息或许有助于您搜寻有关这些玉器价值的进一步线索。

　　另外，我在一家古玩店里，发现了一把棕色玉刀，它在形制上和广汉发现的玉刀几乎一模一样，只是略微小一些。此外，还有一块象征"苍天"的青褐色玉璧。

　　玉刀如下：

边缘斜切，如剃刀般锋利，类似于广汉出土玉器

约9英寸

棕玉刀，0.25英寸厚

用于固定在轴上的孔以及所刻花纹均与广汉出土的玉器类似

　　卖家断言这是汉代古玉，索价80美金。

　　玉璧大体如下：

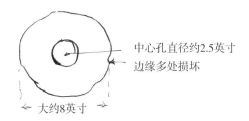

中心孔直径约2.5英寸
边缘多处损坏

← 大约8英寸 →

  大约8英寸长、3/8英寸厚，看起来与劳费尔书中的一些插图完全相似。卖家同样声称这块玉璧是汉代的，要价120美金。如果他能够大幅地降价，我或许会购买这两件玉器。

  与此同时，我向您提供这些细节的原因在于，它们可能会让您更清楚地了解广汉藏品的内在价值。

  昨天，我们从北平的报纸上看到，北方的红军再次大举进攻，并且已经占领了梓潼。愿你们平安无事，免于忧虑！

  致以诚挚的问候

谨上
董宜笃

英国地址：

圣公会

温布尔顿公共公园

伦敦S.W.19

  您有关广汉藏品的文章出版后，请您给我多寄送一些——例如几十份，以便英国对这一主题感兴趣的人士阅读。

Pekin.

April 8. 1935.

Dear Dr Graham,

While I have been here I have found one or two things which I think will be of interest to you in connection with the Hanchow jades.

In the Palace Museum there is a large hall, the "Hsien Fu Kung" which is described in the official catalogue as "Exhibition Room for favourite objects of art of the Emperor Ch'ien Lung". It is situated in the Court which has been restored by Sir Miles Lampson in memory of Lady Lampson. In this collection of the Emperor Ch'ien Lung's favourite pieces, — which are almost all of jade, — there is a brown jade ring, a "Symbol of heaven and earth", precisely the same as one of those dug up at Hanchow; in material, colour, & shape; except that the one here is rather smaller.

It is labelled 舊玉槓頭

It is shaped like this :

material, brown jade.

← about 1½ wide →   ← about one inch thick

The catalogue says nothing of its age or use, and this

is evidently because they do not know. This will give you a further clue to the value of these stones, as Ch'ien Lung was a first class connoisseur of art value, and every object in this room is something which he placed special value upon.

The other find was made in an old curio shop. There was an ancient knife of brown jade, almost exactly like the Hanchow ones but smaller; and also an ancient jade "symbol of heaven" in a greenish-brown jade. The "knife" is like this:

edge bevelled & razor sharpness, as in Hanchow jades

← about nine inches →

Brown jade knife, about 1/4 inch thick.

hole for fixing to shaft, as in Hanchow jades

incised pattern, as in Hanchow jades

The dealer asserted that this was a very ancient jade, "of the Han dynasty", and demanded $80 for it.
The "Emblem of Heaven" jade was like this:

Centre hole about 2 1/2 inches diameter.
outer edge damaged in several places and discoloured

← about 8 inches →

It is about 3/8 inch thick, & seems exactly similar to some illustration in Laufer's book. The dealer of course claims that this also is "Han", and wants $120

3

for it.　I may be able to get these two, if he comes down greatly in his price.

Meanwhile I send you these few particulars as they may throw more light on the intrinsic value of the Hanchow Collection.

We were very distressed to see in the Peking newspaper yesterday that the Reds in the W. were making another serious push & had taken Tzüliong.　May you all be kept safe, & free from anxiety!

With kind regards.

Yours sincerely

V. H. Donnithorne

(English address:　The Priory
Wimbledon Common
London S. W. 19)

Please send me a good number of your articles on the Hanchow Collection when issued — say a couple of dozen copies, for people interested in the subject in England)

1935年6月11日福开森致葛维汉的信①

蒋庆华/译　谌海霞/校

喜鹊胡同三号

中国北平

1935年6月11日

亲爱的葛维汉先生：

我收到了《汉州发掘简报》的一份副本，由于书稿上没有标明是谁好心将其寄给我的，我理所当然地认为，我应该感谢您——这份简报的作者。我饶有兴趣地阅读了简报，尤其是其中关于所发现陶器的部分。我对您所说的可追溯至周朝初期的"最古老的完整陶碗"特别感兴趣。如果您有时间回复这封信，我想知道这个碗是否有轮制的迹象，抑或在其边缘内部有拇指指纹。从照片看来，我觉得它可能是一件轮

---

① 原件藏于四川大学博物馆（档案号：2010-238），扫描件附于文后。——译者注

制品。关于最初由燕先生发现并由董宜笃先生赠送给贵馆①
的大玉琮，我想知道其正面的两个圆圈究竟是装饰的一部
分，还是由摄影造成的假象。您所做的工作具有重大的科学
意义。我希望看到它沿着从成都经七盘关至陕西的古老路线
进行下去。这将使您一路经过新都、绵阳、梓潼、昭化和广
元，这些地方应该都能发现重要的遗迹。您知道四川省有人
找到过大邑盌的陶瓷碎片吗？哪怕只找到一片，那都会是世
上最稀有的精品瓷标本。

您的
福开森

---

① 指华西协合大学博物馆。——译者注

3 HSI-CHIAO HUTUNG
PEPING, CHINA

June 11, 1935.

Dear Mr. Graham,

I have received a copy of "A Preliminary Report of the Hanchow Excavation" and as there is no other indication on the Report as to the identity of the person who kindly sent it to me I take it for granted that you as the writer of this Report are the one to whom I owe my thanks. I have read the Report with great interest especially the parts referring to your pottery finds. What you call "The oldest complete clay bowl" dating from the beginning of the Chou dynasty is of special interest to me. If you have time to reply to this letter I would like to know whether or not this bowl shows signs of the wheel or are there thumb prints around the inside of the rim. From the photograph it looks to me as if it might be a wheel piece.

As to the large jade square found originally by Mr. Yen and presented to your Museum by Mr. Donnithorne I would like to know whether or not the two circles on the face are part of the decoration or are they photographic freaks.

The work which you are doing is of great scientific importance. I would like to see it carried out along the old route from Chengtu through the P'an Kuan to Shensi. This would take you through Hsin-tu, Mien-yang, Hsin-t'ung, Chao-hua and Kuang-yüan, in all of which places important remains should be found.

Have you ever heard of any one in your province coming across a shard of a Ta-yi bowl (大邑盌)? If such a piece could be found it would be the rarest specimen of exquisite porcelain in the world.

Yours sincerely,

John C. Ferguson

1935年7月23日《美国东方学会会刊》编辑施爱客致葛维汉的信①

蒋庆华/译　谌海霞/校

编辑

诺曼·布朗

约翰·施爱客

斯宾塞

美国宾夕法尼亚州费城摄政街4509号

1935年7月23日

亲爱的葛维汉先生：

非常感谢您那篇关于广汉发掘结果的论文。我还要祝贺您不仅出色地完成了工作，而且完成得极为细致。您很幸运能在现场，而能有像您这样训练有素的人在场则是科学之

---

①　原件藏于四川大学博物馆（档案号：2010-344），扫描件附于文后。——译者注

幸。我毫不怀疑，革命性的考古发现将很快在中国出现。我唯一能提出的建议是，您若再有类似的发掘机会，应尽量对地层和每层的出土物拍照。我会就您的文章为《美国东方学会会刊》写一篇通告。四川的古文化一定比人们想象的要早得多。有意思的是，尽管没有发现任何文字，但您发现了具有象征性的璧。据我所知，曾有法国学者对劳费尔《中国古玉考》所用的一份材料提出过质疑，因此在援引此书作为权威参考时，最好还是小心一点。对于考古学，我一无所知，安特生（Andersson）是一流的权威，李济受过很好的训练。步达生（Black）的去世是一个巨大的损失。如果您见到伦纳德·汤姆金森（Leonard Tomkinson），请代我向他问好。

您的

施爱客

附：非常感谢您提供任何此类文章的副本。我寄出了几篇我自己的文章——您可能会感兴趣。

Journal of the American Oriental Society

Editorial Office
BOX 17, BENNETT HALL
UNIVERSITY OF PENNSYLVANIA
PHILADELPHIA, PA.
U. S. A.

Editors
W. NORMAN BROWN
JOHN K. SHRYOCK
E. A. SPEISER

4509 Regent St.,Phila.,Pa.,U.S.A.

July 23rd, 1935.

Dear Mr.Graham;

I appreciate very much the copy of your artizcle
on the results of the Hanchow Excavation. I also want to congra-
tulate you on the excellence of the work, and the great care
with which it was done. You are very fortunate in being on the
spot, and science is fortunate in having trained men like your-
self present. I have no doubt that revolutionary discoveries
in archeology will come quickly in China. The only suggestion
I can make is that when you get another chance like this, you
try to take photographs of the strata, and of the objects in
situ. I will write a notice of your article for the JAOS. A
relatively high culture must have existed in Szechuan much
earlier than was supposed. It is interesting that no writing
was found, and that you found the symbolic disks. I understand
French scholars have questioned one of the books Laufer used
as his sources for Jade, and that it would be well to be care-
ful in using Jade as a final authority. Not being an archeologist,
I don't know anything about it. Andersson is a first rate author-
ity, and Li Chi has a good training. It is a great loss that
Black is dead.

If you see Leonard Tomkinson, please remember me to him.

Sincerely,

John Shryock

P.S. I'd appreciate very much any other reprints of
such articles. I'm sending a couple of my own that may

广汉古代遗物之发现及其发掘[①]

林名均

一 绪言

四川古称巴蜀，川东南为巴，川西北为蜀。蜀在《禹贡》为梁州之域，山川重障，交通梗阻，自秦惠文王九年司马错伐蜀灭之后，始正式入于中国版图，与中原之交通，遂日见其繁，而文化亦因以大开。然自此以前，蜀之情况若何？其文化究与中原有何关系影响？史家均缺言之，实犹有待考古学家之努力追寻者也。十年前，广汉太平场忽有古代器物之发现，复经华西大学博物馆前馆长葛维汉博士（Pr. D.C.Graham）与作者前往该处发掘，获得陶器、石器甚多，经研究结果，知古代蜀国文化非若吾人想象中之幼稚，且与中原文化有若干相关之处，可补古史之缺略。关于此次发掘，已有葛馆长《汉州发掘初步报告》[②]（*A Preliminary*

---

① 原载于《说文月刊》1942年第3卷第7期（巴蜀文化专号）第93—101页，本文略有删改。四川大学博物馆藏有该杂志一份。——编者注
② 即《汉州发掘简报》。——编者注

Report of the Hanchow Excavation）一文，在《华西边疆研究学会杂志》第六卷中发表（The Journal of the West China Border Research Society 1934 vol.6，pp.114–131），其中虽颇有可商榷之处，然大体尚称完备，惜该杂志流传不广，仍未能引起海内学者之充分留意也。兹因《说文月刊》编者卫聚贤先生，拟在渝出版巴蜀文化专号，征稿于余，乃根据平时参加发掘经验及个人研究所得，并参考葛氏报告，草成此篇，以就正于国人，唯图片具见该文，兹不重赘。

二　遗物之发现与保存

广汉在成都北九十里，秦为蜀郡地，汉分蜀郡为广汉郡。今之县城，即广汉郡之雒县也，清为汉州，民国后改名广汉县。地势平衍，无高山险岭，水利便易，宜于农田，且以地近都城，故开化颇早。其西北十八里，沿江一小镇，名太平场，去场二里许，有小庙曰真武宫，位于一高平原之上。其侧有居民燕道诚者，年七十余，前清曾为官府司笔杆，人呼曰燕师爷，现以务农为业。燕宅之旁有小溪，传为明代所掘凿。民国二十年春，因溪底淤塞，溉田不便，燕氏乃将水车干，施以淘浚，忽于溪底发现璧形石圈数十，小大不等，叠置如笋，横卧泥中（此系事后随戴谦和先生赴遗址考察之摄影员晋君闻诸燕师爷之子转告于我者，据云燕氏以事关风水，记忆甚确，与葛氏报告书中所言之排列方法不同）。疑其下藏有金珠宝物，乃待至深夜，始率众匆匆前往掘取，除获完整之石璧若干外，复拾得古代圭、璧、琮、玉圈、石珠若干。然颇不知重视，夸示乡邻，馈赠戚友，璧及玉圈数十，遂致分散无遗，圭/琮、石珠等物，亦大部散落损毁，致不能集中加以研究，诚可惜也。

时英人董宜笃牧师（Rev.V.H.Donnithorne）正布道于该县城内，闻知其事，以此有关历史文化之古物，不可任其散佚，乃告于驻军旅长陶宗伯氏，复函邀华西大学戴谦和教授（Prof.D.S.Dye）同往视察。燕氏乃将所藏之玉器五件售于陶氏，复将最大之石璧一个、琬圭一柄，赠与华西大学博物馆。陶氏亦将所获全赠该馆，以便保存。同时董君亦购得玉琮一个，后亦赠送该馆。戴氏于其所著 "Some Ancient Circles, Squares, Angles and Curves in Earth and in Stone in Szechwan, China"（载《华西边疆研究学会杂志》第4期）一文中，曾讨论此物之重要及其用途，又成都金石名家龚熙台先生，于二十一年秋季，曾由燕氏处购得玉器四件，著有《古玉考》一文，载民国二十四年成都东方美术专科学校校刊《太阳在东方》创刊号内。二十九年，龚氏已归道山，其戚某氏以重价售归华大博物馆。此外则燕氏本人尚保藏有完整之琬圭、琰圭各一柄，玉琮一个，残圭半截及石璧数十。石璧之较大者，后亦赠与华大。今所能据以研究者，仅此而已矣。

三　发掘经过

民国二十一年，葛维汉博士就任华西大学博物馆馆长，以广汉遗物之富于考古价值，乃函询董君发现之详细情形，复驰赴出土地点，详加考察，知其近旁必有其他遗物，可资考证。于是就商于广汉县长罗雨苍氏，并得四川省政府及教育厅之发掘护照，拟于二十二年冬季水枯时期，在该处举行试掘，旋因他事迁延未果。

二十三年春，罗县长以好古心切，邀葛氏从速办理。葛氏以此项发掘非以现代科学方法，不能辨明其层位而求得其时代之价值。然此事在蜀尚属创举，以西人主持其事，恐引起不必要之误会与纠纷，乃改用县政府名义，由罗氏出面主办，而以发掘工作归由葛氏负责指导进行。时作者适供职于华西大学博物馆，故得参与其事，乃于三月四、五两日[①]与葛馆长先后驰赴广汉，筹备发掘。至发掘所应用之器物，如测量器、绘图板、水准器、卷尺、锹、铲、锄、粗细毛刷[②]、竹签、木方、绘图纸、方眼簿等，均由成都运往。并雇带有训练之工人数名，以免临时发生困难。县府亦特派邹臣辅、萧仲元二君前往勷助，并指派附近团丁八十余人负保卫之责。三月六日，发掘工作开始，然附近无知乡民，竟妄造谣言，谓吾人掘有金马，时邻境匪风正炽，恐因此发生不测，且晚间必须步至八九里以外住宿，以避匪患，众以为苦，故甫十日即行结束，然所获之成绩固甚佳也。

吾人预拟之工作地段，为小溪之左右两岸，唯溪南即紧接燕氏住宅，其人迷信风水，不允于其宅外发掘，乃就溪北胡豆田坝及溪底二处作为目标。于是先沿溪开一长四十英尺、广五英尺之第一坑，经时四日，深达七英尺。其地表面为近代之黑土层，此层泥土甚薄，平均深度尚不及一英尺，据当地人云，此田不能种稻，盖缘上层土壤太薄而其下尽属瓦砾也。其次即瓦砾层，平均深度约有三英尺，其中所含陶片及破损陶器，最为丰富，且有若干石器及其残块葬于其间，吾人发掘所得皆在此层之内。以其土质多变为红色，故葛氏疑其为古代之一陶窑。再次则为未曾翻动之黏土层，带黄褐色，以探锄凿洞试之，亦无遗物发现，知再掘无济于事，乃停止第一坑工作而掘溪底。

---

① 据葛维汉日记所记，葛维汉与林名均分别于3月5日、6日抵达广汉。——编者注

② 葛维汉所撰日记及发掘简报记为"硬刷和软刷"。——编者注

时溪水新涨，农民借以灌田，吾人乃将拟掘之一段用泥石断塞，并将所开第一坑之两端掘通，使溪水改道经坑中流出。复假燕氏在溪旁所设牛车将水车干，寻求发现遗物之原址。经淘掘后，始悉其为一长约七英尺、宽三英尺、深三英尺之坑，早为泥沙所淤塞，坑中旧藏遗物，已全部为燕氏取去，吾人仅得琰圭之残块二片及破缺小石璧数件而已。此类石璧残块，尚有为前此燕氏弃掷于岸旁者，吾人亦一一拾取以归。此外尚有由坑中所散出之长方形绿色小玉块及绿松石磨成之有孔石珠，混于溪底泥沙之内，吾人淘获近百件。据云：自燕氏淘溪之后，附近居民于其近旁拾得此类石珠甚多，用线穿系以为儿童玩具，然皆散失（吾人尚于一乡人手中购得数颗），小玉块则无人拾取，任水漂去。按《周礼·典瑞》"驵圭璋璧琮琥璜之渠眉，疏璧琮以敛尸"，则该地或为古代重要人物之坟墓，诸物乃殉葬所用者也。又或为古代祭祀天地山川之所，亦有可能。

溪底工作既毕，更紧接第一坑之南开第二坑，同时依其北开第三坑，长宽均同第一坑。第三坑土层与第一坑相同，在第二层中亦掘得若干陶片与石器残块。第二坑半属溪岸，较田坝约高一英尺余，上二层泥土，系后人堆积，杂有近代陶瓷残片，无何等价值。下第三层，与第一、第三两坑之瓦砾层同，所得亦相似。再下即为未曾翻动之黄土层矣。

当发掘工作进行时，吾人即注意附近各地有无其他遗物，后果于小坡之上拾得石器残块二片，溪岸拾得少数陶足。后又由一农人处购得石斧一柄，柄端及口部微缺，又刀柄一段，尚存一孔，据谓亦得自溪中，距燕氏淘治处约十余丈。此外尚购得红色小石凿一柄，谓于溪南土中所得。据此，则遗物散布之区域，甚为广大，若能用长时间而作大规模之发掘，成绩必更有可观；唯因种种限制，吾人不得不暂行结束，将所掘之坑，用泥土补填复原，并给地主以相当酬报，赔补其损失。

综计此次发掘所获，玉器、石器、陶器、陶片等物共有六百余件，分置六箱。吾人所应特别申谢者，为罗县长以此有关文化之古物分散以后，不便研究整理，乃将全部移赠华西大学博物馆保存。惜燕氏私藏数器，几经交涉，未能购致，仅摄影以作参考而已。

四　各遗物研究

广汉出土遗物，为研究便利计，可分成三部分：一为溪底出品，包括燕氏所获及吾人在同一地点所淘得者；一为溪岸正式发掘所得，有层位可考者；一为购买所得，以其正确性较少，不可混为一谈，龚熙台先生四玉器，虽亦谓由燕氏售出，然几经转手故亦归入此类叙述。

（一）溪底出品

溪底出物地点，前已假定其为墓葬，诸物系殉葬所用，惟究为何人坟墓，颇难加以断定，龚氏以为望帝葬所，虽未可信，终要为古代蜀国一重要人物，以其遗物既多且富也。兹按其形质分为石璧、石珠、琬圭、琰圭、琮、玉圈、小玉块七类述之。

（1）石璧　《说文·玉部》云："璧，瑞玉圜也。"《尔雅》："肉倍好谓之璧。"唯此系用砂石磨制而成，似璧而大，故姑称之为石璧。此物位于墓葬之上部，为数至多，大小厚薄，无一相同，孔径则一面较他面略大。最大之石璧一个，今已中裂成为两块，径达700公厘，孔径180公厘，厚70公厘。其次者径520公厘，孔径130公厘，厚50公厘。最小者径110公厘，孔径40公厘，厚仅10公厘。说者以为古以苍璧祀天，而大者不能以玉为之，故改以石制而像璧形，理或然欤？至其叠置溪底，整齐有序，当必有其特殊意义也。

（2）石珠　吾人在溪底发现之石珠，共十余颗，皆为绿松石所磨成，多为不规则之圆形，间亦有作方形者。珠各有孔，系自两面钻入，故口大而中间细小。此当为古代装饰所用，龚氏以为系帝王冕旒，说亦可参。

（3）琬圭　《说文·土部》云："圭，瑞玉也，上圜下方。"《周礼·典瑞》："琬圭，以治德，以结好。"郑司农云："琬圭无锋芒，故治德以结好。"戴震云："琬圭穹隆而起，宛然上见。"又《考工记·玉人》："琬圭九寸而缫，以象德。"注："琬，犹圜也。"广汉所得玉器其形如锛者，短而厚，端圆，无锋芒，两面或一面向外凸起，与《周礼》琬圭之制相合。其一质细，作深灰色，有浅灰色纹理。其他皆为浅灰色，质亦较粗。燕氏所藏一柄，长364公厘，宽129公厘，厚19公厘，近边处有沟槽，长230公厘。华大博物馆所藏三柄，其中一柄亦有同样之沟，殆即《周礼·典瑞》所谓之"渠眉"欤？

（4）琰圭　《周礼·典瑞》："琰圭，以易行，以除慝。"郑司农云："琰圭有锋芒，伤害征伐诛讨之象。"又《考工记·玉人》："琰圭九寸，判规，以除慝，以易行。"判规者，半圆也。戴震云："琰圭，左右剡，坳而下，如规之判。"吴大澂《古玉图考》琰圭下云："其制上作半圆形。"广汉琰圭数柄，与诸说密合，其形狭长而薄，口端锋锐，向内凹进成半圆形，左右成两棱角，即郑司农所谓之锋芒也。柄端有圆孔，用以系组。惟两旁有不整齐之牙突出，数刻线横贯其间。按《考工记·玉人》有牙璋、中璋，注云："二璋皆有鉏牙之饰于琰侧。"又《周礼·典瑞》："牙璋，以起军旅，以治兵守。"郑司农云："牙璋琢以为牙，牙齿兵象。"故有牙琰圭，亦王者治兵之器，所谓以易行除慝者，即征讨诛伐之也。今存诸圭，以燕氏所藏之一柄为最完整，长505公厘，口端宽85公厘，厚5公厘，质甚坚细，深灰色，满饰浅灰纹理，盖以埋土日久，为草根酸性所浸而成者也。华大博物馆所藏二柄，质理形状制作均与之相同。其一口部微缺，长394公厘，宽105公厘，厚5公厘。其一柄端缺去一部，故仅长365公厘，宽124公厘，厚亦5公厘。此外则燕道诚身旁尚佩有一柄，仅余口部一小段，带黄色，用以切割肉类。吾人在溪底所掘获之二残块，亦与此为同类。按《越绝书》云："黄帝之时，以玉为兵。"是知古代兵器，有以玉为之者，迨铜器出，乃改用为礼器，其形制亦有种种变化，而用途以分。诸圭口部锋锐，至今尚可作为器用，可见其本为兵器而后乃用之于治兵也。

（5）琮　《说文·玉部》云："琮，瑞玉，大八寸，似车钢。"《白虎通义·文质篇》云："圆中牙外曰琮。"广汉出土之琮，今所见者三，华大博物馆即有其二：其一系董宜笃牧师赠，高55公厘，广75公厘，孔径65公厘，色灰黄，有天然浅灰纹理，并有人工所作之横线及圆圈，四方如一；其一为陶宗伯旅长所赠，高30公厘，广57公厘，孔径50公厘，黄色而带黑色斑纹。至燕氏所赠只一只，较高，约120公厘，广50公厘。三者皆系圆中方外而带黄色。按《周礼·大宗伯》："以黄琮礼地。"《典瑞》谓："疏琮璧以敛尸。"注云："琮在腹，盖取象方明神之也，疏璧琮者通于天地。"

（6）玉圈　燕氏所得玉圈，据云有数十只，惜皆散失。吾人仅于其小孙手中获得二残片，可黏合成一小半圆形。质类细，作灰绿色，有浅灰纹理，极薄，仅厚2公厘，由半圆而计其直径，当为7公厘，唯因损毁过甚，不便推考。

（7）小玉块　吾人在溪底泥沙中所获之小玉块，计80余片。色绿，质坚，系人工废制，作长方形，大小不等，大者长8公厘、宽4公厘、厚1公厘，小者仅长3公厘、宽2公厘、厚1公厘。此物在当时，当用以镶嵌于服饰器物之上者也。

（二）溪岸发掘所获

吾人发掘，以溪岸数坑为主，所获遗物，可以分为石器、陶器、玉器三类。三者之中，又以石器、陶器为最重要。

（1）石器　广汉发掘所得石器，为数不多，可分为石斧、石杵、石锥、石刀、石珠、磨石、石器残块诸类，兹分述如次。

A.石斧　在坑中吾人获得磨光石斧二柄，皆为用器。其一深灰色，甚完整，系先琢而后施以磨制者，两面均向外凸，器口端变薄，长230公厘，广120公厘，厚38公厘。其一微缺，两侧及口部有磨痕，长220公厘，广132公厘，厚25公厘。此外尚有一破残石斧，亦系琢磨而成，口部作尖圆形。

B.石杵　石杵二个，捣物所用，质粗而坚，为火成岩所作。其一长233公厘，宽130公厘，厚58公厘。其一长190公厘，宽133公厘，厚42公厘。

C.石锥　刻纹小石锥一，长44公厘，宽15公厘，厚5公厘，其特点为正面有交叉斜线及平行横线。

D.石刀　长方形之石刀一柄，为砂石磨成，两面皆平，近口处一面倾斜成刃。宽54公厘，长33公厘，厚10公厘。安特生氏（Dr.J.G.Andersson）在《中华远古之文化》一文中，曾谓此种形式之石刀，可为亚洲民族之特征，今华北尚有沿袭此形之铁器流行，惟此乃与孔而已。

E.石珠　吾人在坑中曾掘得石珠一颗，灰色，作长圆形，其质料形式均与溪底所发现之石珠不同，唯孔仍自两端钻入，计长40公厘，径12公厘。

F.磨石　吾人于发掘时，得有磨石数个，或用以打磨陶器者。

G.石器残块　吾人掘获之石器残块颇多，质之精粗不一，然皆有磨光之痕迹，可能确知其为石器损坏后所弃掷者也。

（2）陶器　广汉出土之陶器，除在溪旁所拾得之陶足外，尽系溪岸坑中发掘所得。虽多残缺不完，然其形状、作法、质料、颜色、花纹，俱可考见，分述之如后。

A.陶器之原形　吾人所得虽多为陶片，然经作者细心镶补之后，间有能复其原形者。一深灰色粗钵，系若干碎块所镶成，厚薄不匀，当系手制，其口部及腹部均甚大，至底渐小而作尖圆形，口径150公厘，腹径184公厘，高125公厘，为所得陶器中之较完整者。一浅灰色之陶盆，缺底，口缘向外，高120公厘，口径255公厘。又一盆仅得其小半，形式相同。一浅灰色之盘，甚粗，亦缺去一部。黑色小碗一个，圆底，已部分残缺，质细面薄，厚薄匀整，当为陶轮所作，陶质甚细，中杂木炭，故内外均呈现黑色，此种黑陶，与龙山城子崖出土者极为近似，值得特别留意者也。又一完整之纺织轮，上尖而下圆平，中有小孔，合线作底坠用。此外则陶足多种：其二外部作黄灰色，细长而中空，上下均已缺去，似为豆足。一种两端稍小，中部略大，似为鼎足。又一种亦系中空，足尖成一圆锥体者，当为高足。凡此，皆古代常用之器也。

B.陶器之质料　由陶器所用之质料，吾人可分之为粗陶、细陶二种：粗陶内杂沙粒甚多，故所作成之器物，多粗而较厚；细陶则用黏土作成，不含沙粒，间有含木炭所捣成之细灰者，故所作成之器多薄而精细。

C.陶器之作法　广汉陶器可分为手制及磨轮制二种：手制者，多凹凸不平；磨轮制者，则平滑而圆，厚薄均匀。惟间有手制而施以打磨者，外部亦颇平滑。

D.陶器之颜色　广汉陶器，属于单色，唯亦颇为复杂，有纯为灰色者，分深灰与浅灰二种。有纯为砖红色者，因土内含有铁质，经火烧氧化，故变为红色。有纯为黑色者，以其含有木炭也。自其剖面视之，有红色而中间为黄色者，有黄色而中间为灰色或黑色者，其黄色部分，皆因火候不足，未能完全氧化。此外尚有外红中灰、外灰中黑、外灰中红、外浅灰中深灰、外黑中灰、外黑中红诸般变化。其中有以不同之泥土涂于陶器外面者，有一陶片尚有刷痕可见，此广汉陶器之一特点也。

E.陶器之花纹　吾人所获陶片，除表面无纹者外，带纹者亦甚丰富。大致可分为绳纹、刻纹及其他印纹三种。绳纹大都饰于粗陶器外面。刻纹则以物刻画于陶器之上：一种为线纹，单线、双线或三线、四线不等，平行或不平行，亦有作交叉形者；一种为陶器之凸出部分，以物刻画。印纹有布网纹一块，有络印纹一块，另有一块作多数菱形者，则不知为何物所压印。

（3）玉器　吾人于溪岸坑中，未尝发现有完整之玉器，仅在第一坑中得残璧一块，浅灰面带白纹，与琬圭之粗者质料近似。肉宽37公厘，中近好处厚10公厘，至边渐薄，仅厚6公厘。

（三）购买所得

购买之物，较诸发掘所得或燕氏所藏所赠，价值较微，自不待言。然亦可以作为参考，故亦及之。

（1）玉环　环为璧之属。《尔雅》："肉好若一谓之环。"吾人由一乡民处购得玉环一只，谓系在燕氏掘物原地所拾得者，质甚坚细，作深褐色，肉宽21公厘，厚2公厘，近好处向两旁凸出，厚17公厘，孔径60公厘。此物因乡民不知贵重，任儿童随意抛掷，边缘已有多处损坏。

（2）石珠　石珠五颗，购买所得，据云亦出自溪中原址，与吾人在溪底掘得者完全相同。

（3）石凿　小石凿一柄，购自农民，谓得于附近不远之处，红色，质坚，磨制甚精，长77公厘，广12公厘，厚8公厘，背部凸起，面平，至口向内凹进，形如今之圆凿。

（4）石斧　石斧一柄，已残缺不完，亦附近溪中所出，系砂石做成，磨制颇光。

（5）龚熙台先生四玉器　龚氏四玉器，据其自叙，于民国二十一年秋间自燕氏购得，华大博物馆于二十九年转购庋藏。四器质皆精美，各长尺余，柄俱有孔有牙，与前述琰圭之牙孔无殊。其一上部如戚形，龚氏以为钺；其一上有三枝者，龚氏以为戟。上作半圆者，谓之为琰圭，与前所述之琰圭相同；上如刀形者，谓之为牙璋：皆治兵之器也。龚氏考证精详，唯质料与吾人所见者略异，故有人疑其不真。

五　时代之推测

广汉出土各遗物，其时代颇难决定，在葛氏报告书中，曾假定其为周初之物，彼以发掘所得之石器、陶器与溪底墓坑中之物，应属于同一时代。其重要证据为溪岸坑中曾获残璧一块，与琬琰之粗者质料相同。然玉器之变化甚少，且偶尔掺入，亦非不可证之事也。

于此，吾人有一新假定，即二者本不属于同一时代，将溪岸出土之物与溪底遗物分开。盖吾人在溪岸发掘时，绝无一片铜器或铁器发现，以石器及陶器之原始形制观之，实可谓其属于新石器时代。惟陶器中有与城子崖之黑陶相类者，故吾人推定溪岸坑中所得之遗物属于新石器时代末期而殷周以前也。

至于溪底墓中之物，其时代较晚，当为周代之物，盖所发现之玉器与《周礼》所称，多所吻合。又美国菲尔特自然历史博物馆①（Field Museum of Natural History）主任洛佛尔②氏所作之《中国古玉考》（B.Laufer, *Archajc Chinese Jades*），其第六版第三图之玉刀，其形制与广汉溪中出土之琰主相同，彼以为系周代之物。又玉之有牙者，在周代亦甚为盛行。如洛氏书中第二版第二图，第九版第一、二两图，第十三版第一图，以及第十五版第三图，均为周代玉器之有牙者。又书中第十一版第一图及第十二版中部向外凸出之环，亦与吾人所获褐色之环相同，洛氏亦定为周代。据巴尔（A.W.Bahr）序中所称，洛氏著录玉器，多得自吴大澂所藏及河南新郑发掘所获，并有最精确之考证者。以此证之。则吾人以广汉溪中遗物属诸周代，或不致大有差谬也。

唯此次发掘时间过短，所获材料有限，溪中遗物又已散佚不全，故对于其时代，不能十分确定，将来若能从事大规模之发掘，当必更有可靠之证据出现也。

六　广汉遗物出土之重要

广汉遗物出土之重要，可分数点言之。

---

① 今译作菲尔德自然历史博物馆。——编者注
② 即劳费尔。——编者注

（一）古代之蜀，向皆目为戎狄之域，必无文化可言（《国策》记司马错伐蜀事，张仪曰："夫蜀，西僻之国，而戎狄之长也。"）。今观广汉出土诸器物，其制作之精工，实无逊于中土，加以玉器之使用，尤足显示其文化之崇尚复杂。由此可改变吾人对于古代四川之基本观念。

（二）由前所述，可知广汉遗物与中原所得者有若干相关相似之处，则古代蜀中文化所受于中原文化之影响，实不难窥见其痕迹。盖四川与中原之交通甚早，《世本》谓："颛顼母，浊山氏之子，名昌仆。"《史记·五帝本纪》亦谓黄帝之子"昌意，降居若水。昌意娶蜀山氏女，曰昌仆，生高阳。"其说虽未可尽信，然蜀之名早见于殷代卜辞，武王伐纣，蜀人预焉（见《尚书·牧誓》）。故谓四川与中原同为一系之文化，亦无不可。则广汉遗物对于吾国文化分布情形之研究上，实甚有贡献也。

（三）由广汉出土之圭，可证明《越绝书》所称黄帝时以玉为兵之说不谬。旧解（《轩辕黄帝传》注）以玉为兵者，乃以玉饰其兵器，不知兵器真可以玉作，后乃改变其用途耳。它如圭、琮、璧等物，均可作为读古籍之参考，而不为后世歧说所惑。

（四）此次遗物之出土，仅只广汉之一小区，即有如斯之成绩表现，以此推之，蜀中埋藏于地下之古物，较此更古、更重要而尚未经发现者，必有无穷之希望，可以断言（如作者即曾在理番发现彩陶，将另有文述及）。是则对于将来之考古学有莫大之关系也。

民国三十一年七月于成都华西大学博物馆

附录

三星堆早期考古发现大事记
（1927—1949）

1914年，华大博物馆成立，华西协合大学理学院教授、美国人戴谦和出任馆长。

1927年春，广汉太平场乡绅燕道诚父子在疏浚自家附近的倒流堰时，在渠底发现一玉石器坑。

1931年春，广汉县知事陶宗伯就所获五件燕家器物求教于英国剑桥大学文学博士、广汉县圣公会的英籍牧师董宜笃，董宜笃转而向戴谦和请教。

1931年6月，在陶宗伯带领下，戴谦和、董宜笃和华大一名晋姓摄影师走访燕家，调查器物发现地点及相关情况，并拍摄照片，其后，为华大博物馆入藏了数件玉石器。

1931年，《华西边疆研究学会杂志》刊载戴谦和所撰《四川古代的圆形和方形土石遗存》一文，这是记录和刊布三星堆早期发现信息的第一篇文章。

1932年，流入市面的燕家器物受到四川省古物保存委员会会长龚熙台的关注。9月，他从"宴（燕）氏"手中购得四件玉器（后经研究皆为时人所造的赝品）。

1932年10月，美国芝加哥大学文化人类学博士、美国人葛维汉继任华大博物馆第二任馆长。

1933年秋，葛维汉致信董宜笃，希望获得华大博物馆所藏广汉器物的更多信息。在与董的信件往来中，葛萌生了到器物发现地点进行科学发掘的念头。

1933年11月2日，四川省教育厅代理厅长郭敬宇与教育厅众官员、成都市教育界多名重要人士访问华大博物馆并到葛维汉府上做客，双方就三星堆发掘事宜进行商谈。

1934年1月9日，华大中文系学生林名均入职华大博物馆，任馆长助理。

1月15日，广汉县县长罗雨苍携家人访问华大博物馆并做客葛府，和葛维汉就燕家院子发掘之事达成一致意见。

3月5日，葛维汉携带发掘工具抵达广汉，在董宜笃家中与罗雨苍电商有关发掘具体事宜及人员、细节安排。

3月6日，葛维汉在董宜笃和两名广汉地方官员的陪同下，会同当日抵达的林名均前往太平场古物发现地点。发掘在当日正式开始。本次发掘由广汉县县长罗雨苍主持，参与人员包括负责技术指导的华大博物馆的葛维汉、林名均，负责协理的广汉县府官员邹臣辅、庄国祥、黎敬之等人。

3月14日，发掘结束。

3月15日，采集到的三箱器物被带回广汉县城。同日，燕道诚次子燕明良将刻有"燕三泰"三字的大石璧赠送给华大博物馆。

3月16—18日，三星堆首次科学考古发掘出土器物在广汉公园文物陈列室展出。

3月19日，广汉发掘出土器物捐赠仪式在广汉县署举行。葛维汉、林名均及罗雨苍等广汉官员参加。在仪式上，罗雨苍宣布将全部器物赠送给华大博物馆永久保存。葛维汉代表华大博物馆接受了捐赠。

4月11日，葛维汉致信中央研究院自然历史博物馆主任徐韦曼，向其介绍了广汉发掘情况，提出将发掘所获陶片样本寄给自然历史博物馆，希望对方协助判断广汉出土器物的年代。

6月9日，葛维汉在华西边疆研究学会做了题为《汉藏边地研究的方法和装备》的演讲。这是民国时期四川地区大学的首次关于考古学和田野考古发掘的正式演讲。

1934年7月，林名均收到郭沫若来信（发掘结束后不久，郭沫若即致信林名均，询求广汉出土文物的照片和器物绘图），郭盛赞葛、林二人是华西科学考古的先驱。他认为在广汉获得的玉琮、玉璧、玉刀等文物与华北和中原地区出土的同类器物大体相似，证明西蜀（四川）以前就与华北和中原地区有文化接触，并预言这片区域今后一定会有更多的发现。

1934年，葛维汉在《华西边疆研究学会杂志》上发表《汉州发掘简报》。这是三星堆发掘史上，也是四川考古学史上第一份考古报告。

1936年3月5日，正在伦敦留学的夏鼐在伦敦艺术研究所阅读到葛维汉的《汉州发掘简报》，夏在当天的日记中肯定了这批出土器物的重要性。

1936年，《美国东方学会会刊》发表施爱客所撰《评〈汉州发掘简报〉》一文。他认为广汉出土器物和其所预示的发现或可说明四川古代文化的发展水平高于史籍的记载。

1940年，卫聚贤参观华大博物馆，随后发表《华西协合大学博物馆参观记》，详细描述了馆内的广汉文物展柜。

1941年，美国哈佛大学人类学博士郑德坤出任华大博物馆第三任馆长。

　　1942年，卫聚贤为编辑《说文月刊》"巴蜀文化专号"，邀请林名均撰写广汉考古发掘相关论文。林撰写《广汉古代遗物之发现及其发掘》并发表于当年发行的《说文月刊》第3卷。

　　1945年前后，郑德坤完成《四川古代文化史》，其中就广汉出土器物进行专章讨论，首次提出"广汉文化"概念。

　　1949年，郑德坤在《协大学报》上发表《太平场文化》（英文）一文，提出"太平场文化"概念。

跋

霍巍　周静

　　三星堆的考古发现震动了世界，成为20世纪以来全球考古学最引人瞩目的重大发现之一。三星堆的发现不是无源之水、无根之木，更不是"域外文明""天外来客"，当我们从一次次重大的考古发现带来的惊喜和震撼中冷静下来，对三星堆的"来龙去脉"作一番客观、科学的梳理的时候，我们就不得不回答这样一些最为基础的问题：三星堆究竟是何时被发现的？什么人和什么机构参与了三星堆最初的考古发现与发掘清理？这一发现和当时的中国历史大背景有何直接的联系？早期的三星堆考古对后来被人们称为"沉睡数千年，一醒惊天下"的三星堆考古大发现有没有直接的关联？要回答这些问题，我们就不能不揭开历史的重重帷幕，回到距今90年前的广汉三星堆遗址中的月亮湾遗址。1927年，就是在这个"现场"——燕家院子，三星初现，宛如一颗光亮耀眼的星辰，划破漫漫长夜，石破天惊地给世人带来古蜀文明最初的信号。1934年，在这里开展的首次考古发掘，正式揭开了三星堆科学考古的序幕。而今，整整九十周年过去了。

按照四川大学的统一部署，对原华西协合大学博物馆（今四川大学博物馆）所藏三星堆早期考古发掘资料作一次系统、全面的整理，将其正式公之于众，为学界的科学研究以及社会各界的高度关注提供一份极翔实的基础资料，作为纪念三星堆科学考古九十周年的一项重要工作被提上日程，这项重要工作由四川大学博物馆和四川大学历史文化学院、考古文博学院等组成专班，具体承担实施。

目前形成的研究成果主要包括以下几个部分：其一，利用馆藏极为丰富的出土文物、文献档案、图像资料等，撰写专文再现1927年至1934年广汉县月亮湾遗址（这个遗址目前已是三星堆遗址的重要组成部分，考古发掘仍在进行）发现的经过，用大量丰富的考古实物和文献依据为世人复原了当时那段鲜为人知的历史，这无疑是中国考古学史和中华文明史的重要一页。这当中有两个重要的历史节点被首次确认：1927年，燕家院子发现了玉石器；1934年，华西协合大学博物馆与广汉县合作首次在月亮湾进行了考古发掘。此文的撰写者陈长虹博士系四川大学博物馆副研究馆员，她以其独到的叙事风格和细致的笔触，为我们展现出一幅内容丰富的历史画卷。

其二，按照现代考古学的科学方法，对当年和其后入藏于馆内的陶器和玉石器全部重新进行了分类整理、描述与摄影，对其年代、性质与功能等也在前人研究基础上做出了科学判断，尤其是对早年研究者未能充分关注到的月亮湾燕家院子出土陶器可以划分出宝墩文化、三星堆文化和十二桥文化的问题，阐发了新的观点，这和近年来成都平原一系列重大的考古发现可以相互呼应，也为三星堆文化整体面貌的复原提供了新的线索。这两篇文章的执笔者分别为四川大学博物馆研究部的副研究馆员周克林博士和王波讲师，他们两位都是在四川大学受过系统考古学训练的学者，对这批考古资料的整理投入了巨大精力，取得了显著的新成果。

其三，本着尽可能系统、全面地整理、公布相关资料的总体目标，对馆藏的相关文书、档案、照片等进行了分类梳理，尤其是对大量的当年以葛维汉为代表的西方学者们用英文草体字写下的诸多资料卡片、与那次发掘和研究工作相关的个人往来信件及照片档案等，全部进行了释定和翻译工作，以英汉对照的方式展示了1927年以来华西协合大学博物馆围绕三星堆早期发掘所展开的一系列学术和社会活动，这成为我们理解20世纪30年代三星堆早期发掘及其历史文化背景的重要线索。这部分工作的承担者是长期以来一直从事四川大学博物馆资料档案管理和研究工作的谌海霞女士，她也是四川大学考古文博学院培养的硕士研究生，毕业后便致力于馆藏旧档的研究、管理，曾经利用华盛顿西雅图大学人类学系前来四川大学交换访学的美国留学生来馆实习的机会，对一大批当时出自不同书写个体、极难识别的英文草体文献进行了初步的释定和翻译工作，为此次整理工作的顺利开展奠定了良好基础。此次，她又和四川大学历史文化学院蒋庆华、代丽娟等其他学者一道，对本书收录的英文资料进行了全面的翻译、校对工作，花费了巨大的精力，第一次为世人集中呈现了一系列丰富的历史资料。

基于上述成果，我们认为，至少有这样一些重要的认识是可以提出来进一步加以讨论的：首先，1934年三星堆首次考古发掘是西方考古学传入中国之后，科学考古学（也称为现代考古学）在西南地区的发端，也是中国考古学在西南地区的首次实践，堪称百年中国考古的"西南样板"。以及1926年秋李济与袁复礼发掘山西夏县西阴村仰韶文化遗址，以及1928年中央研究院历史语言研究所考古组发掘河南殷墟遗址作为起点，中国考古学开始在中原北方地区取得了长足的进步。尤其是河南安阳殷墟遗址的发掘，意义极为重大，影响也十分深远。地下出土资料和古史记载两者之间的关系由此揭开了新的一页，王国维先生所倡导的"二重证据法"深入人心，基于疑古思潮形成的"层累地造成的中国古史"说迎来了新的挑战，国人对于中华民族悠久历史和辉煌文明的自信心开始重建。我们对1934年三星堆首次发掘资料的梳理，清楚地展现出，中原殷商文明考古的进展也深刻地影响到中国西南。三星堆早期考古发掘的主持者葛维汉等人在这个时期的书信往来和对此次发掘工作成果的评估当中，都多次以中原殷墟发掘作为对标，充分显示出他们对于考古学在中原地区的实践所取得的重大成就的肯定，也反映出其对于以殷墟考古为代表的中国主流考古学的向往之心和倾慕之情，葛维汉本人就曾多次主动地寻求和当时中央考古研究机构之间的沟通与合作的机会。

其次，正是这次考古发掘，首次引起了对于三星堆遗址、三星堆文化和古蜀文明等重大考古、重大历史问题的关注，成为三星堆科学考古的起点。如同当年郭沫若先生在给此次考古发掘报告的撰写者们回信中总结的那样，这次发掘为商代甲骨文当中的"蜀"和周人伐商战争中《尚书·牧誓》出现的"蜀"，找到了确凿的地理方位，可以确定其与古蜀文明之间的密切关系。同时，从玉器、石器和陶器的形制、纹饰等方面来看，古蜀文明又和华北地区的史前文化之间有着不可分割的联系，是中华文化这个大的文化体系当中的一部分。此次由本馆学者在四川省考古机构相关专家学者的协助之下，首次确认在月亮湾1934年考古发掘出土的陶器中存在着三个阶段的遗存，即宝墩文化、三星堆文化和十二桥文化，如同当年殷墟考古中"后冈三叠层"的发现，这一成果意义十分深远。当年的工作和近年来在成都平原围绕古蜀文明所开展的考古工作可以相互衔接，为认识三星堆遗址的文化堆积以及三星堆文化的形成、发展等问题，提供新的早期线索。

再次，通过本次我们所公布的资料和对这些资料的阐释，还可以去梳理在当年特殊的历史背景和时代条件下，有西方学者参与的考古发掘工作是通过何种方式、何种渠道实现的，以及当中有哪些历史借鉴是值得总结的。从某种意义而言，这次实质上的"涉外考古"是在民国时期随着国人反帝、反文化侵略的决心日益坚定和维护民族、国家主权的意志不断增强的背景下曲折展开的。中外双方围绕发掘工作的申请立项、经费筹措、组织实施等各个环节均展开了错综复杂的交往反复，从其最终结果来看，考古发掘以中方名义进行，所有发掘文物均"永久地为人民保留在华西"，与此次发掘相关的所有文献、档案完整地保存在中国而未流入海外，发掘工作进行期间多次进行的面向公众的发掘成果展示，也彰显出原华西协合大学博物馆面向社会的形象塑造。这些成功的历史经验值得加以总结。当然，通过当年学者们绘制的探沟分布图、地层图和器物图等所暴露出的这次考古工作在当时考古学理论、方法和具体实践过程中的不足甚至失误，也成为我们认识和总结西方考古学在最初传入中国时——尤其是在首次西南考古实践过程中的得与失的最好"样本"，同样具有珍贵的历史价值。我们还选录了当年随着这次发掘工作的进展，中外学者们撰写的部分关联度较高的研究论文，以期提供更多的时代背景供大家参考。虽然当中的许多认识无疑已经很难再被视为可信的科学观点，但相信今人也一定不会苛求前人，而会实事求是、与时俱进地对此加以借鉴和利用。

在此项工作开展过程中，四川大学党委书记甘霖教授亲自部署并随时关心工作进展情况，及时地给予指导和支持；四川大学中华文化研究院执行院长姚乐野教授对课题组的组成、具体工作环节以及工作细节等都给予了及时、明确的指示，有力促进了工作的顺利开展；四川大学社科处、四川大学博物馆各位领导给予了课题组诸多必要的支持。

我们还应当感谢，四川省文物考古研究院的辛中华先生、成都文物考古研究院的江章华先生、三星堆博物馆王方女士、四川大学考古文博学院何元洪先生等，在对这批出土陶器、玉石器进行观察、辨识和断代、分期等工作的过程中，多次前来本馆，现场给予帮助、指导，提出了许多宝贵的意见和建议。特别感谢美国华盛顿大学交换生史乐闻（Eddie Steven）、美国科尔盖特大学邵云东（Brent Sullivan）在识读葛维汉发掘日记手稿、董宜笃书信上给予的帮助。在此深表谢意！

四川大学历史文化学院查晓英副教授也为本课题提供了专题研究论文，让我们能够从更为深广的学术背景下去认识和理解三星堆早期发掘的历史价值与现实意义。在此也深表感谢！

谨以此项成果，纪念三星堆科学考古九十周年，并谨向三星堆考古和古蜀文明研究的所有前辈学者表达我们最崇高的敬意！